応用ファイナンス講座 1
森平爽一郎・小暮厚之 [編集]

年金とファイナンス

浅野幸弘
岩本純一
矢野　学 [著]

朝倉書店

はしがき

　わが国では現在，本格的な高齢化社会を控えて，年金が退職後の所得保障としてますます重要になってきている．しかし，公的年金にせよ企業年金にせよ，保険料負担の増大や積立不足など，大きな問題を抱えている．退職者に所得保障を行うには給付の財源が必要であるが，それが必ずしも十分ではないのである．いわば，年金のファイナンスが問題となっている．

　年金のファイナンスは原則として，公的年金では賦課方式で，企業年金では積立方式で行われる．賦課方式では退職者への給付と勤労者による負担が政治的に決められるので，資本市場とは直接的には関係がない．これに対して企業年金では，年金制度の選択から積立てや運用まで，年金のあらゆる側面が資本市場と密接に関わってくる．年金制度によって年金債務（PBO）が変わり，積立状況によって企業の認識すべき負債（退職給付引当金）も違ってくるが，それらは資本市場での企業評価に大きな影響を及ぼす．また積み立てた資金は資本市場で運用されるが，そのリターンやリスクは企業収益を通して企業評価を左右する．これは，企業にとって年金を財務としてとらえる必要があることを意味する．年金は従業員の定着やインセンティブにも関わってくるので人事的な側面も無視できないが，企業評価への影響を考えて制度の選択や積立てを行ったり，それを意識して運用のリスク管理を行ったりすることが大切である．

　著者たちはこれまで，こうした観点から，積立不足の企業評価に及ぼす影響や年金債務および運用に関わるリスク管理などの研究を発表してきた．本書はそうした研究を中心に据えるとともに，年金制度や退職給付会計，年金と企業財務の基本的な関係などを説明する章を新たに書き加えたものである．専門的な知識を有しない読者にも，年金とファイナンスの関係を体系的に理解してもらえるようにした．

　以下，簡潔に本書の内容を紹介する．

第1章は，年金制度についての解説である．わが国では近年，公的年金と企業年金の双方で大きな改革が行われたが，その概要のみならず，背景や意義についても説明する．こうした改革の中でも企業にとって重要なのは確定拠出年金であるが，第2章では，この確定拠出年金と従来からある確定給付年金の選択について論じる．

第3章は，企業財務と年金資産運用についての概説である．企業年金と企業財務の関係を説明し，そのうえで，企業の立場からの運用と，基金の立場からの運用について論じる．

第4章は，年金会計（退職給付会計）についての概説である．年金債務はどのように認識され，それは企業の財務諸表にどのように反映されるかを説明するとともに，わが国における現在の積立不足の状況などを示す．第5章は，こうした積立不足などの年金の財務的な状況が企業評価にいかに反映されているかを実証するとともに，企業がそれを利用して利益操作を行っている可能性を指摘する．

第6章は，積立不足とそれを避けるための年金ALMについて論じる．この章では，年金ALMの定式化を示すが，わが国の近年の大幅な積立不足はそれだけでは避けることのできなかった構造的な問題もあったことを明らかにする．

第7章は，年金運用や年金ALMで重要な役割を果たす債券と株式の相関係数について論じる．この相関係数は近年，大きな変化を示しているが，その原因を探ることによって，今後の年金ALMへのインプリケーションを導く．

第8章は，低金利下の年金ALMを論じる．金利はゼロ以下には下がらない一方，いったん上昇し出すと継続して上昇する傾向があるが，この章では，そうした金利変動の特徴を織り込んで年金ALMを検討する．

第9, 10章は，物価連動国債を利用した年金ALMを検討する．第9章ではまず，物価連動国債の特徴を解説するとともに，年金は一般に給付がインフレスライドされるので，この物価連動国債が年金ALMに不可欠であることを論じる．そして第10章で，インフレスライドの可能性と物価連動国債を織り込んだモデルを構築して，年金ALMを検討する．

第11章は，キャッシュバランスプランの運用について論じる．キャッシュバランスは確定給付年金の一種であるが，給付の方式が異なるため，年金債務はかなり異なった特徴を有する．この章では，その特徴を明らかにするとともに，それを踏まえた運用を提示する．

最後の第 12 章は，公的年金の運用について論じる．賦課方式では基本的には積立ては発生しないので運用は必要ないが，現実には今後の負担急増を緩和するため，大きな積立金がある．しかし，それは企業年金のように企業評価とは関係がないので，当然，企業年金とは違った視点で違った運用を行うべきである．この章ではそれは何かを示すとともに，最近の年金制度改革（マクロ経済スライド方式）がそれに対してどのような意味をもつかを論じる．

　以上の各章のうちいくつかは，すでに発表した論文を加筆修正のうえ掲載するものである．初出はそれぞれ以下のとおりであるが，転載を承認いただいた日本証券アナリスト協会（『証券アナリストジャーナル』）および年金総合研究センター（『年金と経済』）には，この場を借りて感謝申し上げたい．また第 8 章の基となった論文は，著者の一人（浅野）が（株）格付投資情報センターの宇野陽子氏と金子　強氏と共同で執筆したものである．転載を承諾いただいた両氏に厚くお礼申し上げたい．

- 浅野幸弘「年金債務と企業財務」『証券アナリストジャーナル』1996 年 12 月号（第 3 章「企業財務と年金資産運用」に一部を転載）
- 浅野幸弘「積立不足の原因と問題」『証券アナリストジャーナル』2003 年 3 月号（第 6 章「積立不足と年金 ALM」に一部を転載）
- 岩本純一「株式と債券の相関係数に影響を及ぼすファクター」『証券アナリストジャーナル』2005 年 9 月号（第 7 章「相関係数の変化と年金 ALM」に一部修正のうえ採録）
- 浅野幸弘・宇野陽子・金子　強「低金利下の年金 ALM」『証券アナリストジャーナル』2003 年 9 月号（第 8 章「低金利下の年金 ALM」に一部修正のうえ採録）
- 矢野　学「物価連動国債と年金 ALM」『証券アナリストジャーナル』2004 年 7 月号（第 10 章「物価連動国債と年金 ALM ―その 2」に一部修正のうえ採録）
- 浅野幸弘「キャッシュバランス・プランの運用」『年金と経済』2003 年 12 月号（第 11 章「キャッシュバランスの運用」に一部修正のうえ転載）
- 浅野幸弘「公的年金改革と資産運用」『年金と経済』2004 年 8 月号（第 12 章「公的年金の運用」に一部修正のうえ転載）

2006 年 7 月

浅 野 幸 弘
岩 本 純 一
矢 野 　 学

目　　次

1. **わが国の年金制度** ―――――――――――――――――――― *1*
   - 1.1　概　　論　*1*
     - 1.1.1　労働人口の減少と高齢化の進展　*4*
     - 1.1.2　雇用をめぐる環境の変化　*6*
     - 1.1.3　会計制度の変更　*6*
   - 1.2　公的年金改革　*7*
   - 1.3　新しい企業年金制度　*9*
     - 1.3.1　確定拠出年金（DC プラン）　*10*
     - 1.3.2　キャッシュバランスプラン（CB プラン）　*11*
     - 1.3.3　CB プラン類似制度　*12*

2. **企業年金の選択** ―――――――――――――――――――― *16*
   - 2.1　企業年金の見直し　*16*
   - 2.2　年金と生産性　*17*
     - 2.2.1　賃金後払いの効果　*17*
     - 2.2.2　年金の機能　*18*
     - 2.2.3　定年と早期退職　*18*
     - 2.2.4　技術革新の影響　*19*
   - 2.3　年金と税制　*20*
     - 2.3.1　税制上の優遇　*20*
     - 2.3.2　アセットロケーション　*23*
   - 2.4　年金制度の選択：DB か DC か　*25*
     - 2.4.1　転職と年金　*25*
     - 2.4.2　技術革新による年金制度の変化　*27*

3. 企業財務と年金資産運用 ———————————————— 32
   3.1 運用リスクの負担　*32*
   3.2 運用リスクと企業価値　*34*
      3.2.1 議論の前提　*34*
      3.2.2 MM 理論の適用　*35*
      3.2.3 倒産の可能性と年金価値　*36*
      3.2.4 税金の効果　*38*
   3.3 基金の存在とリスク負担　*41*
      3.3.1 基金の存在意義　*41*
      3.3.2 ファンディングのプット　*42*
   3.4 インプリケーション　*44*
   補論：年金運用と企業価値　*45*

4. 年 金 会 計 ———————————————————————— 48
   4.1 年金会計と年金資産運用　*48*
   4.2 退職給付会計　*50*
      4.2.1 年金債務とその費用処理　*50*
      4.2.2 年金債務の遅延認識と割引率の平滑化　*53*
   4.3 わが国の実態　*55*
      4.3.1 データ　*55*
      4.3.2 積立不足と費用処理　*57*
      4.3.3 債務の遅延認識と割引率平滑化の影響　*59*

5. 年金財務と企業評価 ———————————————————— 62
   5.1 運用リスク，積立不足，年金収益　*62*
   5.2 サ ー ベ イ　*64*
      5.2.1 年金運用のリスクと企業価値　*64*
      5.2.2 積立不足と株価　*65*
      5.2.3 年金会計を利用した利益管理　*67*
   5.3 わが国における実証　*68*
      5.3.1 年金運用のリスク　*68*

5.3.2　積立不足と株価　*70*
　　　5.3.3　年金会計を利用した利益管理　*79*
　5.4　ま　と　め　*80*

6. 積立不足と年金 ALM ——————————————— *84*
　6.1　積立不足の原因　*84*
　6.2　受託者責任と年金基金　*86*
　　　6.2.1　受託者責任　*86*
　　　6.2.2　企業財務から独立した運用　*87*
　6.3　年 金 ALM　*89*
　　　6.3.1　年金 ALM の定式化　*89*
　　　6.3.2　デュレーションギャップ　*92*
　6.4　積立不足の構造的要因　*94*
　　　6.4.1　PBO（年金債務）　*94*
　　　6.4.2　責任準備金（年金積立て）　*96*
　　　6.4.3　PBO と責任準備金のギャップ　*98*
　6.5　積立不足の問題　*100*
　　　6.5.1　積立不足と企業評価　*100*
　　　6.5.2　受給権の保護　*101*
　6.6　今後の課題　*102*

7. 相関係数の変化と年金 ALM ——————————————— *104*
　7.1　相関係数の変化　*104*
　7.2　ファクターモデルによる期待収益率の分解　*105*
　7.3　y_r と k の推定および株式・債券の要因分解　*107*
　　　7.3.1　株式の期待リスクプレミアム　*107*
　　　7.3.2　期待インフレ率　*108*
　　　7.3.3　ヒストリカルデータを用いた要因分解　*110*
　7.4　相関係数の要因分解　*113*
　7.5　調　査　結　果　*114*
　7.6　相関係数が ALM に与える影響　*118*

7.7　まとめと今後の課題　*123*

8. 低金利下の年金 ALM ———————————— *125*

8.1　低金利とイールドカーブ　*125*
8.2　過去データの検証　*127*
8.3　年金 ALM モデル　*130*
　8.3.1　各期の金利などの発生　*131*
　8.3.2　n 期間（投資期間）のリターン　*132*
　8.3.3　年金 ALM への反映　*132*
8.4　シミュレーション　*133*
　8.4.1　金利の想定　*133*
　8.4.2　年金基金の想定　*134*
　8.4.3　金利およびリターンの分布（結果）　*134*
　8.4.4　サープラスリターンとリスク　*138*
　8.4.5　債券デュレーションの長期化　*141*
8.5　ま　と　め　*143*

9. 物価連動国債と年金 ALM ― その 1 ———————————— *145*

9.1　物価上昇と年金　*145*
9.2　物価連動国債の概要　*146*
9.3　年金債務の評価　*148*
9.4　年金債務と資産価格の変化　*152*
9.5　インフレを勘案した年金 ALM　*160*
9.6　デュレーション分析の限界　*164*

10. 物価連動国債と年金 ALM ― その 2 ———————————— *166*

10.1　シミュレーションモデルの概要　*166*
　10.1.1　インフレと年金 ALM　*166*
　10.1.2　年金債務のインフレ追随　*167*
　10.1.3　インフレと債券のリターン　*168*
　10.1.4　物価連動を考慮した年金 ALM モデル　*169*

10.2 期待インフレ率と実質金利の推計　*171*
　10.2.1 期待インフレ率モデルの構築　*171*
　10.2.2 実質金利と株式リターンモデルの構築　*172*
　10.2.3 資産と負債のリスク・リターン　*172*
　10.2.4 モデルの推定結果　*174*
　10.2.5 シミュレーションのパラメータ　*174*
10.3 インフレと年金資産運用　*177*
　10.3.1 シミュレーション結果　*177*
　10.3.2 前提条件を変更した場合　*179*
10.4 ま　と　め　*183*

11. キャッシュバランスの運用 ───── *185*

11.1 キャッシュバランスプラン運用の視点　*185*
11.2 キャッシュバランスプランの債務　*186*
　11.2.1 経済的な債務評価　*186*
　11.2.2 リスクのない運用　*189*
　11.2.3 上乗せ金利の評価　*191*
11.3 キャッシュバランスプランの特性　*192*
　11.3.1 拠出コストの安定性　*192*
　11.3.2 低い債務の金利感応度　*193*
　11.3.3 資産運用の視点　*193*
11.4 年金数理や会計の問題　*195*

12. 公的年金の運用 ───── *197*

12.1 高齢化社会と公的年金　*197*
12.2 資産価格下落と株式投資　*199*
　12.2.1 ライフサイクル仮説と資産形成　*199*
　12.2.2 資産コスト上昇の抑制　*201*
12.3 株式投資のリスク負担　*202*
　12.3.1 従来の制度下でのリスク負担　*202*
　12.3.2 マクロ経済スライド方式　*203*

12.4　公的年金の株式投資　*205*
　　12.4.1　国債運用の問題　*205*
　　12.4.2　株式運用の問題　*206*
　　12.4.3　民間運用機関の活用　*207*
12.5　ま　と　め　*207*

索　　引 ——————————————————— *209*

1 わが国の年金制度

1.1 概　　論

　年金と一言でいっても，公的年金と私的年金では役割や目的が大きく異なる．一般的に，公的年金は多くの国で社会保障制度として位置づけられ，私的年金は公的年金制度を補完するものとされる．しかしながら私的年金[1]については，後述するとおり，老後の所得保証にとどまらず，被用者が生産性を向上させるモチベーションとしての役割も担うとされてきた．

　また両者の関係は，国によってもさまざまである．先進国における高齢者の所得源の構成割合をみると，ドイツ，フランスでは，所得水準にかかわらず公的年金への依存割合が高いが，アメリカ，イギリスでは低所得者においてのみ依存度が高い[2]．こうした差異は，前者が退職前所得の一定割合を保証するという理念に基づいているのに対し，後者は対極的に，公的年金における社会保障は最低保証であるという考えによっていることが理由であるといわれる．

　日本の場合はどうか．日本における年金制度は，いわゆる3階建て体系（基礎年金，被用者年金，企業年金）となっており，1階部分，2階部分の公的年金の上に私的年金が積み上げられる構造になっている．具体的には図1.1のとおりで

---

[1] 私的年金には企業年金と個人年金があるが，以下，前者のみを対象とする．
[2] 清家・府川編［2005］第12章を参照．

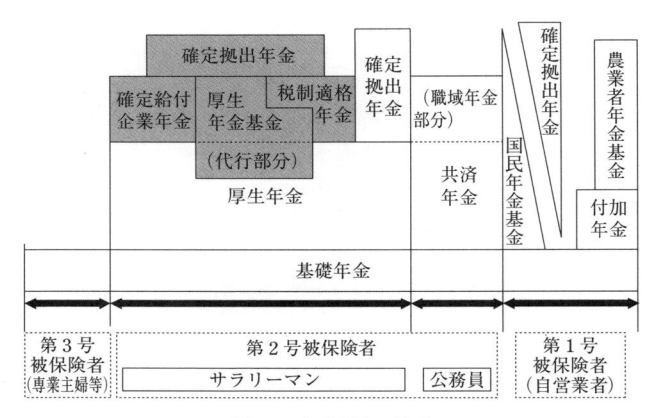

図 1.1　年金制度の体系

1階部分：全国民に共通した国民年金（基礎年金），2階部分：上乗せとしての報酬比例年金（厚生年金，共済年金），国民年金基金，3階部分：企業年金（厚生年金基金，適格退職年金），国民年金基金．
出所）厚生労働省年金局数理課［2005］を参考に作成．

あり，受益者や役割期待がさまざまに異なる個別の制度から，制度全体が構成されていることがわかる．

このような公的年金の上に私的年金が積み上げられる構造は，何も日本に限ったことではなく，程度の差こそあれ，どの国においても両制度が組み合わされた体系になっている．このような体系は複数の利便性を一受給者に同時にもたらすが，逆にいえば，一受給者の年金であっても利害の異なるさまざまな関係者が背後に存在することを意味する．

個別の制度をもう少し詳しくみていこう．まず，公的年金部分についてであるが，厚生労働省年金局はわが国の公的年金の特徴として，国民皆年金，社会保険方式および世代間扶養の3点をあげている[3]．第1点では，全国民共通に給付を支給し，費用についても国民全体で公平に負担すること，第2点では，強制加入であり，低い給与水準や失業により，保険料負担が困難であった人に対しても一定の給付を保証する所得再配分機能を有すること，第3点では，現役世代の保険料負担で高齢者世代を支えるという世代間扶養の考えに基づくことが，おのおの説明されている．さらに実際の財源については，基礎年金の1/3（最終的に，

---

[3] 厚生労働省年金局年金財政ホームページ「公的年金制度の概要」を参照．

2009 年までに 1/2 に引上げ）に国庫が充当されており，純粋な社会保険方式ではなく，公的扶助の仕組みも取り入れている．ところがその公的年金は，1985 年改正の給付引下げ，1994 年改正の基礎年金および 2000 年改正の厚生年金支給開始年齢の 65 歳への引上げなど，負担の拡大を抑制する方向での大きな制度の変更が続いている．また 2006 年 4 月には，厚生年金と共済年金の一元化基本法案が閣議決定され，今後，公務員の保険料率引上げと受給者（公務員 OB）の給付額引下げが国会で議論される予定になっている．

一方，私的年金部分についても，ここ数年，大きな制度変更が継続的に行われた．確定拠出年金やキャッシュバランスプランといった新しい年金制度の導入だけにとどまらず，退職給付会計制度の導入，代行返上や年金のポータビリティといった制度を取り巻く環境も大きな変化を遂げつつある．新しい年金制度の登場や環境の変化は，被用者のモチベーションやスポンサー側の考えに対し，従来の確定給付の年金制度だけではすでに十分対応できなくなっていることを示している．

このような変化はどうして起きているのであろうか．わが国の年金制度は，非常に長期間にわたり，かつすべての加入者があまねく果実を享受することを目指す社会システムであり，わが国の年齢構成や経済の状況から独立には存在できない．したがって，足下で次々に行われている年金制度の改革について述べる前に，なぜ現在のような年金制度が形成されたのかについて，まず歴史的経緯をみることで本書全体の背景を述べたいと思う．

厚生年金基金連合会編 [1999] によると，現在の公的年金制度の原型は 1942 年実施の労働者年金保険であり，加えて 1944 年改正の際に「退職積立金及び管理者手当法」を吸収している．これら当初の制度は，積立方式がベースであった．ところが，この最初の制度は戦後の急激なインフレが原因で，1948 年の改正時点で早くも修正を迫られることになる．その後，1973 年のオイルショックまでは，いわゆる高度成長時代であり，年金制度も所得水準の急速な伸長に追いつくことが求められた．その結果，給付水準は何度も引き上げられ，ついに 1973 年には年金額の物価スライド制が導入されることになる．度重なる給付水準の改定は，この時期においては，年金制度の財政負担は大きな問題として意識されず，年金給付の実質的な価値の維持が最重要課題であったといえる．ところが，1973 年のオイルショックで状況は一変し，低成長経済と高齢化社会への対策が新たな課

題として登場する．まず 1985 年の大改正で，財源の裾野を広げるために全国民を対象とし，従来の国民年金と厚生年金の定額部分から改組した基礎年金が新たに導入された．その後の制度変更については上述のとおりである．物価スライドについても，後述するマクロ経済スライドが 2004 年に追加され，人口の減少が給付水準を抑制する要因として新たに加わることとなった．

　次に，私的年金についてはどうか．同じく厚生年金基金連合会編［1999］によると，わが国においては当初，退職一時金制度中心で，老後の所得保障的性格が強い年金はほとんど発展しなかった．しかしながら，公的年金と同様，戦後の急激な物価上昇や賃金上昇により，一時金の支給額の増大が企業にとって無視できない経営課題となり，退職コストの平準化が求められるようになる．1962 年に税制適格年金制度が，1966 年に厚生年金基金制度が制定されるわけであるが，後者は，公的年金と私的年金の機能や負担の適切な役割分担を求めたスポンサー側の要望もあり，公的年金である厚生年金を代行部分として，私的年金に取り入れる形でスタートすることになる．すなわち厚生年金基金については，公的年金と一体のものと整理されたのである．その後，順調に発展していくのであるが，1989 年以降のバブル崩壊により状況は一変する．低い利回りの運用環境の中，増大する厚生年金基金の債務負担に加え，この厚生年金の代行部分が企業にとって大きな重荷へと変容していく．一方，長期にわたる景気の低迷を受けて，労働環境も様変わりする．労使双方にとって，定年まで勤め上げることを前提とした年金制度が必ずしも最良ではなく，若手被用者や労働力の流動化への対応が新たに求められるに至った．

　以上のように，時代により年金制度に求められるものは変わっていくわけであるが，それでは現時点で重要な，わが国の経済的な背景や社会構造の変化は何であろうか．この点に関しては以下の 3 点をあげることができる．なおこのうち 1.1.1 項は主に公的年金に関するもの，1.1.2，1.1.3 項は主に私的年金に関するものであり，現在行われているそれらの対応状況については，それぞれ 1.2，1.3 節で述べる．

1.1.1　労働人口の減少と高齢化の進展

　日本の合計特殊出生率は，1960 年半ばから 1970 年前半まで約 2.2 人を維持していたが，その後，緩やかに低下し，2003 年にはついに現在の人口を維持する

1.1 概論

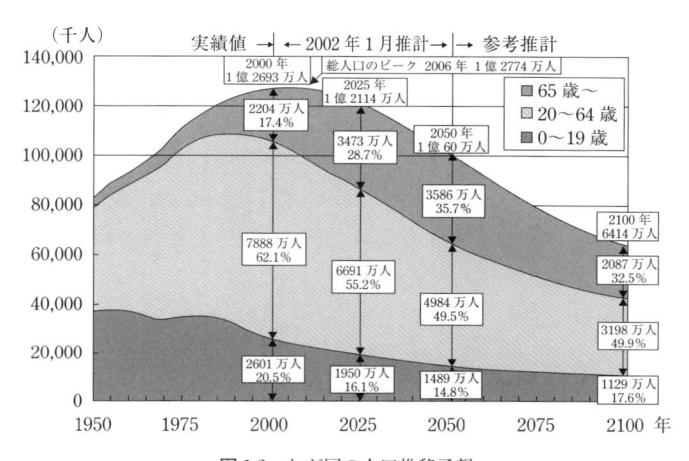

図1.2 わが国の人口推移予想
出所）厚生労働省年金局数理課［2005］.

　ことが困難な1.29人に到達した（2005年度は，1.25人まで低下）．またこの状況は，アメリカ，イギリス，フランスなどの他国と比べても厳しく，いまだ出生率は下げ止まる気配をみせていない．従来，国立社会保険・人口問題研究所（厚生労働省の外郭団体）は，日本の人口は2006年に1億2114万人でピークを迎え，翌2007年から減少に転じると予想していた（図1.2）．しかし2005年末に厚生労働省は，死亡数（自然減）が出生数（自然増）を上回り，予想より早く2005年から人口が減少に転じたと発表した．

　一方，平均寿命に関しては，1980年代にはすでに世界一の水準を達成しているが，その後も上昇傾向は継続し，2003年には男性が78.36歳，女性が85.33歳に到達するまでになった．このように，少子化と人口構成における高齢層の割合の上昇が急速に同時進行しているのが,現在の日本における人口動態の姿である．世代間扶養を前提とするわが国の公的年金においては，こうした変化は制度を根底から揺るがすきわめて重要な問題となっている．少子高齢化の影響については，アメリカでもArnott and Casscells［2003］において幅広い検討が行われているが，消費や投資に対する需要も減退することから，公的年金の財政だけでなく，経済システムにおけるさまざまな場所で問題が起こると指摘している．また，積立方式をベースとする私的年金にも，運用利回りの低下が避けられないなどの形で大

きな影響があるとしている．

1.1.2 雇用をめぐる環境の変化

1999（平成11）年度の国民生活白書では，すでに雇用をめぐる環境の変化を次のとおり指摘しており，6年前にはすでに今日につながる雇用環境の変化が定着していたことがわかる．まず，企業側の能力・業績主義への傾斜をあげている．当時で年俸制を採用している企業は全体の12％に達しており，また従業員1000人以上の大企業では4分の1が採用していた．もう1つは，企業の人材採用の多様化であり，新卒者の通年採用や中途採用，また短期雇用や専門技術のアウトソースが強まっていると指摘している．労働環境の変化に伴い，アンケートにおいて企業も「終身雇用にこだわらない」とするところが半数を占め，「終身雇用制度を重視する」としたのはわずか1割にとどまったとしている[4]．こうした状況は現在ではさらに進み，労使双方の年金制度に求める役割は多様化していると思われる．

1.1.3 会計制度の変更

会計基準のグローバルスタンダード化が，2000年前後に矢継ぎ早に行われている．IAS（International Accounting Standards；国際会計基準）との調和を目指し，研究開発費の会計や連結財務諸表とキャッシュフロー計算書の作成などが新たに求められることとなったが，年金制度においても，退職給付会計の導入というきわめて大きな変更がもたらされた．従前は，退職一時金については退職給与引当金を負債計上する一方，企業年金に関しては拠出額を費用計上するだけというように，会計処理は統一されておらず，外部からみて年金関連の債務がいくらなのかが不透明であった．このような状況を改善するため，企業会計審議会は1998年6月に「退職給付に係る会計基準の設定に関する意見書」（以下，「意見書」）を公表し，年金資産や年金債務の状況を明らかにするとともに，企業が負担する退職給付費用について適正な会計処理を行い，国際的な基準に沿った会計処理およびディスクロージャー制度を整備することを求めた．

本書では，現在の年金とファイナンスを取り巻く個々のトピックスを詳細にみ

---

[4] 同様の傾向は，厚生労働省の「雇用管理調査」などでも確認できる．

ていくが，いずれも上記のような経済的背景および社会構造変化がその底流にあることに留意いただきたい．

1.2 公的年金改革

本節では，まず年金制度の一方の柱である公的年金について，足元の状況を簡単に説明する．すでに述べたように，厚生労働省は公的年金を社会保障制度として位置づけており，給付面では適切な水準の維持を目指し，財源面では世代間扶養を前提とするとしている．現役を引退した後のための年金制度は，非常に長期間にわたり，その間，インフレ率の高騰や賃金の上昇などにより，実質的な価値が少なからず低下する可能性がある．厚生労働省は，長期にわたる契約期間中の経済価値変動への対応は，私的年金にはない公的年金特有の役割であるとし，戦後や高度成長期の賃金上昇や高インフレの過程で，適宜，適切な給付水準を確保するよう，定期的に見直す仕組みを年金制度に取り入れてきた．

具体的には，1973年の年金額の物価スライド制と標準報酬の再評価（賃金スライド）の導入がこれにあたり，これをもって，経済変動からの影響を受けない給付水準の確保という公的年金の給付面での目標は，一応，達成されることとなった．

ところが皮肉にも，わが国の人口構成の高齢化が急速に早まるとともに，世代間扶養を前提とし受給者を優遇する制度は，世代間の公平性という観点から維持が難しいことも明らかとなってきた．そのため，2004年の改正により，これまで給付面での充実を中心に整備が行われてきた方向性に大きな変換がもたらされることになった．主な内容は次の2点である．第1に，将来世代の負担増抑制のため，65歳以上は物価スライドのみで，賃金スライドの適用は中止された[5]．第2に，平均寿命の伸びや労働人口の減少により，現役世代の負担が過度にならないよう考慮したマクロ経済スライド方式が新たに導入されることになった[6]．すなわち公的年金に関しては，給付水準の確保を目指しながらも，足下では制度自体の維持を目的に，財政負担のコントロールが前面に出る改革内容となっているのであ

---

[5] ただし，現役世代と年金世代の差が著しく大きくならないように，物価と賃金が2割以上，乖離した場合は，65歳以上でも改定が行われる．
[6] 厚生労働省年金局数理課［2005］を参照．

る．

　ここで，公的年金（基礎年金・厚生年金）の新しい給付調整方法であるマクロ経済スライドについて，どのような仕組みで財政負担の軽減を図るのかを説明しよう．この給付の調整では，次の (A), (B) により財政負担の増加要因を取り込んでいる．

　(A) 被保険者の減少：現役世帯（支え手）の減少
　(B) 平均余命の伸び：高齢者の受給期間の増加

　従来，年金の改定率（水準の調整率）は，受給開始の65歳時点での新規裁定年金については賃金（可処分所得）の上昇率だけが，また65歳以後の既裁定年金については物価上昇率分だけが上乗せ調整されていた．マクロ経済スライドによる方法では，両者から (A), (B) の要因により構成されたスライド調整率分を減じたものに変更された．

　　新規裁定年金の改定率＝賃金上昇率－スライド調整率
　　既裁定年金の改定率＝物価上昇率－スライド調整率
　　スライド調整率＝公的年金の全被保険者数の減少率実績（3年平均）
　　　　　　　　　＋平均余命の伸びを勘案して設定した一定率（0.3％）

　新しい給付水準の調整方法は，年金財政の均衡を図ることを目的としており，固定した保険料，国庫負担および積立金による財源で，おおむね100年間にわたり年金財政が均衡するめどが立てば終了し，従来の賃金・物価による改定に復帰するものとされる．しかしながら，1.1節で述べたような日本における人口構造の急速な変化を考えると，公的年金制度を維持するうえで，マクロ経済スライドによる給付水準調整はすぐにその役割を終えるとは考えづらい．

　このように，給付開始時期の引上げもそうであるが，公的年金においては，財政状況により，将来必ずしも物価や賃金の上昇に見合うだけの給付を得られない可能性が出てきた．逆にいえば，従来以上に私的年金（企業年金・個人年金）の果たす役割は高まっているということもできる．公的年金の給付水準逓減をすべて私的年金で補うというのは困難であろうが，給付水準以外の被用者の多様なニーズに対応する年金制度の拡充が求められている．

　公的年金に関してもう1点述べなくてはならないことは，きわめて巨額な年金積立金をどう運用するかということである．修正賦課方式という，賦課方式と積立方式の混合であり，なおかつ対応する債務は物価・賃金スライドすることが明

記された，複雑な性質を帯びた，145.6兆円（2003年度末時点）にも達する資金の運用をいかに行うかということは，公的年金制度の大きな課題といえる．

また公的年金の運用については，リスク負担をどのように考えるかということもしばしば議論されるが，本書では第12章で検討を行う．

1.3 新しい企業年金制度

本節ではもう一方の柱である，私的年金制度（企業年金）の現状について述べる．アメリカで著された代表的な年金制度の解説書であるLogue and Rader[1998]では，主に長期雇用を前提とした確定給付年金を想定し，その役割として，①貯蓄としての節税手段，②労使間の契約の動機づけ，③従業員の選別促進の3点をあげている．①は年金に与えられる税制優遇措置から，スポンサーにとっては税控除のメリット，従業員にとっては将来の所得に関する不確実性の低減や税納付の繰延べ効果を有しており，両者にとってメリットがあること，②は年金がスポンサー側にとって適切に従業員の就業期間をコントロールするツールとなったり，従業員の生産性を向上させる動機となったりすること，③は質が高く，短期的な消費より，長期的な貯蓄に関心をもち，優れた素質をもつ従業員を選別する際に，年金制度が有効であることをおのおの述べている．

ところが，以下に述べる新しい年金制度が登場してきた背景には，こうした従来型の説明ではカバーできない労使双方のモチベーションの多様化がある．たとえば坪野編[2005]では，雇用システムを以下のJタイプ（日本型）とAタイプ（アメリカ型）に分類し，従来のような確定給付の年金制度（Jタイプ向け）が

表 1.1 雇用システムにおけるタイプ

雇用の特色	Jタイプ	Aタイプ
雇用保障	長期雇用	短期雇用
賃金体系の特徴	後払い賃金（年功賃金）	限界生産性賃金（市場賃金）
労働者の調達方法	新卒中心	スポット市場
重要となる技能の種類	企業特殊技能	一般的技能
労働意欲の動機づけ	昇進・昇格	金銭的
部門間，従業員間の関係	協調的	競争的
整合的な技術の特徴	連続的な技術革新	不連続な技術革新
情報効率的な企業組織	情報共有化と意思決定の集中	情報分散化と意思決定の分権

出所）坪野編[2005]図表6.11より一部を抜粋．

すべての場合において，必ずしも最適ではないことを述べている（表 1.1）．実際の企業や被用者は，どちらかのタイプに属する場合もあれば，同一企業や特定の業務においても，両者の特色を併せ持つ場合も珍しくはないであろう．いずれにせよ，1 種類の年金制度で労使双方のすべてのニーズに応えることは困難であり，複数のメニューの中から最適な年金制度を構築していく努力が各企業で行われている．

被用者にとっては，自らの雇用のタイプにより，適切な年金制度が提供されるか否かは，たいへん重要な問題である．たとえば，労働力の流動性が高いと予想される A タイプの場合であれば，短期雇用でも受給権が付与されること，転職時のポータビリティがあること，若年であっても給付水準が不利にならないことといった点を年金制度に求めるであろう．長期雇用を前提とした従来の確定給付年金の制度だけでは，逆にモチベーションを引き下げることにもなりかねない．各年金制度が企業に与える影響に関する研究については近年，日本においてもみられており，たとえば佐々木 [2005] は，確定給付年金が付加価値を生むかどうかを，製造業・非製造業，業種，従業員数といった（J, A といった大くくりではなく）さらに細かい区分を加味したうえで検証している．

さらに論を進める前に，確定給付年金（DB プラン）について簡単に述べる．確定給付年金は，給付額が当初定められた規約に従って決定される制度であり，厚生年金基金，税制適格年金，確定給付企業年金の 3 つがある[7]．いずれも運用の予定利率を想定し，掛金はこの予定利率を前提として求められる．ただし，運用結果しだいで両者に乖離が生じることは珍しくなく，乖離が顕著な場合は，予定利率か掛金のいずれか，または両方の修正が行われる．つい最近まで，運用環境の悪化による積立不足の顕在化や掛金の引上げが話題になることも少なくなかった．同じ理由から，予定利率の引下げや厚生年金の代行返上が行われたことは記憶に新しい．次に，新しく導入された代表的な年金制度を概観しよう．

1.3.1 確定拠出年金（DC プラン）

2001 年 10 月から始まった確定拠出年金では，拠出者は限度額の範囲で毎月の掛金を負担し，資産は個人別に管理されるので，被用者はいつでも自分の資産を

---

[7] ただし，税制適格年金は 2002 年 4 月から 10 年で廃止される．

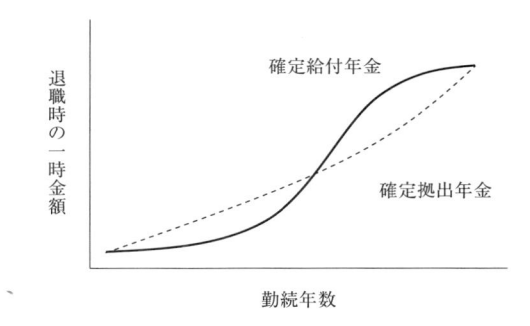

図 1.3 確定拠出年金の給付カーブと確定給付年金の給付カーブ

正確に認識することができる．そのため，転職時のポータビリティにも適しており，確定給付制度に比べ，勤続年数による給付額の変動も小さい（図 1.3）．一方，運用に関しては，従業員（加入者）が自ら指図を行う自己責任の制度であり，運用実績により，将来の年金給付額は変動する．また，退職給付会計に関して，「意見書」は当該制度に基づく要拠出額をもって費用計上するものとしており，企業は債務として計上する必要は基本的にはない．

なお本制度においては，第 2 号被保険者（サラリーマン）を対象とし会社（事業主）が掛金を拠出する企業型と，主に第 1 号被保険者（自営業者）を対象とし加入者が掛金を拠出する個人型がある．アメリカの 401K 制度との違いは，企業型では加入者拠出は認められていないことであり，このことが当該制度発展の足かせになるのではないかと，当初一部でいわれたこともあった．

1.3.2 キャッシュバランスプラン（CB プラン）

確定給付の年金制度では，予定利率と運用結果の乖離が大きくなるごとに，労使協議による制度変更を行う必要がある．ところが CB プランのように，利率を市場実勢に連動する制度設計にすれば，このような手間は不要となる．CB プランでは，拠出クレジットに指標利率に連動する利息クレジットを加えることにより，個人勘定の金額が決まる[8]．指標利率とは実際の運用収益とは関係しない仮想的な利率であり，具体的には，①定率，②国債の利回り，③①と②の組合わせ，

---

[8] 加入者ごとに仮想的な個人勘定を設定するため，加入者ごとの金額も認識しやすいことも確定給付型と比較した場合の特色である．

④②または③に上限または下限を定めたもの，の中から選択される．また給付開始前に加え，給付開始後においても指標利率に連動させる制度設計が可能であり，この場合，上記の②〜④を選択することにより，退職給付債務の金利変動リスクを軽減することが可能となる．なお年金資産の運用は，確定給付年金と同様，会社が行うため，指標利率に対する運用のリスクは会社が負う．ただし，確定給付年金と異なり，給付額が確定できないリスクは被用者が負う．

拠出クレジット＝定額，給与×一定率またはポイント×単価[9]

利息クレジット＝個人勘定残高×指標金利

1.3.3 CBプラン類似制度

CBプラン類似制度は，DB（確定給付）プランとCBプランを組み合わせたものである．当該制度では，退職時の一時金は従来型（給与比例型，定額型，ポイント制）で，退職から支給終了までの期間については，指標利率により，給付額が変わる設計が可能である．また受給待機中，受給中の指標金利をそれぞれ別に規定することもできる．

各年金制度を一覧にしたのが表1.2であるが，確定給付年金はJタイプに，確定拠出年金はAタイプに合致した制度であることがわかる．またCBプランやCBプラン類似制度はその中間ということになる．実際の業務や雇用形態はさらに複雑であり，各企業では，これら複数の年金制度を組み合わせて被用者に提供することになる．

退職給付会計の導入に伴い，各企業の年金債務や積立不足の状況が明確な形で投資家に開示されることとなったが，それは同時に，各企業に年金資産・年金債務の時価変動による影響や年金の積立不足に敏感に反応しつつある投資家への対

表1.2 各年金制度の特徴

制度	給付の市場連動性	給付カーブ	ポータビリティ	退職給付債務
確定拠出	有	直線	基本強制移管	（認識不要）
CBプラン	有	直線・S字の中間	任意	安定的
CB類似	有	直線・S字の中間	任意	安定的
確定給付	無	S字	任意	変動大

---

[9] ポイント制とは，勤続年数や職能などに応じて毎年ポイントが付与される制度である．

1.3 新しい企業年金制度

応を迫るものでもある．表 1.2 からもわかるように，新しい年金制度導入のもう 1 つのメリットは，こうした退職給付会計への対応となっていることである．年金債務の計上を免れたり，計上したとしても確定給付年金と比べると，大きな負債の変動リスクを回避できたりするという効果を新しい年金制度は有している．

まず確定拠出年金については，退職給付会計において負債計上する必要がそもそもない．では，CB プランや CB プラン類似制度はどうであろうか．退職給付会計において，アメリカの PBO（projected benefit obligation）方式を参考にしているといわれる，わが国の年金債務の評価は次のような内容である．すなわち定年までの勤続年数を M 年とし，その時点での給付額を算定したものを現在時点での勤続年数 m 年で按分し，その現在価値を年金債務とする．定年前の脱退率を 0 と仮定し，確定給付年金の場合は退職時点での一時金を $b(M)$ とすると，定年時の基準給与 $W(M)$ と乗率 $\lambda(M)$ から，$b(M)=W(M)\lambda(M)$ で決定される．これを年金化した場合の年間の給付額を $B(M)$ とし，定年後 N 年間にわたり給付が発生する場合，年金総額の定年時における現在価値は下式の $\{\cdot\}$ で表される．年金債務の評価額は，それをいままでの勤続年数に按分したものの現在価値であり，最終的に次式で表すことができる．$B(M)$ は割引率 R と無関係に決定されるため，固定利付債券と同様，債務の時価 $L(m)$ は，金利の変動とともに大きく変動することになる．

$$L(m) = \left\{ \frac{B(M)}{1+R} + \frac{B(M)}{(1+R)^2} + \cdots + \frac{B(M)}{(1+R)^N} \right\} \frac{m}{M}(1+R)^{-(M-m)}$$

一方，CB プランの場合は，m 年目時点での個人勘定を K，それ以降の年ベースの拠出クレジットを $C(m+i)$，指標利率を S とすると，退職時点での一時金 $b(M)$ は次のように表せる．

$$b(M) = K(1+S)^{M-m} + \left\{ C(m+1)(1+S)^{M-m-1} + \cdots + C(M)(1+S) \right\}$$

これを年金化した場合の年間の給付額を $B(M,S)$ とすると，債務時価 $L(m)$ は次式となる．

$$L(m) = \left\{ \frac{B(M,S)}{1+S} + \frac{B(M,S)}{(1+S)^2} + \cdots + \frac{B(M,S)}{(1+S)^N} \right\} \frac{m}{M}(1+S)^{-(M-m)}$$

この評価式はいわゆる変動利付債券と同様のものであり，$\{\cdot\}$ の分子と分母の

双方に S が登場するため変動が相殺されて，債務時価 $L(m)$ の金利への感応度は低く抑えられることになる．

なお，最終的には負債サイドだけではなく，資産サイドも含めた年金制度全体としての時価変動が少ないことが望ましいが，これは，従来の確定給付年金のフレームワークでは全く対応できないというわけではない．第 6～10 章で詳細に検討するが，いわゆる年金 ALM（asset liability management）により，負債側のリスク特性に資産側のリスク特性を合わせることによって，制度全体の時価変動を抑制することは可能である．年金 ALM の実行において，CB プランの場合は負債側（制度側）で主に対応したのに対し，確定給付年金の場合は資産側で対応することになる．ただし後者の場合は非常に長い残存期間をもち，またインフレなどの経済の情勢に応じて，さまざまに変化する可能性がある給付を十分ヘッジできるだけの資産が市場に存在するか否かが，新たな検討課題となる．

以上，私的年金制度を維持していくために重要なことは，制度の内容が企業（プランスポンサー），受給者，投資家（株主）のすべての利害関係者（ステークホルダー）にとって意味のあるものでなければならないということである．年々厳しくなる年金制度を取り巻く環境の中で，一部の利害関係者のメリットを追及するだけでは，持続的な制度としての存続が困難なことは明らかである．表 1.2 におけるさまざまな年金制度が今後，順調に発展していくか否かは，これら制度が各利害関係者のニーズにいかに合致するものであるかにかかっている．また多様化する制度に対応する運用をいかに実現していくかも，重要なポイントといえる．

参 考 文 献

浅野幸弘，「資産運用から見た個人年金，企業年金および公的年金」，『証券アナリストジャーナル』，2004 年 7 月．
厚生年金基金連合会編，『海外の年金制度—日本との比較検証』，東洋経済新報社，1999．
厚生労働省年金局数理課，『厚生年金・国民年金平成 16 年財政再計算結果』，2005 年 3 月．
佐々木隆文，「確定給付型退職給付と企業の生産性」，『年金レビュー』，2005 年 1 月．
清家　篤・府川哲夫編，『先進 5 か国の年金改革と日本』，丸善プラネット，2005．
坪野剛司編，『[総解説]新企業年金』，日本経済新聞社，2005．
山口　修・久保知行編，『企業年金の再生戦略』，金融財政事情研究会，2004．
Arnott, R. D., and A. Casscells, "Demographics and Capital Returns", *Financial Analyst Journal*, March/April 2003.
Logue, D. E., and J. S. Rader, *Managing Pension Plans — A Comprehensive Guide to Improving Plan*

Performance, Harvard Business School Press, 1998(金融工学研究会訳,『年金学入門―戦略的年金プランマネジメント』,金融財政事情研究会,2000).

Mulvey, J. M., F. J. Fabozzi, W. R. Pauling, K. D. Simsek, and Z. Zhang, "Modernizing the Defined Benefit Pension System, A National Concern", *Journal of Portfolio Management*, Winter 2005.

2

企業年金の選択

2.1 企業年金の見直し

　ここ何年来，多くの企業が企業年金の見直しを行っている．従来の確定給付型年金（厚生年金基金，税制適格年金）は，運用利回りが2000年度から3年連続でマイナスだったため，その後はかなり回復したものの大幅な積立不足を抱えており，それに関わる費用も増大している．2000年度から始まった退職給付会計は，こうした企業年金の財政状況を表面化した．しかも，厚生年金の代行は年金財政の悪化に拍車をかけている．前章で説明したように，最近，確定拠出年金の導入や代行返上が可能になったのを機に，改めて年金制度を検討して，見直しに至ったのである．

　しかし，年金は積立不足や掛金負担によって企業価値や企業収益を一方的に圧迫するわけではない．それは従業員の生産性に密接に関わっており，それをとおして企業価値の向上に貢献するという面もあろう．年金制度を見直す前に，いま一度，こうした年金の機能を確認する必要がある．

　本章では，年金が従業員の生産性向上をもたらし，企業価値を増大するという機能を有していること，また税制面の優遇によって企業および従業員の双方にとってメリットが大きいことを説明する．しかし，経済のIT化などの技術変化やそれに伴う雇用環境の変化によって，企業年金（確定給付型）の役割に変化が

起きていること，そして実際に，それゆえに，確定給付型から確定拠出型への変化が起きていることを明らかにする．

2.2 年金と生産性

2.2.1 賃金後払いの効果

　一般に，従業員と企業の雇用関係は，短期のスポットではなく，明示的か暗黙裡かはともかく，たいてい長期の契約に基づいている．短期契約では，企業は求人に追いまくられ，従業員は常に次の求職の心配をしなければならない．求人，求職のコストは双方にとって無視しえず，なかなかみつけられないリスクも小さくない．またたとえうまくみつかったとしても，企業にとって必ずしも望んでいたような人材でないかもしれないし，従業員にとっても十分に能力を発揮できる仕事とは限らない．しかも，短期的に従業員の生産性（貢献）を測って，それに見合った適切な給与を払うことは至難の業である．さらに，短期の雇用では，従業員は生産性を向上させるために技能を身につけるようなことはしないし，企業もまたそのために従業員に教育を施すなどの投資をしない．雇用関係が長期であれば，こうした問題の多くが解決され，従業員の生産性向上につながることは多言を要しまい．

　しかしながら，雇用が長期に安定しているとなると，従業員が努力をせずにさぼって，企業に寄生するかもしれない．また外部に有利な雇用機会があったりすると，せっかく企業が従業員に投資をしたのに，機会主義的に転職したりしてしまうだろう．長期雇用は企業に大きな損失をもたらしかねない．

　年功序列的な賃金は，実は，このような従業員の怠慢や機会主義的行動を防いで，彼らに技能を習得し，生産性を高めるように仕向ける効果があると考えられる．長期雇用関係の下で，若いうちは生産性より低い賃金にとどめる一方，歳をとってからは生産性以上の賃金を払うようにすれば，従業員は将来より多くの賃金を得ようと技能の習得に励むだろう．また中途退職は将来生産性以上の賃金をもらえる権利を喪失することに等しいので，従業員はできるだけ企業にとどまろうとする（図2.1）．そしてそうなると今度は，従業員の将来はこの企業の発展しだいということになるので，ますますそのために努力するというわけである．

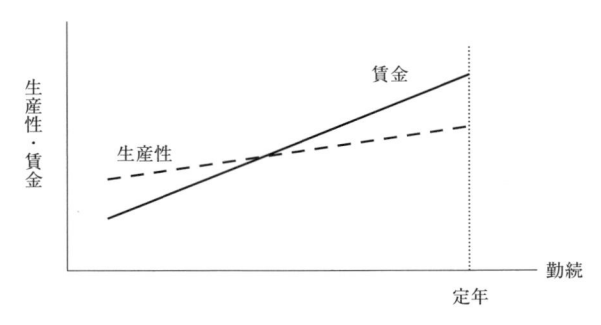

図 2.1　生産性と賃金

2.2.2　年金の機能

こうした賃金後払いの効果は，その傾向が強いほど大きいと考えられる．ただし，年々の賃金の後払いには限度がある．若年層の賃金をあまり低くすると，働く意欲を阻害するかもしれない．しかし，賃金の一部が年金として退職後に備えられているとなれば話は別だろう．しかも，年金（確定給付型）は一般に，退職時の基準給与に勤続年数に応じた乗率を掛けた金額とされている．いわゆるバックローディングであるが，これは後払いの傾向がより強いということにほかならない．年金ではまた，一般に将来の支給に備えて積立てが行われるが，これは，企業が賃金の後払いをきちっと履行する保証となる．後払いにした場合，従業員は企業が約束を履行しないリスクにさらされるが，積立金がそのリスクを限定するというわけである．また，この積立ての拠出や運用収益は一般に課税されないが，これは企業と従業員の双方に節税メリットをもたらす．さらに，こうした年金制度を有している企業には，長期勤続志向の人が集まるので，従業員の定着率が高く，技能の習得にも意欲的だと考えられる．

2.2.3　定年と早期退職

ところで，一般に年功序列的な賃金体系では，高年齢の従業員に支払われる生産性を上回る賃金は，若年時に生産性を下回る賃金しか支払われなかったことと見合わなくてはならない．これは，高年齢の従業員にいつまでも高い賃金で働き続けてもらうわけにはいかないということにほかならない．すなわち，生産性と賃金の累計が見合う年齢で勤続をやめてもらう必要があるのである．定年制はいわば，こうした役割を果たす賃金後払いに不可欠の制度といえよう．Lazear

[1979]は定年制のこのような意義を明らかにして，当時アメリカで議論されていた定年制廃止に反対した．

しかし現実には，アメリカでは定年制が廃止された．となると，年功序列賃金も存立が危ぶまれたのだが，実際にはそうはならなかった．というのは，実は，年金が定年制に代わって高年齢の従業員の退職を促進する機能を果たしたからである．Lazear［1983］は多数の企業の年金制度を分析して，早期退職に対して年金が割増で支給されることを見出し，それが高年齢で高賃金の従業員の退職を促進することを実証した．年金はいわば，長期勤続だけでなく，高年齢者の退職促進の機能ももっている．

2.2.4 技術革新の影響

年金は，以上のように，長期勤続をとおして従業員に技能習得を促し，生産性を向上させる効果を有すると期待されるが，その役割には最近，若干の変化が出てきている．というのは，従業員が習得する技能がIT化などによって変化したり，急速な技術革新によって陳腐化しやすくなったりしたからである．

従業員が習得する技能には一般に，どの企業でも通用する汎用的な技能と，特定の企業でしか役に立たない企業固有の技能とがある．後者には，企業文化や職場環境，あるいは企業独特の仕事の進め方などが含まれる．この2つの技能のうち，年金と関わりが深いのは企業固有の技能である．汎用的な技能はどの企業においてもすぐにそのまま通用するので，常に外部にその生産性に見合う賃金を得る機会が存在する．これに対して，企業固有の技能はこの企業以外では通用しないので，外では高い賃金が得られない．逆にいうと，固有の技能に対しては，企業は生産性以下の賃金でも従業員をとどめておくことができ，そうすることによってレント（超過利潤）を獲得することができる．もっとも，固有の技能による生産性向上のすべてを搾り取ってしまったのでは，従業員は技能の習得をしなくなってしまうので，その一部を従業員にも還元する必要がある．Bulow and Scholes［1983］は年金がそうした役割を果たすと指摘している．とくにレントの一部が年金基金に蓄積されれば，それが従業員に将来，年金給付の改善につながるだろうとの期待を抱かせ，技能習得のインセンティブになると考えられる．

ところが，最近のIT化や急速な技術革新は，こうした企業固有の技能の存立を危うくする．IT技術は，改めていうまでもないが，汎用性の高い技能である．

こうした技能が中心になれば，従業員は企業に縛られることなく，外で技能に見合った賃金が得られる雇用機会をいくらでもみつけられる．逆にいうと，企業は固有の技能によって従業員を縛りつけ，レントを稼ぐことが難しくなっている．また技術革新が急速になると，せっかく従業員が長い勤続によって蓄積した技能があまり意味をもたなくなる．そうした変化は，年金（DB）の技能習得のインセンティブとしての役割を後退させる．このため，企業は年金制度をスポットの賃金支払いと変わらない DC や，バックローディングの傾向が小さいキャッシュバランス（CB）に変えることになる．Friedberg and Owyang [2002] は，アメリカでは近年，勤続年数が短くなるとともに年金制度が DB から DC へと置き換えられていること，そしてこの傾向は技術革新の早い業種でとくに著しいことを実証した．また Coronado and Copeland [2003] は，S&P500 の企業について，技術革新が早くて労働流動性の高い企業ほど，DB から CB への転換が多いことを示した．

こうした技能の汎用化や急速な変化は，企業にとっては，レントが得にくくなっているということにほかならない．企業収益，そしてそれを反映した企業価値は，従業員が賃金以上の生産性を上げてくれることによる．それには，汎用的な IT 技能だけでなく，従業員が企業に固有の技能を生み出すともに，技術革新にすばやく対応していく企業文化を育んでいくことが不可欠である．逆に，そうした企業文化やチームワークによって，従業員が汎用的な技能以上の生産性を上げてくれれば，企業はその一部をレントとして価値を高めることができる．技能が汎用化し革新が早くなった現在こそ，むしろ確定給付型年金によって従業員を定着させ，企業文化などによって固有の生産性向上を図ることが大切なのではないだろうか．

2.3 年金と税制

2.3.1 税制上の優遇

企業年金は，以上のように企業の雇用政策と密接に関わっているが，その主たる機能は従業員に対する退職後の所得保障にあることは，改めていうまでもないだろう．ただし，退職後の所得保障というと，必ずしも企業年金に限られるわけではない．退職後の所得としては，企業年金のほか公的年金と個人貯蓄が3本柱

2.3 年金と税制

を形成しているが,現状ではむしろ,大多数の人にとって公的年金が圧倒的な比重を占めている.しかし今後は,急速な高齢化による年金財政の逼迫のため,公的年金は削減の方向にあり,企業年金はいわば,これに代わるものとして大きな期待が寄せられている.もちろん,個人貯蓄も役割が増大することは間違いないだろうが,退職前に別の用途に使用される可能性や,個人で長期間運用することの難しさ,個人レベルでは長生きのリスクをプールできないことなどから,自ずと限界がある[1].こうしたこともあってか,多くの国において,退職後の所得保障の制度的対応はたいてい確定拠出型を含めて企業年金に向けられている.わが国では税制上の優遇措置はほとんどが企業年金に対してであり,個人貯蓄(および個人年金)に対してはきわめて限定的である.逆に,こうした税制上の優遇措置が,企業および個人にとって,企業年金を非常に価値の高いものにしている.年金の税制優遇措置と企業価値の関係は第3章で詳しく論じることとして,以下では,それが個人の資産蓄積に対していかに重要かをみておく.

一般に個人が所得から退職後に備えて貯蓄する場合,貯蓄は所得税が課された後の所得からなされ,その貯蓄の運用によって得られた収益に課税され,蓄積した貯蓄の引出しに対しては課税されない.所得の発生,運用,引出しの3つの時点で課税か(T = taxed)非課税か(E = exempt)を表すと,個人貯蓄はTTEということになる.これに対して年金では,確定給付型か確定拠出型かを問わず,拠出は所得税が課される前の所得から行われ,かつ積立金の運用収益にも課税されない一方,引出し時(支給時)に課税される.つまり,課税は所得発生時(拠出時および運用収益発生時)から引出し時まで繰り延べられるのである.いわばEETということになる.ただし,わが国では年金収入に対しては公的年金等控除の制度があるため,引出し時にもかなりの部分が非課税(E)となっている.

TTEとEETの比較を容易にするため,もう1つ,TEEという課税方式もあわせて検討してみる.これは,課税後の所得から積み立てるが,積立金の運用収益には課税されず,かつ引出し時にも課税されないというものであり,わが国の財形年金,あるいはかつてのマル優貯蓄に相当する.アメリカではRoth型IRAと呼ばれるものがこれにあたる.それはともかく,この3つの課税方式によって退職後に備えるとすると,所得発生時の所得 A 円(課税前)は,退職後の引出し

---

[1] 確定拠出型年金でも同様の問題があるが,この点については浅野 [1999] を参照.

時に、それぞれいくらになるだろうか。なお、以下では数式が複雑になるのを避けるため、拠出から引出しまでを1期間とし、所得発生時の所得税率をt_C、運用収益率をr、運用収益に対する税率をt_R、引出し時（給付時）の所得税率をt_Bで表すこととする。このとき、まず個人貯蓄による場合、すなわちTTEならば、課税後の所得$A(1-t_C)$を課税後の収益率$r(1-t_R)$で運用することになるので、退職後に受け取る金額は

$$\text{TTE} : A_{TTE} = A(1-t_C)\{1+r(1-t_R)\}$$

となる。これに対して、一般の年金の場合、すなわちEETならば、課税前の所得Aを非課税の運用収益率rで運用した元利合計に所得税（引出し時）t_Bが課されるので、退職後に受け取る金額は

$$\text{EET} : A_{EET} = A(1+r)(1-t_B)$$

となる。またTEEならば、課税後の所得$A(1-t_C)$を運用収益率rで運用することになる（引出し時には課税なし）ので、退職後に受け取る金額は

$$\text{TEE} : A_{TEE} = A(1-t_C)(1+r)$$

となる。

ここで、TTEとTEEを比べると、運用収益に課税されない分だけ、TEEの方が大きくなっている。またEETとTEEを比べると、違いは所得発生時と引出し時の所得税率（t_Cとt_B）の差によってのみ生じることがわかる。所得税率が同じなら、EETでもTEEでも、前に課税されるか後に課税されるか、課税時点が違うだけで、実質的な税負担は変わらないのである。しかし一般には、所得発生時には所得が多い一方、退職後はほかに所得が少ないため、累進所得税制の下では$t_C > t_B$と考えられる。したがって、一般には後に課税されるEETの方が大きくなる。結局、年金によって退職後に備える方が個人貯蓄によって備えるよりも、運用収益に課税されないことと、退職後の方が所得は少ないため所得税率が低くなることによって有利になるのである。であるならば、企業にとっても従業員にとっても年金を利用しない手はない。いずれにせよ退職後の備えをしなければならないなら、年金制度によった方が実質的なコストは低くなる。それにもかかわらず企業が年金制度を設けないとしたら、それは、企業が拠出にあてるキャッシュフローに不足をきたしているか、従業員の当座のキャッシュフローに対するニーズが高いか、どちらかだと考えられる。

表2.1は、所得税率や運用収益率によって、個人貯蓄（TTE）と年金（EET）

表 2.1 非課税の効果（単位：万円）

運用利回り	税率 10%			税率 20%		
	3%	4%	5%	3%	4%	5%
すべて非課税（EEE）	1306 (118)	1591 (120)	1951 (123)	1306 (140)	1591 (146)	1951 (146)
年金（EET）	1175 (106)	1432 (108)	1756 (111)	1045 (112)	1272 (117)	1561 (123)
個人貯蓄（TTE）	1109 (100)	1322 (100)	1584 (100)	931 (100)	1086 (100)	1273 (100)

毎年 216,000 円を 35 年間積み立てたときの蓄積額．（　）内は個人貯蓄を 100 とした指数．

で蓄積額にどれくらいの違いが生じるかを示したものである．わが国では公的年金等控除によってかなりの部分の年金が給付時にも非課税になっていることに鑑みて，全く課税されないケース（EEE）も付け加えてある．これによると，税率が高いほど，また運用収益率が高いほど，年金（EET ないし EEE）の蓄積額が個人貯蓄（TTE）と比べて大きくなっている．つまり，非課税の効果は，税率が高いほど，また運用収益率が高いほど，大きいのである．

2.3.2　アセットロケーション

人々はたいてい年金だけでなく個人貯蓄によって退職後に備えており，両方をあわせていわゆるポートフォリオとして運用することになるが，上の結果は，このポートフォリオを課税（非課税）の効果を勘案して構成すべきことを示唆している．すなわち，年金であれ個人貯蓄であれ，退職後のための資金は株式や債券で運用されるが，それらは収益率や課税される場合の税率が違うので，そのどちらを非課税枠で運用するかによって，実質的な（税引き後の）蓄積に差が生じるのである．もっとも確定給付型年金の場合は，それが何で運用されようと個人にとって関係ない．それは，一定の税率が課される（場合によっては非課税の）確定した所得と考えられる．したがって，個人はそれを与件に，個人貯蓄を課税後の収益率に従って株式と債券に振り分けるべきであるといえよう．

何を非課税枠で運用するかは，確定拠出年金において非常に重要になる．たとえば，資産額は確定拠出年金と個人貯蓄が半々で，かつ両方をあわせた全体では株式 50％：債券 50％のポートフォリオを組むとした場合，確定拠出年金を株式にするか，それとも債券にするかで，課税の効果はかなり違ってくる．このようにどちらを確定拠出年金で運用するかという問題はアセットロケーション（asset location）と呼ばれるが，それはすでに述べたことから推測されるように，それぞれの資産の収益率と課税される場合の税率に依存する．すなわち，①収益率の高い資産ほど非課税運用による節税の効果が大きいので，また②課税運用で税率の高いものほど非課税運用に回す効果が大きいので，確定拠出年金で運用すべきということになる．一般に株式は債券と比べて，収益率が高い一方，税率は低い．ただし，収益がプラスのときは課税されるが，収益がマイナスのときにマイナスの税金（還付）にはならないので，株式のように収益の変動の大きい資産は実質的な税率は表面税率より高くなる可能性がある．

Poterba, Shoven and Sialm［2000］は，実際のアメリカの債券や株式ファンドのリターンを使ってアセットロケーションのシミュレーションを行った．表2.2はその結果をまとめたものである．ただし，アメリカでは非課税の地方債（tax-exempt municipal bonds）があるので，確定拠出年金の外で債券に投資する場合は，それによる非課税運用を行うこととしている．それはともかく，表によると，株式ファンドを非課税枠（確定拠出年金）で債券（非課税の地方債）をその外で運用した場合（Strategy 1）の方が，債券（事業債）を非課税枠で株式ファンドをその外で運用した場合（Strategy 2）より，資産残高が大きくなっている．このような結果になったのは，実は，株式ファンドとしてアクティブファンドを

表2.2　アセットロケーション

	12 AFの平均	標準偏差	5 AFの平均	標準偏差	PFの場合
高税率の個人（所得が中位数の10倍）					
Strategy 1 の残高	90.29	11.87	86.46	5.53	96.28
Strategy 2 の残高	83.01	10.59	80.41	6.39	97.91
比率	1.089	0.053	1.077	0.047	0.983
中税率の個人（所得が中位数の3倍）					
Strategy 1 の残高	97.98	13.36	93.67	6.22	104.72
Strategy 2 の残高	92.68	11.45	89.62	6.28	106.91
比率	1.056	0.037	1.046	0.032	0.980

12 AF：1962〜98年のデータがそろっている12の株式アクティブファンドに投資したとした場合，5 AF：そのうちの規模の大きかった5の株式アクティブファンドに投資したとした場合，PF：株式インデックスファンドに投資したとした場合．Strategy 1：株式ファンドを非課税枠で運用し債券は tax-exempt municipal bonds で運用するとした場合，Strategy 2：債券（taxable corporate bonds）を非課税枠で運用し株式を課税運用した場合．

出所）Poterba, Shoven and Sialm［2000］．

利用することとして，それが銘柄入替えに伴うキャピタルゲインを実現して分配することによって，税金が課されたためである．このことは逆に，株式ファンドでもキャピタルゲインを実現しないで分配を抑えることによって，課税が回避できることを示唆する．実際，パッシブファンド（インデックスファンド）では取引コストを抑えるために売買が最小限にとどめられるが，それがキャピタルゲインの実現および分配を少なくして，結果的に収益に対する課税を回避して，引出し時まで繰り延べることになっている．このため，株式としてパッシブファンドを利用する場合は，非課税枠は債券として株式はその外で運用する（Strategy 2）方が，非課税枠を株式としてその外で債券（非課税の地方債）とする（Strategy 1）より，資産残高が大きくなっている．

以上はアメリカでのシミュレーションであり，わが国にそのままあてはまるものではない．しかし，アセットロケーションの考え方は，わが国の個人の退職後所得形成に対して，とりわけ確定拠出年金の運用に対して，重要なインプリケーションを有する．一つは，年金とくに確定拠出年金は運用収益が課税されない点に意義があるのであるから，それを最大限生かすような運用をする必要があるということである．わが国では，確定拠出年金用としてライフサイクルファンドなどの株式と債券などを組み合わせたバランス型ファンドが開発されたが，これらは非課税枠を有効に利用するものではない．もう一つは，非課税枠の外での運用でできるだけ課税を繰り延べることが肝要だということである．ファンドの分配を少なくすれば，課税の繰延べによって実質的に運用利回りを上げることができる．そして，非課税枠の外でこうしたファンドで運用できれば，非課税枠をより有効に利用できることになる．

2.4　年金制度の選択：DB か DC か

2.4.1　転職と年金

誰もが退職後の所得保障を必要としている一方で，企業年金は税制上の優遇措置によってその備えを有利に行えるわけであるから，企業としては，それを利用しない手はない．問題は，確定給付型（DB）にするか確定拠出型（DC）にするかにあるといっても過言ではあるまい．最近は IT 化などの技術革新によって確定給付型から確定拠出型への変換が起きていることをすでに述べたが，以下では

改めて，両者の選択を決める要因について検討する．

　Friedberg, Owyang and Sinclair［2004］によると，年金制度の選択は従業員の転職の可能性と密接に関わっている．人々は一般に職に就いたとしても，必ずしもそれが自分にフィットしていると思っているわけではない．能力を十分に発揮できているという人は限られており，多くの人はより能力の発揮できる仕事はないか，あるいはもっと有利な職はないかと思っている．現在の仕事に不満が大きい人，すなわちたぶん現在の生産性が低い人は，職を辞してでも新しい仕事を求めるかもしれない．またそこまでいかなくても，仕事に満足できなかったりもう一つ生産性が上がらなかったりする人は，職に就いたままでよりよい職を探したりする．こうした職探しや転職は，外部での求人の機会が多いほど，また転職によって高い給与を獲得する可能性が高いほど，行われやすい．しかし，職探しや転職には当然，コストがかかる．離職して新たな職探しをする場合は，現在の所得を失うことになる．たとえそれが満足のいくものでなかったとしても，所得を失うコストは大きい．また職に就いたまま別の職を探す場合は，それによって仕事に熱が入らなかったり，将来に向けて能力の向上に励まなかったりすることによって，生産性の低下を招く．そして実際に転職するとなると，現在の仕事を続けたら将来得られるであろう生産性を上回る給与や，もし確定給付型の年金が採用されていたならば，今後急速に増加する（バックローディングの）年金を受給する権利を放棄することになってしまう．職探しや転職は，結局，現状への不満と外での可能性に加えて，こうしたコストを勘案して行われるといえよう．

　このことは，逆にいうと，企業はこのコストを高めることによって従業員の転職を抑えることができること，そして転職の誘引を低めることによって在職中の職探しによる生産性の低下を抑制できることを意味する．バックローディングの確定給付型年金はまさに，この転職コストを高めるものである．転職によって増加する給与などの期待値より，そのままなら受給できるはずの年金を喪失する期待値が大きいなら，従業員は転職や職探しはしないだろう．つまり，企業としては，彼らが習得する企業固有の技能が生み出すレントの範囲内で確定給付型年金を提供することによって，従業員の転職や職探しを抑えて生産性を上げ，企業価値を増すことができるのである．これに対して確定拠出型年金は，基本的には生産性に見合った給与の一部として給付されるものであるので，このようなバックローディング的性格がない．したがって，転職しても失うものは少ないので，従

業員の職探しを抑える効果はほとんどない．

　もっとも，企業は従業員の転職（離職）を抑えようとするとは限らない．企業固有の技能があまり必要なく，むしろ汎用性の高い技能をもった人を雇用したいという企業は，自社の従業員の離職より他社からの転職に関心がある．確定給付型年金は，このような企業においては，逆に作用しかねない．転職者はたとえ今後この企業で働き続けるとしても，勤続年数はあまり長くならないから，バックローディングの恩恵は受けられない．また彼らは今後も転職の可能性が高いだろうから，そのときに不利になる年金は好まない．こうした企業にはむしろ，確定拠出型年金の方が合っていると考えられる．

2.4.2　技術革新による年金制度の変化

　最近のIT化や急速な技術革新は企業年金を確定給付型から確定拠出型へと変化させていることを先に指摘したが，以下では，これがどのようなメカニズムで生じるか，上で示した確定給付型年金の転職抑制効果によって説明する[2]．

　図2.2はまず，確定給付型年金による転職抑制のメカニズムを示したものである．横軸Yは従業員の現在の生産性を示すが，一般に，自分の能力にフィットした職について高い生産性を上げる者もいれば，あまりフィットしないため低い生産性しか上げられない者もいる．このうち，十分高い生産性（図のH以上）を上げて満足している従業員は，転職はもちろん，仕事の傍ら職探しをするとい

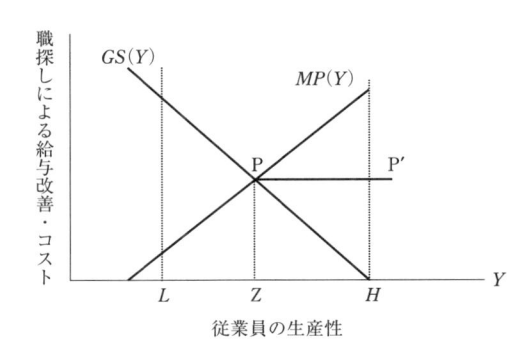

図2.2　職探しによる給与改善とコスト

---

[2] 説明に使用する図は基本的にはFriedberg, Owyang and Sinclair [2004] によっているが，それに修正を加えて拡張している．

うこともない．これに対して，現在の仕事に満足のいかない者，すなわち十分な生産性を上げていない者は職探しをすることになるが，そのうちでも，そこそこの生産性の従業員は仕事の傍らで職探しをする一方，生産性が低く（図の L 以下）不満の大きい従業員は離職して求職活動に専念することになろう．こうした職探しは当然のことながら，自分にフィットした職をみつけて高い給与（年金給付も含む，以下同じ）を得るために行うのであるが，現在の仕事と比べてよりよい仕事に就ける可能性は，いまの生産性が低いほど高くなる．このような可能性を勘案すれば，職探しによる給与改善の期待値は図の H から出る左上がりの曲線 $GS(Y)$ として表される．ところで，このような職探しは，先に説明したように，仕事をおろそかにするなどして生産性の低下を招く．これはいわば，企業にとって従業員の職探しのコストであるが，現在の生産性が高い者による職探しほど大きいと考えられる．というのは，たとえば職探しに同じ時間を費やしたとしたら，生産性の高いものほど損失が大きいからである．図の右上がりの曲線 $MP(Y)$ は，このような企業にとっての従業員の職探しのコストを表す．

図では，曲線 $GS(Y)$ と $MP(Y)$ が P で交わっている（P に対応する生産性は Z）が，これより右側（Z より生産性が高い領域）では，従業員の職探しによる給与改善の期待値より，それに伴う企業のコストの方が大きいことになる．このような領域では，企業は従業員に対して，現在の仕事にとどまれば職探しによる改善の期待値に相当する給与を与えるが，もし転職したならばそれを没収するというような契約を申し出ればよい．そのような契約があれば，従業員は転職したときに没収される給与が改善の期待値を上回るので，職探しをしなくなるであろう．そして，従業員が職探しをしなければ，企業は従業員に支払う余分の給与（$GS(Y)$ に等しい金額）以上の生産性の改善（職探しをしなくなることによるコスト $MP(Y)$ の減少）が得られることになる．バックローディングの性格のある確定給付型年金はまさにこの没収可能給与にあたる．ただし，企業としては，この年金は個々人の生産性などに応じて曲線 PH の金額を与えるのが望ましいが，実際には従業員ごとに金額に差をつけるのは難しいため，一律の年金 PP′ を与えることになるかもしれない[3]．しかし，この場合でも，企業は PP′ と $MP(Y)$

---

[3] 従業員を生産性によって差別できず，一律に年金を与えなければならないとしたら，図 2.2 は，従業員の職探しによる給与改善期待と比べてその生産性に対するロスが相対的に大きい企業は，確定給付型年金を導入すると解釈できる．

で囲まれる面積だけ，職探し抑制によるネットの生産性改善効果として享受することができる．

　IT化などの技術革新は，以上のような曲線のシフトとして現れる．まずIT化による仕事の汎用化は，転職したときに以前より企業固有の技能に悩まされることなくすぐに能力を発揮できることを意味するので，職がみつかる可能性を高くするとともに新しい仕事での給与を高くすることになるため，従業員の職探しによる給与改善の期待値を大きくする．すなわち $GS(Y)$ 曲線を右上の $GS'(Y)$ にシフトさせる．ITによる仕事の汎用化はまた，逆にいうと，企業固有の技能による生産性改善の余地が小さくなっていることにほかならない．IT化はさらに，インターネットなどによって職探しを簡単に低コストでできるようにしたが，それは従業員の職探しによる生産性の低下を抑えることになる．これらはいずれも，従業員の職探しによる企業のコストを下げることにほかならず，$MP(Y)$ を右下の $MP'(Y)$ にシフトさせる．図2.3は，IT化などの技術革新に伴う確定給付型年金の変化を示している．$GS'(Y)$ と $MP'(Y)$ の交点で示される新たな均衡Qは，前の均衡Pより右側にシフトする．これは，確定給付型年金でカバーされる勤労者，あるいはそれを提供する企業が減ることを意味している．それに代わって，バックローディング的な性格がない確定拠出型年金が増えると考えられる．このことはまた，職探しや転職が増えて，勤労者の平均的な勤続年数を短くしていると推測させる．

　本章の最初に述べた運用環境の悪化や退職給付会計の導入による確定給付型年金の見直しも，図2.3によって説明することができる．それらはいずれも，企業

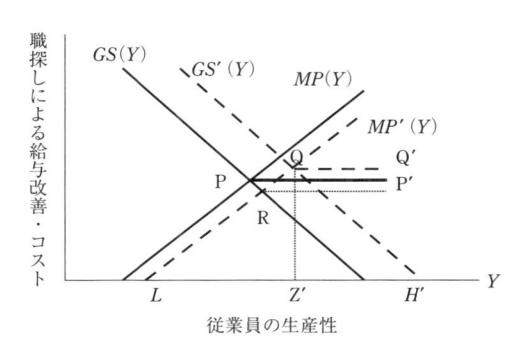

図2.3 技術革新と年金

にとって確定給付型年金のコストを上昇させたが，従業員の職探しによる生産性のロスを示す $MP(Y)$ は確定給付型年金を提供することによる生産性の改善効果と解釈することもできるので，これは，コストの増大分だけ $MP(Y)$ を下にシフトさせることになる．たとえば，それが $MP'(Y)$ にシフトしたとして，従業員の職探しによる改善期待 $MS(Y)$ が変わらないとすると，均衡点は当初の P から右下の R に移動する．すなわち，確定給付型年金によってカバーされる勤労者は減る，あるいはそれを提供する企業が減るとともに，提供される給付の水準も低下することになる．

アメリカでは，ERISA（Employee Retirement Income Security Act）は確定給付型年金の受給権を保護するために制定されたが，その制定以来むしろ，確定拠出型年金が増えて，ERISA が対象とした確定給付型年金でカバーされる勤労者は減っている．これについては種々の理由があげられるが，Schieber［1999］は受給権保護のための ERISA の規定が確定給付型年金のコストを高め，かえって，それによって保護される勤労者を減らしてしまったと述べている．ERISA による受給権付与ルール，PBGC（Pension Benefit Guarantee Corporation）の給付保証に対する保険料，受託者責任の厳格化などは，確定給付型年金のコストを高め，それを提供することによる生産性改善効果を低下させた．その結果，図 2.3 に示されるような P から R へという均衡点の移動が起きて，確定給付型年金のカバーおよび給付水準の低下がみられたのである．

参 考 文 献

浅野幸弘，「年金運用におけるリスクテーキング：確定給付と確定拠出」，『証券アナリストジャーナル』，1999 年 10 月．

Bulow, J. I., and M. Scholes, "Who Owns the Assets in a Defined-Benefit Pension Plan ?", In Z. Bodie, and J. Shoven (eds.), *Financial Aspects of the United States Pension System*, University of Chicago Press, 1983.

Coronado, J. L., and P. C. Copeland, "Cash Balance Pension Plan Conversion and the New Economy", *FRB Finance and Economics Discussion Series 2003-63*, December 2003.

Friedberg, L., and M. T. Owyang, "Explaining the Evolution of Pension Structure and Job Tenure", *Federal Reserve Bank of St. Louis Working Paper 2002-022A*, October 2002.

Friedberg, L., M. T. Owyang, and T. M. Sinclair, "Searching for Better Prospects : Endogenizing Falling Job Tenure and Private Pension Coverage", *Federal Reserve Bank of St. Louis Working Paper 2003-038B*, March 2004.

Lazear, E. P., "Why Is There Mandatory Retirement ?", *Journal of Political Economy*, December 1979.

Lazear, E. P., "Pension as Severance Pay", In Z. Bodie, and J. Shoven (eds.), *Financial Aspects of the United States Pension System*, University of Chicago Press, 1983.

Poterba, J. M., J. B. Shoven, and C. Sialm, "Asset Location for Retirement Savers", *SIEPR Discussion Paper No.00−08*, Stanford Institute for Economic Policy Research, 2000.

Schieber, S. J., "The Employee Retirement Income Security Act : Motivations, Provisions, and Implications for Retirement Security", Manuscript for A Conference on ERISA After 25 Years, The Brookings Institution, August 1999.

3

企業財務と年金資産運用

3.1 運用リスクの負担

　企業年金（確定給付型）の運用では一般に，年金基金のリスク許容度，あるいは成熟度に応じてリスクテイクを決めるべきだとされている[1]．たとえば加入者の年齢構成が若く受給者が少ない成熟度の低い基金では，年金給付が増えるまでに時間的余裕があるからリスク許容度が高いので，リスクの時間分散効果を利用して，高リスクの株式で高リターンを狙うことによって年金コストの低下を図るべきだ，などといわれている．しかし，成熟度が低いということはキャッシュフローの流出が当面ないというにすぎない．改めていうまでもないが，年金基金はキャッシュフローを管理するための機関ではない．それは将来の支払いに備えて財政的基盤を確保しておくためにある．したがって，リスクをとった結果が悪かったならば，たとえ給付のキャッシュフローがまだなくても，その時点で健全性を回復するための措置が必要になる．

　一般の成熟度によってリスクテイクを決めるという考え方は，基金あるいはその加入者が運用リスクを負担しているという暗黙の想定によっている．あたかも個人がそれぞれのリスク許容度に応じて資産配分を行って，その結果の責任を負

---

[1] 一般にこのように理解されているのには理由がないわけではない．この点については改めて第6章で論じる．

うかのようである．しかし，確定給付型の年金では，給付額は一定のフォーミュラによって決まっており，原則として運用結果には左右されない．たとえリスクをとった結果が悪くても給付が削減されるわけではなく，それは企業からの追加の負担によって埋め合わされる．また運用結果がよかったときも給付が増額されるわけではなく，将来，企業の掛金負担の軽減となるだけである．つまり，年金基金の運用リスクを負っているのは企業であって，決して基金や加入者ではないのである．

これは当然のことながら，年金の資産運用もそのリスクを負担することになる企業の立場から決められるべきことを意味する．そしてこの企業の負担は最終的には利益の変化を通して株主（投資家）に帰着するのであるから，それは企業価値にどう影響するかの観点から決めるべきだということにほかならない．つまり年金基金の運用は資本構成をどうすべきかなどと同様，企業財務の問題である．

以下では，まず最初に，年金の債務や資産が完全に企業本体と一体化されて財務に反映されるとした場合に，年金の資産配分によって企業価値がどのように変わるかを分析する．あらかじめ結論を述べると，倒産も税金もない完全な資本市場を想定すれば，株式で運用しようと債券で運用しようと，企業価値は変わらない．しかし企業が倒産して年金が完全に給付されないような事態を認めるならば，年金運用のリスクを大きくすることによって企業（株式）価値を高めることができる．また税金の存在を認めるならば，株式と債券の税務上の取扱いが違うことを利用して，資産運用を債券にシフトしたり，ファンディング比率を上昇させたりすることによって，企業価値を高める余地が出てくる．

ただし，こうした結論は基金の財政状況や運用リスクが完全に企業価値に反映されるとしてのものである．しかし現実には，年金基金は企業本体から切り離されて運営され，運用の結果も必ずしもそのまま企業に跳ね返るわけではない．だいたいは運用結果がよいときは基金に留保されて，企業はそれを簡単には享受できない一方，結果が悪いときには即座に企業の負担増加として現れるようになっている．年金資産運用を考えるにあたっては，こうした非対称性を勘案する必要があるので，3.3節ではこの定式化を示すとともに，それに基づいて運用のリスクテイクが企業価値に与える影響を検討する．

本章での分析は基本的には理論的なものであるが，実際の運用や規制に対して多くのインプリケーションを有する．最後の3.4節では簡単なまとめを行うとと

もに，それをふまえて年金運用の現状に潜んでいる問題を指摘する．

3.2 運用リスクと企業価値

3.2.1 議論の前提

　年金資産運用の企業価値に与える影響を議論する前に，年金債務やコストの把握について確認しておきたいことがある．それは，掛金の払込みが年金のコストというわけではなく，またそれを予定利率で積み立てた責任準備金も決して年金債務ではないということである．年金給付の義務は掛金支払いや責任準備金の有無に関係なく，従業員の勤続に応じて発生する．企業にとって年金債務とはこのような将来の給付額を割り引いた現在価値にほかならず，年々のその増加分が年金コストを構成する[2]．

　問題はこのときどのような割引率を使うかであるが，それは経済理論に従えば，該当する期間の国債の利子率ということになる．年金給付額は確定しているから，リスクのない債券の利子率で割り引かれるのである．ただし，給付の金額が確定していないような場合は，なぜそれが変化するかに応じて，使用する割引率も違ってくる．たとえば給付額がインフレスライドするような場合は，名目の給付額はインフレ率に比例して増えることになるから，割引率もリスクのない名目利子率からインフレ率を控除したもの，すなわちリスクのない債券の実質利子率を使用することになる[3]．

　こうして求められる年金債務は，たとえ給付額が一定でも，国債利子率が変動するとそれに応じて変化する．いわば市場の利子率に応じて年金債務が時価評価されるのである．そして企業（資本）価値は，企業の事業活動に関わる資産や年金資産の時価評価額から，企業の一般の負債とこの年金債務を控除したものとして与えられる．企業財務からみた年金資産運用とは，こうした構造を前提にしたとき，資産運用でのリスクテイクによって企業価値を高めることができるかどうか，という問題にほかならない．

---

[2] 第4章でみるように，年金会計は基本的には，このような考え方に立っている．
[3] 給付がインフレスライドするときの年金債務の評価については，第9章で詳しく論じる．

3.2.2 MM理論の適用

この問題の手始めとしてまず，企業が倒産する可能性がなく，また税金も存在しないものと仮定して，債券で運用していた年金資産を株式に振り替えたとしたら，企業価値ないし資本（その企業が発行している株式）の価値が変わるかどうかを検討してみよう．

実はこの答えは至って簡単．改めて検討するまでもなく，資本の価値は変わらない，となる．というのは，図3.1のような年金を企業と一体化したバランスシートを想定すると，運用を債券 B から株式 S に振り替えたとしても，それは市場価格で等しい交換となる（$B=S$）はずだから，運用資産の価値 W には変化がなく，したがって企業の事業用資産 A や負債 D が一定で，年金債務 L も一定である限り，資本 E の価値も変わらないのである．

ただし，債券から株式に振り替えれば，運用の期待リターンは上がり，それによって資本の期待リターンも高くなっているはずだという指摘があるかもしれない．たしかにそのとおりであるが，資産全体のリスクも同時に増大していることを忘れてはならない．すなわち，この企業の資本に関わるリスクも大きくなっているのであり，高くなった期待リターンから評価額を求めるときに使う割引率もその分だけ高くなる．そして資本市場がリスクを正しく評価していれば，株式で運用することによって増加するリスクとリターンの関係がちょうど，資本の評価に際してのリスクと割引率の関係に反映されるはずだから，結局は資本の価値，すなわちこの企業の株価は変わらないということになる．なお補論では，資本市場で CAPM（capital asset pricing model）が成立している場合，資産運用の変更によって資本の価値が変化しないことが論証される．

こうしたことは逆にいえば，資本の期待リターンが高くなったのは，運用を株式で行うことによって大きなリスクをとったからにほかならない．ところが，こういうリターンの増大なら，投資家からすれば，なにも企業にしてもらう必要は

(a) 債券で運用			(b) 株式で運用	
年金資産 債券 B	年金債務 L	$B=S$ ⟶	年金資産 株式 S	年金債務 L
事業用資産 A	借入れ D		事業用資産 A	借入れ D
	資本 E			資本 E

図 3.1 倒産，税金のないケース

ない．それと同じ効果は，たとえば投資家自身が借入れを行って，債券で運用している企業の株式を買い増して，市場リスクを増大させることによって達成できる．

以上は，年金資産のリスクテイクは結局どうでもよいということを示しているが，これは実は，企業価値は資本構成に関係なく一定であるという有名な MM（Modigliani-Miller）定理の簡単な応用にすぎない．ただし，倒産コストや税金がある場合は MM 定理が成立しないことが知られているが[4]，年金運用についても，こうした要因を考慮に入れると，債券だろうと株式だろうと関係ないというわけにはいかなくなる．

3.2.3 倒産の可能性と年金価値

企業が倒産する可能性がある場合の年金運用と資本価値（株価）との関係は，Sharpe［1976］や Treynor［1977］らによって論じられている．そしてその結論は，企業が倒産する可能性が高い場合は，年金のファンディング状況を悪くすると同時に，リスキーな株式で運用することによって，資本価値（株価）を高くすることができるというものであった．

この結論のカギは，倒産したら企業は約束した給付額を支払わないことになるかもしれない，というところにある．この点を明らかにするために，企業は単純化して年金債務のほかは負債がなく，すべて資本（株式）で調達しているとして，事業用資産と年金資産の合計である総企業価値の大きさや内容によって，年金債務と資本の価値がどう変わるかをみてみよう．

いま一定期間後にこの企業が解散すると想定すると，図3.2(a)に示したように，そのときの総企業価値 V が十分大きい場合は，年金給付額 F は満額が支払われ，その残りが資本の分け前となる．これに対して総企業価値が F を下回るような場合は，資本の分け前はなく，年金も満額は支払われなくなる．ところで，このような年金支払額（図3.2(b)）は年金給付額(c)から削除額(d)を控除したものとしても表されるが，この後者は実をいうと，総企業価値 V を原資産として年金給付額 F を行使価格とするプットオプションのペイオフにほかならない．

---

[4] MM 定理やそれが成立しない要因については，Ross and Westerfield［1988］などのテキストを参照．

3.2 運用リスクと企業価値

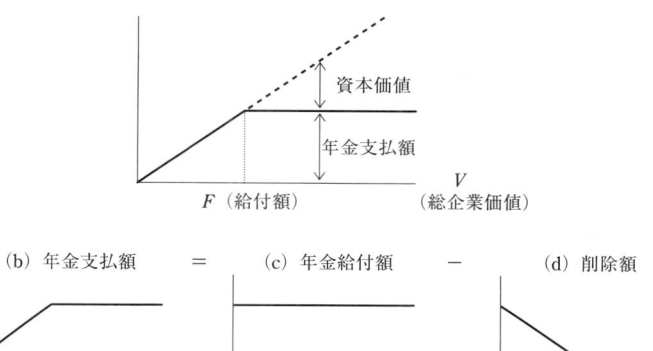

図 3.2 総企業価値と年金給付額

(a) 年金給付額と資本(株式)価値

(b) 年金支払額 = (c) 年金給付額 − (d) 削除額

すなわち，企業が倒産する可能性を認めた場合，年金受給者は確定した給付額を得る一方で，企業にプットを売っているようなものである．したがって，その評価額，すなわち企業にとっての年金債務は，給付額をリスクのない利子率で割り引いた現在価値からプットの現在価値を控除したものとなり，資本（株式）の価値は総企業価値からこの年金債務を差し引いたものとして，次のように表される．

$$L = Fe^{-rT} - P(V, F, T, \sigma)$$
$$E = V - L$$

ただし，L は給付までの期間を T とする年金の債務評価額，$P(V, F, T, \sigma)$ は原資産価格を V，行使価格を F，満期までの期間を T，原資産のボラティリティを σ とするプットの価格である．

ところがここで，プットの価値は一般に原資産のボラティリティに依存する．いまの問題に即していえば，総企業価値のリスクが大きいほどプットの価値は高く，上式から明らかなように，それに伴って資本価値（株価）も高くなる．つまり，事業用資産のリスクを所与とすれば，年金運用のリスクを大きくする，すなわち，年金資産を債券から株式に振り替えることによって株価を高くすることができるのである．しかも，この効果はいわゆるオプションのベガにほかならないから，ディープインザマネー（$V = A + W \gg F$）のときよりも，ニヤザマネー（$V = A + W \fallingdotseq F$）のときの方が大きい．換言すると，事業用資産を所与とすれば，

年金資産 W の小さいときほど，すなわちファンディング状況が悪いときほど，運用のリスクテイクによる企業価値増大の効果を高めることができるのである．

もっとも，こうした企業価値の増大は年金給付額が将来削減されるかもしれないという犠牲の上に成り立つものである．したがって，もし年金の加入者が賢明でかつ十分な交渉力を有していたならば，このようなことは起こりえない．あらかじめこの削減の可能性を織り込んで給付額が設定されたり，なんらかの保証措置が要求されたりするだろう．しかし現実には，加入者の立場は必ずしも強くないので，このような企業価値増大の犠牲にならないように，一定のファンディング状況を維持したり，運用のリスクテイクを制限したりする必要性が出てくる．

3.2.4 税金の効果

税金がある場合の年金資産運用についてもやはり，Black［1980］や Tepper［1981］によってすでに結論が出されている．それによると，倒産の心配がない企業では，年金のファンディングをできるだけ厚くして，運用は株式から債券に振り替えるのがよい．

このような結論が得られたのは，基本的には年金債務を含めて企業の負債に関わる利息などの支払いは課税所得から控除できる（すなわち非課税）のに対して，資本（株式）に帰属する収益には課税されるという税務上の違いがあるからである．一般に企業の資本構成の議論においては，こうした税務上の差異を勘案すると，レバレッジを高めた方が企業価値を増大できることが知られているが，年金運用を債券に振り替えるというのも実は，この効果を狙ってのことである．ただし，資本構成の場合は，レバレッジを高めていくと倒産のリスクが大きくなり，そのコストがだんだんと税務上のメリットを相殺するようになるが，年金を利用すれば資本（株式）のリスク水準を変えずに，このメリットが享受できる．Black［1980］に従うと，この効果はあらまし次のようにして得られる（図 3.3）．

まず当初，年金資産は株式で運用されていたとして，税率がたとえば 50％ であったとすると，株主にとっては資本に帰属する税引後の収益がリターンとなるので，実質的にはこの株式運用収益の半分しか享受していないことになる．これは資本のリスク負担についても同じで，株式収益の変動の半分にすぎないということにほかならないから，年金資産を株式から債券に振り替えたならば，資本の負担するリスクとリターンは振替分の半分だけ減ることになる．したがって，そ

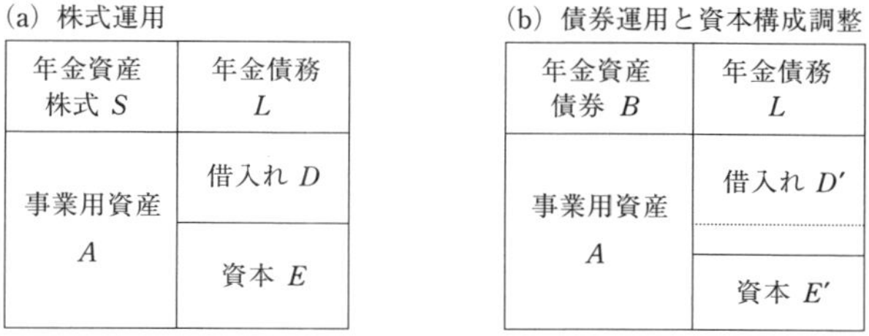

3.2 運用リスクと企業価値

(a) 株式運用	
年金資産 株式 S	年金債務 L
事業用資産 A	借入れ D
	資本 E

(b) 債券運用と資本構成調整	
年金資産 債券 B	年金債務 L
事業用資産 A	借入れ D'
	資本 E'

図 3.3 税金を利用した年金資産の振替

のリスク負担を振替前と同じ水準に保とうとすれば，資本を振替額の半分だけ減らして（株式を償却して），それを債券（または借入れ）による調達に替えればよい．ところがそうすると，債券調達にかかる利息支払いは税金が課されない一方，この税金節約分を除いたリスク・リターンは資本にとっては変わらないから，結局のところ，リスクは一定のままで税金節約分だけ収益が増加することになる．このような債券への振替効果は年金資産の規模が大きいほど大きいので，ファンディングを厚くすればするほど，これによる資本（株式）価値増大効果も大きくなるのである．

Tepper［1981］はこれとは少し違った議論によっている．すなわち彼は，Miller［1977］に従って株式と債券とで最終投資家の税引後の収益に対する影響が異なることを援用して，企業は年金運用を債券にした方が有利なことを論証しているのであるが，ここでは簡略化して以下，要点だけを示すことにする．

一般に投資家（個人）の所得税率は債券（インカム）と株式（キャピタルゲインなど）で差があるが，いまそれは t_b, t_s で表され，また法人税率は t_c だったとする．すると企業の粗収益に対する投資家の税引後収益は，企業が債券で調達した場合は $(1-t_b)$ となる一方，株式で調達した場合は $(1-t_c)(1-t_s)$ となる．したがって，

$$T = (1-t_b) - (1-t_c)(1-t_s)$$

が正のときは，調達を株式から債券に替えることによって投資家の税引後収益は増加することになる．もっとも債券と株式ではリスクが違うから，そうすることが投資家にとってプラスになる（企業価値が増大する）とはいえないので，ここではそうしたリスクも勘案して T が一定の値で均衡していたとしよう．

次に，こうした企業に年金（債務 L）が導入されたとして，その運用がまず株

式 S で行われるとしよう．すると，個人（投資家）はこの企業に投資することによって次のような利得 G_S を得る．ただし，個人は企業が投資する分だけ株式投資を減らすという相殺行動をとると想定する．またこのとき，企業の年金給付額だけ個人の収入は増えること，そしてそれは債務に金利をかけたものとなることに注意されたい．

$$G_S = \{\rho S - rL(1-t_c)\}(1-t_s) - \{\rho S(1-t_s) - rL(1-t_b)\}$$
$$= rL\{(1-t_b) - (1-t_c)(1-t_s)\}$$

ただし，r は金利，ρ は株式収益を表す．1行目右辺の最初の $\{\cdot\}$ は年金を導入して株式で運用したことによる企業の税引後利益の増加であり，したがって，第1項はそれに伴う個人の所得税控除後の収入増を示す．これに対して第2項は，年金の導入に伴う個人の相殺行動（株式売却）と年金受取りの差額を示す．個人の利得はこの両者の差として表されるのである．

これに対して年金を債券 B で運用する場合，この企業に投資することによって得られる利得 G_B は次のようになる．この場合もやはり，個人投資家は企業が投資する分だけ債券投資を減らすなどの相殺行動をとるとし，さらには年金債務と年金資産は一致している（$L=B$）と想定する．

$$G_B = \{rB - rL(1-t_c)\}(1-t_s) - \{rB(1-t_b) - rL(1-t_b)\}$$
$$= rLt_c(1-t_s)$$

なお，この式の1行目右辺の第1項は，年金を導入して債券で運用するとしたときの個人の所得税控除後の収入増であり，また第2項はそのときの投資家の年金受取りを含めた相殺行動による収入減を示す．

結局，年金を導入したときに，債券で運用する場合と株式で運用する場合の利得の差は，

$$G_B - G_S = rL(t_b - t_s)$$

となるが，一般に株式に対する所得税率の方が低い（$t_b > t_s$）から，この差は正となる．すなわち，年金は債券で運用した方が投資家にとって有利になるのである．

3.3 基金の存在とリスク負担

3.3.1 基金の存在意義

　以上は，年金は株式で運用すべきか債券で運用すべきかという問題に対して，一見すると矛盾した答えを用意しているようにみえるが，これらを一般化して詳細に分析した Harrison and Sharpe [1983] は次のように結論づけている．すなわち，倒産リスクが高い企業は年金給付削減のプットの価値を高めるようにすべて株式で運用する一方，倒産リスクの低い企業は税金効果を最大にするようにすべて債券で運用するという，いわば両極端の解しかないのであって，株式と債券を組み合わせたアセットミックスが最適となることはないというわけである．

　ところが現実には，いうまでもなく，こんな極端な運用をしている企業など1つもない．そこで Bicksler and Chen [1985] は，次のような現実を織り込めば，極端な運用にはならないことを示した．まず給付削減のプットに関しては，一般に年金制度を停止する（給付額を削減する）ことは，従業員の反発やインセンティブの低下などのコストがかかるので，それを考慮すれば，運用リスクを高めることによって一方的に企業価値を高めることはできない．また企業の法人税率は一定ではなく，だいたいは累進的になっているので，ファンディングを厚くして債券で運用していっても，どこまでも税金効果を享受できるというわけにはいかない．こうした要素を織り込めば，決して両極端にはならず，どこかに最適なアセットミックスがあるはずだ，というのである．

　しかしながら，こうした議論ではすべて，年金が企業と完全に一体化されており，その債務と資産はストレートに企業価値に反映されると想定されている．しかし実際には，年金資産は企業から分離された基金で管理されており，その運用の結果も，たとえば非常に高いパフォーマンスを上げたとしても，それを母体の企業収益に取り込んだり，すぐにその分だけ掛金を引き下げたりすることは不可能となっている．

　このような措置がとられているのは，加入者の年金受給権を守るためである．企業がたとえ年金債務を正しく認識していたとしても，もし十分な資産の裏づけがないまま倒産してしまったならば，約束された給付が得られなくなってしまうだろう．このような事態を避けるには，企業の外に将来の給付に備える基金を設

立して，債務の発生に応じて積立てをしておく必要がある．そして受給権が侵害されるようなことが起こらないよう，基金からの資金の取崩しは厳しく制限される一方，もし運用がうまくいかなくて不足が生じたときには，企業は追加の拠出を求められる．こうした基金は，実をいうと，企業が年金給付額を削減する可能性を高めることによって，企業価値を増大する（年金プット価値を増大する）ような行動をとることを防止することになっている．むしろ逆に，運用結果が悪くてファンディング状況が悪化したようなときには，企業は基金から追加の拠出を迫られるという意味では，基金ないし加入者に対して年金のファンディングに関するプットを与えているとみるべきだろう（詳しくは後述）．

こうしたファンディングのプットを軸にした企業と基金の関係は非可逆的であり，いわば基金は不足が生じない限り，半独立的な存在になっている．Bulow and Scholes [1983] によると，第2章で紹介したように，確定給付型年金においても基金の運用成績によって給付額が増加される可能性がある．というのは，企業に固有の人的資本というようなものを考えれば，従業員は企業に生じたレントに対して請求権をもっており，それは年金の場合は，加入者が基金の余剰に対して持ち分を有していると解されるからである．とすると，年金の加入者にとって基金は独立した存在として，運用収益を増大させる意味が出てくる．もちろん，それは企業の負担増につながらないという条件つきでのことで，ここに基金の収益追及と企業の負担増回避の間のバランスを考えた運用が必要になる．

3.3.2 ファンディングのプット

基金がある場合，そのファンディング状況と企業のバランスシートの関係は，Bodie [1990] によると次のように表される．

ファンディング規制は一般に，定期的に基金の運用資産 W が年金債務 L を下回っていないかどうかをチェックして，もし下回っていたならば企業に追加の拠出をさせるという具合に課されるが，このことは，基金ではそれによって実質的には常に年金債務以上の資産が確保されているということにほかならない．すなわち，チェック時点 T における基金の実質的な資産額は $Max(W_T, L_T)$ となるのであり，これは実は下式で示されるように，運用資産 W_T に，W_T を原資産として L_T を行使価格とするプットオプションのペイオフを加えたものとなっている．

$$Max(W_T, L_T) = W_T + Max(0, L_T - W_T)$$

　現時点（時点0として添字は省略）では，基金は実際の運用資産に加えて，このペイオフの現在価値に相当する資産，すなわちプットの時価相当の資産を有しているとみなすことができるが，追加拠出をしなければならなくなるかもしれない企業からすれば，その分だけ債務を負っているということにほかならない．したがって，こうした関係でつながっている基金と企業のバランスシートは図3.4のように表される．

　このようなバランスシートの下で企業にとって最適な年金運用とは，プットの価値を最小にするような運用である．というのは，他の条件を一定とすれば，そのとき資本価値（株価）が最大になるからである．それではそれは具体的に何かということになるが，残念ながら Bodie［1990］は答えを示していないので，以下では資産運用を株式と債券の2つの選択に単純化して，定式化を試みよう．

　まずこのプットの評価は，現時点から T まで時間が経過する間に金利が変化して年金債務の評価額が変動する可能性を考えれば，Margrabe［1978］型のオプションとして次のように与えられる．

$$P = -WN(-d) + LN(-d + \sigma\sqrt{T})$$
$$d = \left\{\ln(W/L) + \frac{1}{2}\sigma^2 T\right\}/\sigma\sqrt{T}$$
$$\sigma^2 = \sigma_W^2 + \sigma_L^2 - 2\rho_{WL}\sigma_W\sigma_L$$

ただし，P はファンディングプットの価値，$N(\cdot)$ は標準正規分布の累積密度関数，σ_W は運用資産のボラティリティ，σ_L は年金債務（時価評価額）のボラティリティ，ρ_{WL} は運用資産と年金債務の相関係数を示す．

　ここで現時点の年金資産 W と年金債務 L は一定と考えられるから，P が最小になるのは σ が最小になるときである．ところがそれは，上式から明らかなよ

基　　金		企　　業	
年金資産 W	年金債務 L	事業用資産 A	借入れ D
プット P	余　剰 Y		プット P
			資本 E

図3.4　基金と企業のバランスシート

うに，$\rho_{WL}=1$，$\sigma_W=\sigma_L$ のときにほかならないから，年金運用も年金債務が変動するのとちょうど同じように変動するようにすべきだということを意味する．すでに述べたように債務は金利が変動したときに変動するのであるから，これは運用も金利変動に対して同じような変動を示すようにする，つまり，年金債務と同じデュレーションをもった債券で運用するということを意味する．

ただし，ボラティリティがオプションの価値に与える影響（いわゆるベガ）はニヤザマネーで最も大きく，それから離れるにつれ，どんどん小さくなる．これは，現在の問題にあてはめれば，運用資産が年金債務に比べて十分大きい場合は，σ が大きくなってもプットの価値はたいして変わらないことを意味する．つまり十分なファンディングが行われている場合は，年金債務のデュレーションにあわせた債券運用から離れてリスクをとった運用を行っても，企業価値はほとんど影響を受けないのである．この意味では，運用の自由度はファンディング状況に依存しているということができよう．

3.4 インプリケーション

以上から明らかなように，企業財務の観点から年金運用をみると，運用状況が企業価値に直接的に結びつく限り，株式での運用を支持することは難しい．倒産リスクの高い企業では，株式で運用することによって企業価値を高めることができるが，それは年金給付額が削減されるかもしれないという加入者の犠牲によって得られるものである．受給権を守るために基金が設立され，かつ年金債務を上回る資産を維持するようなファンディング規制が設けられれば，そうした可能性は排除される．むしろ税金を考えたら債券で運用すべきであり，また運用結果が悪くてファンディング状況が悪化したときに，企業は基金へ追加拠出をしなければならないというプットオプションを考えたら，基金の運用は債務のデュレーションにあわせた債券が最適となる．

わが国では1990年代後半から，運用規制の緩和を受けて，年金運用で株式のウエイトが高められたが，これは上の結論からすると非常に危険であったし，実際に第2章でみたような大幅な積立不足をもたらす一因となった．大幅なファンディング不足の中でこうしたリスクテイクを行うことは，まさに給付額削減リスクの増大という負担を加入者に強いるものである．ファンディング規制があった

ならば,そうした運用は決して是認されまい.ひょっとすると規制があったとしても積極的なリスクテイクが主張されるかもしれないが,それは,必ずしも最終的な負担をする株主の立場を考えたものではない.運用状況が投資家に知らされないために,そうした主張が出てくるのかもしれない.このような意味では,規制緩和には,ファンディング規制の強化と年金基金の財政状況や運用状況の開示が不可欠である.

補論:年金運用と企業価値

倒産の可能性や税金がない場合は,年金資産が債券で運用されるか株式で運用されるかによって,企業(資本)価値が変わらないことを,資本市場でCAPMが成立しているとして論証する.なお以下では,複雑になることを避けるため,資産サイドと負債の価値は与えられたものとして,まずその差として資本の値を仮に与えて,その期待リターンとリスクを求める.そして次に,このリスクに応じた要求割引率を算出して,期待リターンをこの割引率で割ることによって資本の価値を改めて計算し,これが仮においた資本の値に一致することを確認する.

(x) 年金がない場合

まず年金運用の影響を検討する準備として,年金がなく,借入れと資本(株式)で調達している企業(資本)の評価について説明する(図3.5(x)のケース).

いま事業用資産Aの収益率を$\tilde{r}_A$,そのベータ(市場ポートフォリオの収益率との連動性)をβ_A,市場ポートフォリオのリスクプレミアムをλ,また安全資産利子率をrとすると,CAPMの下では,Aの期待収益率は

(x) 年金なし

事業用資産	借入れ D
A	資本 E

(a) 債券で運用

年金資産 債券 B	年金債務 L
事業用資産 A	借入れ D
	資本 E

(b) 株式で運用

年金資産 株式 S	年金債務 L
事業用資産 A	借入れ D
	資本 E

図3.5 年金運用と企業価値

$$\mu_A = r + \beta_A \lambda$$

となっている．したがって，借入れを D とすると，倒産の可能性がないからその利子率は r であることに注意すれば，資本 E（仮に $A-D$ とする）の収益率は

$$\tilde{r}_E = (\tilde{r}_A A - rD)/E = (1+l)\tilde{r}_A - lr$$

となって（ただし，$l = D/E$)，その期待収益率は

$$\mu_E = (1+l)\mu_A - lr = r + (1+l)\beta_A \lambda$$

となり，またリスク（ベータ）は

$$\beta_E = Cov(\tilde{r}_E, \tilde{r}_M)/Var(\tilde{r}_M) = (1+l)\beta_A$$

となる．したがって，このリスクに見合う要求収益率は

$$c_E = r + \beta_E \lambda = r + (1+l)\beta_A \lambda$$

であるから，資本の価値は

$$\mu_E E / c_E = E$$

となって，たしかに仮においた E に一致する．

(a) 年金資産運用は債券の場合

上の企業に年金（債務を L とする）を加えて，まずは運用を債券 B で行うとすると，年金債務，資産運用ともリスクがないので，その年々の支払いと受取りの利率は r になっているはずであるから，簡単化のため年金債務と資産は等しい（$L=B$）と想定すれば，資本の収益率は

$$\tilde{r}_E = (\tilde{r}_A A + rB - rD - rL)/E = (1+l)\tilde{r}_A - lr$$

となって，年金のない場合と変わらない．したがって，全く同じ議論によって，資本の価値は E に一致する．

(b) 年金資産運用は株式の場合

次に年金資産運用を株式 S で行うケースを考えるが，簡単化のため，その対象は市場ポートフォリオとし，また債券の場合と同様，年金債務と資産は等しい（$L=S$）とすると，資本の収益率は

$$\tilde{r}_E = (\tilde{r}_A A + \tilde{r}_M S - rD - rL)/E = (1+l)\tilde{r}_A - lr + \phi(\tilde{r}_M - r)$$

ただし，$\tilde{r}_M$ は市場ポートフォリオの収益率，$\phi = L/E = S/E$ である．ここで，市場ポートフォリオの期待超過リターンが λ であることに注意すれば，資本の期待収益率は

$$\mu_E = (1+l)\mu_A - lr + \phi\lambda = r + (1+l)\beta_A \lambda + \phi\lambda$$

となり，またリスク（ベータ）は，市場ポートフォリオの β は 1 であることに

注意すると

$$\beta_E = Cov(\tilde{r}_E, \tilde{r}_M)/Var(\tilde{r}_M) = (1+l)\beta_A + \phi$$

となる．したがって，このリスクに見合う要求収益率は

$$c_E = r + \beta_E \lambda = r + \{(1+l)\beta_A + \phi\}\lambda$$

となるから，資本の価値は

$$\mu_E E / c_E = E$$

となって，たしかに仮においた E に一致する．つまり，債券で運用しても株式で運用しても，いずれも資本（この企業の発行する株式）の価値は変わらないのである．

参 考 文 献

Bicksler, J. L., and A. H. Chen, "The Integration of Insurance and Taxes in Corporate Pension Strategy", *Journal of Finance*, July 1985.

Black, F., "The Investment Policy Spectrum : Individuals, Endowment Funds and Pension Funds", *Financial Analysts Journal*, January/February 1976.

Black, F., "The Tax Consequences of Long-Run Pension Policy", *Financial Analysts Journal*, July/August 1980.

Bodie, Z., "The ABO, the PBO and Pension Investment Policy", *Financial Analysts Journal*, September/October 1990.

Bulow, J. I., and M. S. Scholes, "Who Owns the Assets in a Defined-Benefit Pension Plan ?", In Z. Bodie, and J. Shoven (eds.), *Financial Aspects of the United States Pension System*, University of Chicago Press, 1983.

Harrison, J. M., and W. F. Sharpe, "Optimal Funding and Asset Allocation Rules for Defined-Benefit Pension Plans", In Z. Bodie, and J. Shoven (eds.), *Financial Aspects of the United States Pension System*, University of Chicago Press, 1983.

Margrabe, W., "The Value of an Option to Exchange One Asset for Another", *Journal of Finance*, March 1978.

Miller, M. H., "Debt and Taxes", *Journal of Finance*, May 1977.

Ross, S. A., and R. W. Westerfield, *Corporate Finance*, Times Mirror/Mosby College Publishing, 1988.

Sharpe, W. F., "Corporate Pension Funding Policy", *Journal of Financial Economics*, June 1976.

Tepper, I., "Taxation and Corporate Pension Policy", *Journal of Finance*, March 1981.

Tepper, I., "The Future of Private Pension Funding", *Financial Analysts Journal*, January/February 1982.

Treynor, J. L., "The Principles of Corporate Pension Finance", *Journal of Finance*, May 1977.

4

年 金 会 計

4.1 年金会計と年金資産運用

　すでに第3章でも述べたように，確定給付型の企業年金では，設立母体企業の従業員などからなる加入者に対して，あらかじめ年金規約に定められている一定の算式に基づいた年金が退職後に給付される．そのため，母体企業は毎年，年金財政計算によって決められた掛金を年金基金に払い込み，給付原資となる資産を積み立てる．その際，積み立てられた年金資産には，予定利率と呼ばれる一定の期待運用利回りが想定されており，年金資産の運用ではこれが運用目標とされてきた．

　わが国では，年金制度が発足して以降，年金資産の投資対象は主に貸付金や債券，生命保険会社の一般勘定であった．この間，年金財政上の予定利率は5.5%という固定の利率に据え置かれていたものの，投資対象としていた資産の運用利回りは，1990年代まで予定利率を下回ることはなかった．図4.1には1990年度以降の企業年金資産運用利回りの推移，図4.2には企業年金の資産配分の推移を示した．資産運用環境が悪化した1990年以降は，高い期待収益率が見込める株式などのリスク資産の配分を高めてきたことがわかる．しかし，これは同時に，年金資産運用のボラティリティを急速に高めてきた．

　一方，2000年度から導入された退職給付会計では，こうした年金資産運用に

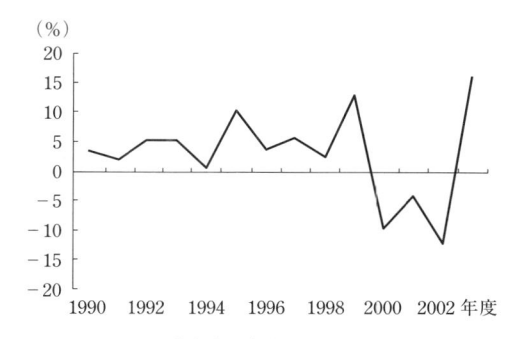

図 4.1 企業年金の資産運用利回りの推移
出所）企業年金連合会「企業年金に関する基礎資料」．

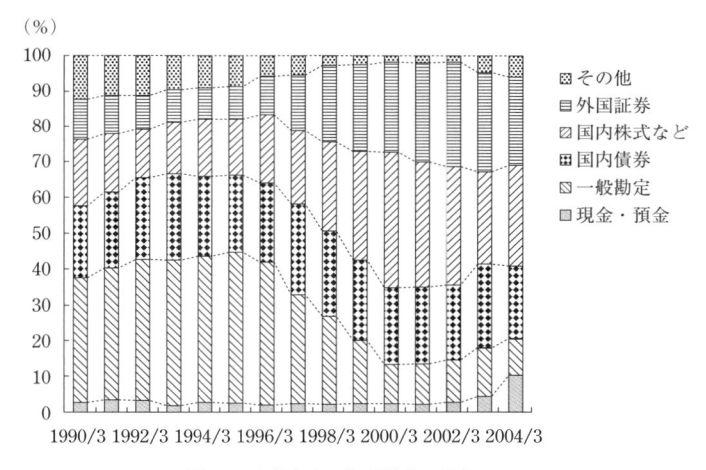

図 4.2 企業年金の資産配分の推移
出所）企業年金連合会「企業年金に関する基礎資料」．

よる損益をはじめ，年金債務や年金資産の積立状況などの情報は，企業会計上で開示することが求められるようになった．確定給付型の企業年金では前述のとおり，加入者への年金給付額は資産運用利回りに依存するわけではなく，年金規約に定められた算式に基づいて決められる．これは，年金資産運用の結果が期待以上であれば母体企業からの将来の掛金拠出が軽減され，期待を下回れば追加の拠出を要することを意味する．つまり，年金資産運用のリスクは本来，設立母体企業が負っているため，そのリスクは企業評価にも反映され，ひいては株主が負担

することになる.

しかしながら，年金に関するディスクロージャーは一般に非常に複雑で，年金会計特有の処理や多くの仮定を前提としている．そのため，投資家が年金の積立状況や資産運用のリスクなどに関する情報を適切に評価し株価に反映させているかどうかが問題となる．これについては，アメリカにおいて，財務会計基準第87号（FAS 87 : Financial Accounting Standards No.87）が適用された前後にはFeldstein and Seligman [1981], Feldstein and Mørck [1983] や Bulow, Mørck and Summers [1987] など多くの研究が行われた.

本章ではまず，2001年3月決算期から導入された退職給付会計の数値から，年金債務に対する年金資産の積立状況などを確認する．結論を先取りすると，退職給付会計は年金だけにとどまらず，以前はほとんど積立てを行っていなかった退職一時金も含めた，包括的な債務を対象としていることもあり，新会計導入時には多額の積立不足が計上された．しかしその後，代行返上や確定拠出年金制度などへの移行によって，積立不足や年金債務そのものが大きく減少してきており，企業収益への影響も緩和してきていることを示す．その後，第5章で企業年金の情報と企業評価の関係を分析する．

4.2節では，まず，従来の会計基準と新たな退職給付会計との違いを解説し，退職給付債務の算定根拠となる基礎数値や債務認識，費用処理方法など，退職給付会計に特有な会計処理とその経済的な意義を確認する．次いで4.3節では，実際の決算数値から，わが国の代表的な企業における年金の積立不足やその費用処理などの実態を明らかにする.

4.2 退職給付会計

4.2.1 年金債務とその費用処理

2000年4月1日以降に開始する事業年度より，新会計基準が適用されている．この新たな会計基準の導入前には退職金・年金債務に対する引当てが必ずしも十分ではなかったことから，大方の企業で積立不足となることが憂慮された．それは，退職給付会計導入時点において，①税制上の理由から多くの企業で退職給与引当金の積立水準が要支給額に対して40%内外にとどまっていたこと，②新会計基準で要求されている市場実勢を反映した割引率に比べて従来の年金財政方式

（予測給付評価方式）における予定利率が高い水準となってしまっていたために債務が過小評価されていたこと，などが原因であったといえる．その結果，新会計基準導入初年度には，ストック面でみても巨額の退職給付引当金が計上されたばかりでなく，会計基準変更時差異も多額にのぼった．一方，フロー面でも会計基準変更時に発生した債務を退職給付費用として処理が必要であったことに加え，特別損失としても多額の費用処理がなされるに至った．

ところで，従来の企業会計制度では，予測給付評価方式と呼ばれる方法で算定される年金財政上の数理債務や年金積立資産などのストックの情報は企業会計上には計上されず，税制適格年金や厚生年金基金への実際の掛金額が毎期の費用として処理されていた．加えて，一時金は期末要支給額（各年度末に従業員が自己都合退職する際の一時金額）の一定割合を退職給与引当金として企業会計上のバランスシートに負債計上し，引当金の期中増分をその期に費用処理することとされていた．つまり，大まかにいうと，年金と退職一時金では処理方法が異なり，年金は掛金を費用として処理し，退職一時金は一部を負債として計上していたにすぎなかったのである．

一方，新たな退職給付会計では，退職一時金・年金の別を問わず，(4.1)式のとおり，主に発生給付評価方式で算定される退職給付債務（PBO：projected benefit obligation）と年金資産時価（PA：pension asset）との差額が退職給付引当金（NPA：net pension asset）として母体企業の貸借対照表上に負債計上されることとなった．

$$退職給付引当金 = 退職給付債務 \pm 未認識過去勤務債務$$
$$\pm 未認識数理計算上の差異 - 会計基準変更時差異の未処理額$$
$$- 年金資産（時価） \qquad (4.1)$$

ここで，未認識過去勤務債務（UPSL：unrecognized past service liability）とは，退職給付水準の改定などにより発生した退職給付債務の増減部分のうちで費用（利益）処理がされていないものを指す．また，未認識数理計算上の差異は，割引率の変更など退職給付債務の数理計算に用いた見積数値の変更や，年金資産の期待運用収益率と実績との違いなど見積数値と実績の差異により発生した退職給付債務の増減部分のうちで費用（利益）処理がされていないもの，会計基準変更時差異の未処理額とは，新会計基準への変更に伴って発生した債務額のうちでいまだ費用（利益）として処理されていない額を示すこととなっている．

また，退職給付費用は (4.2)式のように算定され，従業員の勤務の延長に伴う費用とともに，年金債務の金利費用についても，損益計算書上で「販売費および一般管理費」の一部として計上されることになった．

$$\begin{aligned}\text{退職給付費用} =\ & \text{勤務費用} + \text{利息費用} - \text{年金資産の期待運用収益} \\ & \pm \text{過去勤務債務費用処理額} \pm \text{数理計算上の差異費用処理額} \\ & + \text{会計基準変更時差異の費用処理額}\end{aligned} \quad (4.2)$$

つまり，この新たな会計基準では，退職給付費用というフロー面の情報のみならず，以前は明らかにされていなかった年金の資産および債務というストック面も公開されているのである．加えて，退職給付債務の割引率や未認識とされている債務額とともに，年金資産運用の期待収益率や未認識債務の償却年数など，ストックおよびフロー両面の算定根拠となる基礎数値も注記することとされている．したがって，企業の退職一時金・年金に関するこれらの情報を十分に吟味することで，単に会計上の積立状況や費用処理の実績だけではなく，その経済的な実態までも明らかにすることができるのである．

　ところが退職給付会計では，給付水準の改定や数理計算の見積数値の変更，実績との差異などにより生ずるものを即時に債務（または資産）として認識したり，損益処理したりせず，未認識債務（または資産）として繰り延べることができる．こうした債務（または資産）は母体企業のバランスシートには計上されない，いわば隠れ債務（または資産）となる．具体的な例では，退職一時金・年金制度の改定や割引率を変更することに伴う退職給付債務の増減額，年金資産運用の期待運用収益と実績運用収益との差額などである．現状これらは，経済的にはすでに損益として発生したものと理解されるにもかかわらず，単年度では損益処理がされないばかりか，母体企業会計上で債務（または資産）としても認識されていない．この会計上の未認識債務（または資産）は，その後の一定期間内に定額で損益処理しなければならないが，いわば損益を平準化して先送りする効果をもつことになる[1]．

---

[1] 企業会計審議会『退職給付会計に係る会計基準』では，実際運用収益が期待運用収益を超過したなどによる数理計算上の差異の発生または給付水準を引き下げたことによる過去勤務債務の発生により，年金資産が退職給付債務を超えることとなった場合には，当該超過額を年金資産および利益として認識してはならない，と定めていた．しかし，2005（平成17）年3月16日には，企業会計基準委員会から，「『退職給付会計に係る会計基準』の一部改正」および「『退職給付会計にかかる会計基準』の一部改正に関する適用指針」が公表され，この定めを適用しないことと改正された．

さらに，退職給付債務を算定する際，割引率には市場の金利実勢を反映させるため「安全性の高い長期の債券の利回り」を用いることになっている．しかし，会計基準導入当初には，過去の会計基準との相違や税制などから年金資産の積立てが十分ではなかったこと，ゼロ金利政策により適用される金利水準がきわめて低かったことなどから，積立不足が膨大になることが懸念されたので，それを抑えるため，実務上は「一定期間の債券の利回り変動を考慮」することが認められた．この結果，実際には長期国債利回りの5年平均が用いられることが多いのが現状である．こうした過去の数年の平均値を用いることで，ある期に市場金利が大きく低下（上昇）したとしても，その期の割引率は金利変動の数分の1の影響しか受けず，退職給付債務は過少にしか増加（減少）しないことになる．しかしながら，その金利変化の効果はその後数年間にわたって適用する割引率に影響を与えることになり，その結果，退職給付債務額やその費用処理額に加え，最終的には企業収益にも少なからず影響を及ぼす可能性がある．

そこで本章では，会計上の数値を比較するだけでなく，次項のような方法で，こうした未認識債務の即時認識，割引率の調整を行って，実質的な退職給付債務および費用を推定した．

4.2.2 年金債務の遅延認識と割引率の平滑化

4.3節でわが国のデータによる検証を示す前に，前項で述べた退職給付債務の遅延認識と割引率の平滑化と企業財務の関係を整理しておく．まず，t期末の退職給付引当金 NPL_t について，退職給付債務を PBO_t，年金資産を PA_t，未認識過去勤務債務残高を $UPSL_t$，未認識数理計算上の差異の残高を $UACT_t$，会計基準変更時差異の未処理額を $UACC_t$ で表すことにする．このとき，退職給付引当金は，

$$NPL_t = PBO_t - UPSL_t - UACT_t - UACC_t - PA_t \tag{4.3}$$

で表される．ここで，それぞれの未認識債務の償却処理年数を n_{UPSL}, n_{UACT}, n_{UACC}，t期中の費用処理額を $D_{UPSL,t}$, $D_{UACT,t}$, $D_{UACC,t}$ とする．さらに，各未認識債務の t期中の新規発生額をそれぞれ $A_{UPSL,t}$, $A_{UACT,t}$, $A_{UACC,t}$ で表し，その後それぞれの処理年数で償却されるものとすれば，t期中の費用処理額はそれぞれ，

$$D_{UPSL,t} = \sum_{i=1}^{n_{UPSL}-1} \frac{A_{UPSL,t-i}}{n_{UPSL}}, \quad D_{UACT,t} = \sum_{i=1}^{n_{UACT}-1} \frac{A_{UACT,t-i}}{n_{UACT}}, \quad D_{UACC,t} = \sum_{i=1}^{n_{UACC}-1} \frac{A_{UACC,t-i}}{n_{UACC}}$$

で表される．また，t 期末の未認識債務残高は，
$$UPSL_t = UPSL_{t-1} + A_{UPSL,t} - D_{UPSL,t}$$
$$UACT_t = UACT_{t-1} + A_{UACT,t} - D_{UACT,t}$$
$$UACC_t = UACC_{t-1} + A_{UACC,t} - D_{UACC,t}$$
と表されることになる．したがって 2001 年 3 月期末より償却を開始したものと仮定すれば，上式より，以降の未認識債務の新規発生額を推定することができる．

次に，t 期中に処理する退職給付費用 C_t のうち，勤務費用を SC_t，利息費用を IC_t，年金資産の期待運用収益を ER_t で表すことにする．未認識債務の償却合計額を，
$$D_t = D_{UPSL,t} + D_{UACT,t} + D_{UACC,t}$$
とすると，会計上 t 期中の退職給付費用 C_t は，
$$C_t = SC_t + IC_t - ER_t + D_t \tag{4.4}$$
と表すことができる．既述のとおり，運用収益は実績ではなく期待値であり，この差額が数理計算上の差異として処理されることとなっている．このため，会計上で ER_t を高くすることによって退職給付費用を抑制し，結果として企業収益のかさ上げを図ることができることに注意しなければならない．そこで，t 期中の未認識債務新規発生合計額を，
$$A_t = A_{UPSL,t} + A_{UACT,t} + A_{UACC,t}$$
とすると，割引率の変更による退職給付債務の増減や実現運用収益など，t 期中に実現した損益合計額 AR_t は以下のように推定することができる．
$$AR_t = ER_t - A_t$$
この AR_t を用いることで，期中に新たに発生した損益を即時認識する場合の退職給付費用 AC_t は，
$$AC_t = SC_t + IC_t - ER_t + A_t = SC_t + IC_t - AR_t \tag{4.5}$$
と推定することができる．

一方，すでに述べたとおり，退職給付債務の算定には市場実勢を反映した割引率を用いることが求められる．しかしながら，実務上では短期的な退職給付債務の変動を抑制することを目的に，長期国債利回りの 5 年平均値が用いられることが多い．ここで，実際に適用する割引率 $r_{A,t}$ が t 期決算時の金利 $r_{f,t}$ の過去 n 年平均値であるとすると，

$$r_{A,t} = \frac{1}{n}\sum_{i=0}^{n-1} r_{f,t-i}$$

と表すことができる．いうまでもなく，実際に適用する割引率にこうした過去の移動平均値を用いることで，期末の割引率は期中に発生した金利変動のうちn分の1しか変化しない（ボラティリティが$1/\sqrt{n}$倍に小さくなる）ことになるとともに，期中の金利水準がn年後の割引率にまで影響を及ぼすことになる．特に，1990年代後半は趨勢的な金利低下傾向とゼロ金利政策の継続から，退職給付会計導入以降では継続的に割引率の引下げが必要となってきている．その結果，当初は過小に評価されていた退職給付債務も実勢価値に近づきつつあると考えられる．

ところで，退職給付会計では退職給付債務を算出するために実際に用いた割引率の注記が求められている．決算期が同じあれば，本来はおおむね同水準の割引率を用いるべきであるが，実際に採用される割引率には各社の裁量でいく分かの差異が存在する．しかし，企業間の相互比較を行ううえでは，こうした差異を調整する必要が出てくる．その際，退職給付債務は非常に長期に及ぶ将来キャッシュフローから算定されるため，デュレーションが比較的大きいだけでなく，キャッシュフローのばらつきも大きいため，コンベキシティーも非常に大きいことに注意しなければならない．この点を勘案すると，適正な割引率$r_{f,t}$を用いた場合の退職給付債務（adj_PBO_t）は，

$$adj\_PBO_t = PBO_t\left\{1 + DUR_t\left(r_{A,t} - r_{f,t}\right) + \frac{1}{2}CV_t\left(r_{A,t} - r_{f,t}\right)^2\right\} \quad (4.6)$$

と推計できる．ただし，DUR_tは修正デュレーション，CV_tはコンベキシティーを表す．

4.3 わが国の実態

4.3.1 データ

ここでは企業決算データとして，主に日本経済新聞社が提供するNEEDS財務データ（一般事業会社，連結決算，確報値）を用いた．分析対象は，2001年3月〜2004年3月まで継続してS&P Japan 500構成銘柄に含まれている3月決算企業（銀行・保険を除く）で，退職給付債務を計上している退職一時金・年金制

度を有する314社である.

なお,2003年3月決算期には,厚生年金基金の代行返上認可を受けている企業が含まれている.これらの企業も,原則的には,厚生年金基金の代行部分過去分返上認可の日に代行部分にかかる退職給付債務と年金資産の返還相当額との差額を損益として認識することとされており,過去分の返還が可能となった2003年9月以降の決算期に代行返上の効果が反映されるはずである.しかし,経過措置[2]を適用すれば,2003年3月決算期に代行部分にかかる退職給付債務の消滅を認識することができることとされている.ここで,厚生年金基金の免除保険料率および国に返還する際の最低責任準備金は,1999年に厚生年金制度改正で厚生年金の保険料が凍結されたことに伴い,1999年10月より凍結が継続されている.そのため実際の代行返上額は,主として1999年10月時点の最低責任準備金をベースに,厚生年金本体の運用利回りの実績利回りによって付利することとされている[3].

したがって,2002年3月以前の決算でPBO算定上の割引率が厚生年金本体の実績運用利回りよりも低(高)かった場合には,消滅するPBOが実際の返還額よりもおおむね大きく(小さく)なるため,経過措置を適用することで特別利益(損失)が発生することとなっている.こうしたことから,各決算時点における厚生年金基金の有無や厚生年金基金の代行返上の有無,その認可を受けている企業に関しては,各社の有価証券報告書によって経過措置適用の有無を確認している.

ここで,(4.6)式のPBOの割引率修正を行うにあたっては,すべての企業に共通して,修正デュレーションは15,コンベキシティーは300を適用した.また割引率については,各決算時の超長期国債利回りをもとに,2001年3月期は1.80%,2002年3月期は2.00%,2003年3月期は1.10%,2004年3月期は2.00%とした.

これらの分析対象企業のうち,厚生年金基金や代行返上,経過措置適用の有無,日米会計基準の適用別に企業数を集計したものが表4.1,すべての企業について

---

[2] 「退職給付会計に関する実務指針(中間報告)」(日本公認会計士協会会計制度委員会報告第13号)第47-2項に定める経過措置を指している.
[3] 厚生省告示第192号「厚生年金保険法第85条の2に規定する責任準備金に相当する額の算出方法に関する特例を定める件」によって,1999年10月以降の免除保険料・受換金を加え,代行給付・移換金を控除し,厚生年金本体の運用利回りの実績により付利するものとされている.

退職給付に関連する項目を集計したのが表 4.2 である.

4.3.2 積立不足と費用処理

これらの企業について,まず,ストック面における退職給付に関連する項目の推移をみていくことにする.ここで,米国基準適用企業については,日本基準に加えて追加最小年金債務が併記されている.米国基準においては回廊アプローチを通じて未認識債務を認めているものの,年金資産が累積給付債務(ABO: accumulated benefit obligation)に満たなくなる場合には,その差額分を最小年金債務調整額として負債計上することが求められている.日本基準ではこうした制度は導入されていないが,米国基準適用企業では有価証券報告書などの決算データ上では明らかになっている.したがって,こうした企業ではこの追加最小年金負債に相当する部分が退職給付引当金などに含まれている場合があるため,年金資産や未認識債務との合計が退職給付債務に一致しないケースもある.以下では,それぞれの項目の推移について,時間の経過とともに確認してみることにする.

表 4.2 より,年金資産の推移を時系列に追っていくと,2001年3月時点では30.1兆円(対退職給付債務比 53.7%),2002年3月時点で 29.8兆円(同 50.1%),2003年3月時点で 24.1兆円(同 42.2%),2004年3月時点で 26.3兆円(同 52.0%)となっている.2000～2002年度は,年金資産運用利回りが大幅なマイナスであったこと,さらに 2002年度には代行返上の経過措置の影響が加わり減少傾向が続いていた.2003年度にも代行返上の影響はあったものの,資産運用

表 4.1 制度別・代行返上別の分析対象企業数

	2001/3	2002/3	2003/3	2004/3
分析対象銘柄数	314	314	314	314
厚生年金基金なし	115	116	120	123
解散など	0	1	4	3
厚生年金基金あり	199	198	194	191
代行返上認可	—	—	95	147
原則法適用	—	—	69	94
経過措置適用	—	—	26	53
過去分返上済み	—	—	—	43
日本基準適用	291	291	285	284
米国基準適用	23	23	29	30

表 4.2 退職給付項目の集計結果（単位：十億円）

	2001/3			2002/3			2003/3			2004/3		
		(対PBO比)	(対資本比)		(対PBO比)	(対資本比)		(対PBO比)	(対資本比)		(対PBO比)	(対資本比)
ストック面												
年金資産	30,065	53.74%	28.46%	29,815	50.06%	28.35%	24,109	42.24%	23.43%	26,348	52.01%	23.40%
前払年金費用	326	0.58%	0.31%	710	1.19%	0.68%	1,150	2.02%	1.12%	1,313	2.59%	1.17%
(退職給付引当金)	(1,289)	(2.30%)	(1.22%)	(919)	(1.54%)	(0.87%)	(583)	(1.02%)	(0.57%)	(843)	(1.66%)	(0.75%)
追加最小年金負債	1,914	3.42%	1.81%	2,962	4.97%	2.82%	6,698	11.73%	6.51%	3,474	6.86%	3.09%
退職給付債務	-55,950	100.00%	-52.97%	-59,560	100.00%	-56.63%	-57,082	100.00%	-55.47%	-50,660	100.00%	-44.99%
(割引率)	(3.31%)			(2.94%)			(2.59%)			(2.39%)		
(割引率調整済み退職給付債務)	-66,681			-68,143			-67,927			-54,101		
未認識債務合計	9,443	16.88%	8.94%	13,360	22.43%	12.70%	18,613	32.61%	18.09%	10,304	20.34%	9.15%
未認識過去勤務債務	-532	-0.95%	-0.50%	-1,271	-2.13%	-1.21%	-1,290	-2.26%	-1.25%	-2,107	-4.16%	-1.87%
未認識数理計算上の差異	6,892	12.32%	6.52%	12,074	20.27%	11.48%	17,994	31.52%	17.49%	11,018	21.75%	9.78%
会計基準変更時差異の未処理額	3,084	5.51%	2.92%	2,557	4.29%	2.43%	1,909	3.34%	1.86%	1,394	2.75%	1.24%
退職給付引当金	18,728	33.47%	17.73%	20,120	33.78%	19.13%	22,184	38.86%	21.56%	18,596	36.71%	16.51%
フロー面		(対営業利益比)			(対営業利益比)			(対営業利益比)			(対営業利益比)	
退職給付費用	7,707	47.59%		4,710	36.66%		4,656	28.17%		5,478	29.09%	
勤務費用	2,311	14.27%		2,317	18.03%		2,242	13.57%		2,049	10.88%	
利息費用	1,723	10.64%		1,779	13.85%		1,573	9.51%		1,367	7.26%	
期待運用収益	-1,055	-6.51%		-1,017	-7.91%		-870	-5.26%		-651	-3.46%	
(期待運用収益率)	(3.60%)			(3.35%)			(2.91%)			(2.49%)		
未認識債務の償却費用合計	4,728	29.20%		1,633	12.71%		1,709	10.34%		2,703	14.35%	
過去勤務債務の費用処理額	-81	-0.50%		-178	-1.38%		-222	-1.35%		-325	-1.72%	
数理計算上の差異の費用処理額	153	0.94%		1,199	9.34%		1,349	8.16%		1,621	8.61%	
会計基準変更時差異	4,621	28.53%		511	3.97%		415	2.51%		348	1.85%	
		(対営業利益比)			(対営業利益比)			(対営業利益比)			(対営業利益比)	
未認識債務償却時の退職給付関連損失	17,115	105.69%		8,526	66.36%		9,741	58.93%		-4,626	-24.57%	
資本	105,627			105,180			102,909			112,601		
営業利益	16,194			12,848			16,528			18,832		
経常利益	13,803			8,147			13,542			16,857		
特別損失で処理した退職給付関連損失	4,856	29.99%		1,078	8.39%		767	4.64%		732	3.89%	

合計額は2001/3～2004/3を通じてS&P Japan 500に採用されている一般事業会社のうち、3月末決算企業で確定給付型企業年金制度を有する314社について、決算数値を合計したものである。また、対PBOは退職給付債務、対資本は自己資本でそれぞれの合計額をその企業の数値としている。退職給付債務の割引率は対象企業の単純平均値である（ただし、割引率を上下限で表示している企業については上限と下限の平均値をその企業の数値としている。さらに、未認識退職債務即時償却時の退職給付費用および割引率調整済退職給付債務は、(4.5)、(4.6)式で推計した。その際の割引率には、2001年3月期は1.80%、2002年3月期は2.00%、2003年3月期は1.10%、2004年3月期は2.00%を用いた。各期共通してデュレーションは15、コンベキシティーには300を用いた。

利回りが急回復したことから，金額では約2兆円増加し，対退職給付債務比での積立状況も前年比では大きく改善していることがわかる．

一方，退職給付債務の推移を同様にみていくと，2001年3月時点では56.0兆円（対自己資本比53.0％），2002年3月時点で60.0兆円（同56.6％），2003年3月時点で57.1兆円（同55.5％），2004年3月時点で50.7兆円（同45.0％）となっている．退職給付債務を算定するうえでの割引率の平均は，2001年3月期の3.31％より，2.94％，2.59％，2.39％と傾向的に低下しており，2002年3月時点で退職給付債務が増加したのは，割引率の低下による影響が大きいものと考えられる．しかしながら，その後2003年3月期には約2.5兆円，2004年3月期には約6.4兆円と大幅に減少している．これは前述の代行返上の影響とともに，給付水準の引下げが同時に行われたことに伴う影響が現れているものと考えられる．

次に，退職給付引当金の推移をみると，2001年3月時点で18.7兆円（対自己資本比17.7％），2002年3月時点で20.1兆円（同19.1％），2003年3月時点で22.2兆円（同21.6％），2004年3月時点で18.6兆円（同16.5％）となっており，会計上の積立不足の増大は2002年度まで続いたが，2003年度には大きく改善していることが確認できる．

次に，フロー面として退職給付費用の推移をみていくと，2001年3月期には7.7兆円（対営業収益比47.6％）と，特別損失で処理した退職給付関連損失4.9兆円を加えると，営業利益の実に80％近くが退職給付に関連した費用に費やされていたことになる．そして2002年3月期には約4.7兆円（同36.7％），2003年3月時点で4.7兆円（同28.2％），2004年3月時点で5.5兆円（同29.1％）と，その後も営業利益の30％前後を占めるに至っている．ただし，2002年度までは未認識債務が増加していたものの，2003年度には営業収益が大きく改善したために多額の償却費用処理を行い，2003年3月時点に比べて未認識債務がほぼ半減する結果となっている．

4.3.3　債務の遅延認識と割引率平滑化の影響

ここで，年金会計の遅延認識や平準化による影響を確認するために，新たに発生した債務を未認識債務とせず即時に費用処理したと仮定して，(4.5)式によって推定した退職給付費用の推移をみてみる．すると，2001年度および2002年度では会計上の費用に比べほぼ2倍近く，対営業利益比では60％前後の多額の費

用処理が必要であることがわかる．しかしながら，2003年度は逆に大幅な収益寄与（マイナスの費用）となっている．これは，主に実際の運用収益が期待運用収益を大幅に上回ったほか，給付水準を削減したことにより，削減分について過去にすでに費用処理したとされたものが，逆に収益として計算されるためであると考えられる．また，(4.6)式の割引率の修正を行った場合の退職給付債務の推移をみると，2002年3月期は前年比1.5兆円増加しているものの，2003年3月期は0.2兆円の微減，2004年3月期は13.8兆円の大幅な減少となっている．割引率の修正には，2002年3月期と2004年3月期ではともに2.00％を利用しているため，2004年3月までの代行返上や給付削減は債務圧縮に大きな影響を及ぼしたことがわかる．

このように，退職給付会計は表面上の会計数値だけでなく，前提となる基礎数値を十分に考慮に入れなければ，企業のバランスシートや収益の状況を把握することが困難である．そこで第5章では，こうした企業年金のストックやフローの情報が適切に企業評価へと反映されているかどうかについて分析する．

参 考 文 献

臼杵政治，『会社なき時代の退職金・年金プラン』，東洋経済新報社，2001．
矢野 学，「退職給付会計と企業収益」，『住友信託銀行年金研究センター Working Paper 16』，2004年3月．
矢野 学，「企業年金の会計基準と株価評価」，『年金と経済』，2005年2月．
Bicksler, J. L., and A. H. Chen, "The Integration of Insurance and Taxes in Corporate Pension Strategy", *Journal of Finance*, July 1985.
Black, F., "The Tax Consequences of Long-Run Pension Policy", *Financial Analysts Journal*, July/August 1980.
Bulow, J. I., R. Mørck, and L. Summers, "How Does the Market Value Unfunded Pension Liabilities ?", In Z. Bodie, J. B. Shoven, and D. A. Wise (eds.), *Issues in Pension Economics*, University of Chicago Press, 1987.
Feldstein, M., and R. Mørck, "Pension Funding Decisions, Interest Rate Assumptions, and Share Prices", In Z. Bodie, and J. B. Shoven (eds.), *Financial Aspects of the United States Pension System*, University of Chicago Press, 1983.
Feldstein, M., and S. Seligman, "Pension Funding, Share Prices and National Saving", *Journal of Finance*, September 1981.
Harrison, J. M., and W. F. Sharpe, "Optimal Funding and Asset Allocation Rules for Defined Pension Plans", In Z. Bodie, and J. B. Shoven (eds.), *Financial Aspects of the United States Pension System*, University of Chicago Press, 1983.
Sharpe, W. F., "Corporate Pension Funding Policy", *Journal of Financial Economics*, June 1976.
Tepper, I., "Taxation and Corporate Pension Policy", *Journal of Finance*, March 1981.

Tepper, I., and A. R. P. Affleck, "Pension Plan Liabilities and Corporate Financial Strategies", *Journal of Finance*, December 1974.
Treynor, J. L., "The Principles of Corporate Pension Finance", *Journal of Finance*, May 1977.

5

年金財務と企業評価

5.1 運用リスク,積立不足,年金収益

　第4章では,退職給付会計の概要を解説し,わが国の実際の会計数値から,年金債務に対する資産の積立状況や費用処理について,会計上の数値だけでなく特有の処理を調整した実質的な数値を示した.問題は,投資家がこうした積立状況や資産運用のリスクなどに関する情報を適切に評価し,株価に反映させているかどうかである.そこで,本章では実際に,年金財務の情報がどのように企業評価に反映されているのかを実証的に分析していくことにする.

　退職給付会計では,年金資産は市場価値,すなわち時価で計上されることになっている.しかしながら,どのような資産にどの程度配分されているのか,といった資産構成までは開示されておらず,各社が任意に設定した期待収益率が注記されるにすぎない.また,第4章でもすでに指摘したように,退職給付費用を算定するうえで,年金の資産運用による収益は実績ではなく期待値で計上され,その差額は数理計算上の差異として繰延べ処理される.つまり,株式などの期待収益率の高い資産を組み入れ,会計上の期待収益率を高く表示して退職給付費用を抑制することによって,企業収益のかさ上げが可能となるのである.Bergstresser, Desai and Rauh［2004］は,企業経営者が年金資産の期待収益率を操作することによって,利益管理を行っている可能性があることを指摘してい

る．ところが，そうした資産の組入れによって資産運用のリスクが高まったとしても，運用実績がストレートに財務諸表に現れないことからそのリスクは十分には把握されず，投資家は資産運用のリスクを過小評価する可能性がある．

　加えて，会計上のストックやフローを平準化する効果は，投資家に企業のもつ本来のリスクの過小評価をもたらすことになる．一般に，退職給付債務の資本に占める割合は小さくなく，年金資産・債務や企業収益のリスクが過小に評価されることは，企業のリスクを小さく見積もることにほかならず，つまりは株価の過大評価につながる可能性がある．ただし，このような会計技術が株価評価へ与える影響については，前述の Feldstein and Seligman [1981], Feldstein and Mørck [1983] や Bulow, Mørck and Summers [1987] は，未認識債務が存在したとしても株価がその分，減じられていることから，投資家は積立不足の実態を評価していたことを実証的に示した．しかし，近年 Coronado and Sharpe [2003] は，先行研究とは異なり，①(FAS では) 年金資産額には過去5年移動平均と類似した数値を用いることができる，②期待運用収益率を割引率以上に高く設定する，といった会計技術を用いることで，2001年には実際よりも平均的に5%程度も株価が過大評価されていたと推定している．一方，年金資産運用のリスクについて，アメリカでは年金資産の資産構成が公開されており，Jin, Merton and Bodie [2004] は，株価から推定された企業のリスクが，実際の年金資産の資産配分から推定されるリスクを反映しており，投資家は年金資産のリスクを考慮していた可能性を示している．

　そこで，本章では，企業年金の情報と企業評価に関する分析を試みる．年金基金が企業評価に与える影響としては，資産運用に伴うリスクと，退職給付会計による年金収益が注目される．ここではまず，年金資産運用のリスクが企業評価に反映されているかどうかを分析する．また，年金収益に関連して，退職給付会計における各種の会計操作に対して投資家が年金財政の実態をどの程度把握して株価形成がなされているのか，もし会計操作が行われているのなら，企業はこれを利用して評価を高めようとすると考えられるため，年金会計を利用した利益管理の可能性について検証する．

5.2 サーベイ

5.2.1 年金運用のリスクと企業価値

年金資産の運用リスクと企業価値との理論的な関係については，すでに第3章で詳述したとおり，年金運用のリスクは企業の資本コストに反映されることになる．しかしながら，もし，投資家が年金運用のリスクを十分に資本コストに反映していないとしたら，年金運用を株式で行って高いリターンを狙っても資本コストは上がらないから，株価を高くできることになる．はたしてどうなのだろうか．Jin, Merton and Bodie［2004］によると，アメリカでは年金のリスクが資本コストに反映されているようである．アメリカでは会計情報とは別に，退職給付プランの財政状況や活動を記した報告書（Form5500）の作成・提出が規定されており，年金資産の構成比も開示されている．Jinらは，このForm5500による実際の年金資産配分から推定されたリスクが，企業の株価から推定されたリスクに反映されていることを実証的に示した．ここで，事業用資産を OA，資本を E，負債を D，年金資産を PA，年金債務を PL と表し，年金資産のリスクを β_{PA}，年金債務のリスクを β_{PL} とすると，企業のリスク β_{E+D} は，

$$\beta_{E+D} = \frac{\beta_{PA}PA}{E+D} - \frac{\beta_{PL}PL}{E+D} - \frac{\beta_{OA}OA}{E+D} \tag{5.1}$$

と表すことができる．年金部分のリスクを，

$$\beta_{Pension} = \frac{\beta_{PA}PA}{E+D} - \frac{\beta_{PL}PL}{E+D}$$

で代表させると，(5.1)式は，

$$\beta_{E+D} = \beta_{Pension} + \frac{OA}{E+D}\beta_{OA}$$

と表され，さらに，企業規模や財務レバレッジ，研究開発費，広告宣伝費などのコントロール変数 $Control$ を追加して，彼らは次式，

$$\beta_{E+D} = \alpha + \gamma\beta_{Pension} + \lambda Control + \varepsilon \tag{5.2}$$

を推計した．ただし，ε は誤差項であり，β_{E+D} には週次の株価データから推定したベータ，$\beta_{Pension}$ は年金資産の構成比から推定したベータを用いている．その結果，年金のリスク $\beta_{Pension}$ の係数 γ は有意にプラスとなったので，年金資産による

リスクテイクは企業のリスク，すなわち資本コストに反映されているといえる．

しかしながら，わが国では年金資産の構成比など，年金に関わるリスクはほとんど公表されていない．はたしてアメリカのようなことがいえるのかどうか．後ほど，間接的ではあるが，この点を検証する．

5.2.2 積立不足と株価

年金の積立不足，とくに隠れたそれと企業評価の関係について，Feldstein and Mørck [1983] では，(5.3)式のバリュエーションモデルをクロスセクション回帰することによって，年金積立不足が株価に与える影響を分析した．

$$\frac{V}{A} = \alpha_0 + \alpha_1 \frac{E}{A} + \alpha_2 GROW + \alpha_3 \frac{RD}{A} + \alpha_4 BETA + \alpha_5 \frac{DEBT}{A} + \alpha_6 \frac{UVPL}{A} + \varepsilon \quad (5.3)$$

ただし，V は企業価値，A は純資産，E は経常利益，$GROW$ は利益成長率，RD は研究開発費，$BETA$ はベータ値，$DEBT$ は純債務（すなわち $V-A$），$UVPL$ は未積立確定給付債務[1]，ε は誤差項である．それぞれの係数項の符号条件を考えると，α_1 と α_2 および α_3 はプラス，α_4 と α_6 はマイナスが期待される．とくに，年金債務が正確に測定されていれば，未積立確定給付債務は負債計上されることになるので，α_6 は -1 となることが期待される．さらに，株式市場が会計上の未積立確定給付債務は割引率などの算定根拠などによって未積立年金債務としては十分ではないと認識すれば，α_6 はそれを反映することになる．残る α_5 は，株式市場が財務レバレッジの上昇により財務リスクが高まると評価すればマイナスとなり，逆に借入れによる節税効果を評価すればプラスとなるため，事前には不確定である．このモデルによる実証分析の結果，α_6 は -1.43 となり，株価は積立不足を同程度もしくはそれ以上に評価していることがわかった．つまり Feldstein らは，未認識債務によって積立不足を会計上で小さくみせたとしても，株式市場では積立不足の実態を反映した評価がなされていたことを示した．

これに対して Coronado and Sharpe [2003] では，残余利益モデルをベースとした(5.4)式と(5.5)式を比較することによって，投資家が年金財政をどのように評価しているかを分析した．

---

[1] アメリカ FAS87 では，年金債務として確定給付債務（VBO：vested benefit obligation），累積給付債務（ABO：accumulated benefit obligation），予測給付債務（PBO：projected benefit obligation）の 3 つの概念を定義しているが，ここで指している債務は VBO のことである．

$$P_t = b_0 + b_1 BVC_t + b_2 Core\ EPS_t + b_3 NPA_t + u_t \quad (5.4)$$
$$P_t = b_0 + b_1 BVC_t + b_2 Core\ EPS_t + b_3 NPA_t + b_4 Pension\ EPS_t + u_t \quad (5.5)$$

ただし,P_t は t 期の株価,NPA_t は 1 株当たり実質年金純資産(割引率修正や未認識債務控除後の実質的な純資産を指し,積立不足の場合はマイナス)[2],BVC_t は 1 株当たりコア純資産(年金資産を除いた事業用資産で,純資産 − NPA_t により算出),$Pension\ EPS_t$ は 1 株当たり年金収益(年金に関して発生する損益から勤務費用を除いたものを指し,損失の場合はマイナス),$Core\ EPS_t$ は 1 株当たりコア収益(営業利益から年金収益を除いた事業収益で,営業利益 − $Pension\ EPS_t$ により算出),u_t は誤差項である.それぞれのバリュエーションモデルによってクロスセクション回帰を行うと,仮に,投資家が年金財政の経済実態を正しく反映しているならば $0.65 < b_3 < 1$ [3],$b_4 = 0$ となることが期待される.すなわち,NPA_t は未認識債務の即時認識や割引率の差異による年金債務の違いをも考慮した実態的な経済価値であるから,市場がそれを正しく認識すれば,b_3 は有意に正となる一方,$Pension\ EPS_t$ は会計上の見かけの数値にすぎないので,有意には計測されないことになる.これに対して,投資家が会計数値のみでしか評価していなければ,本体企業の会計には現れない NPA_t は有意でない一方,見かけの年金利益 $Pension\ EPS_t$ が有意に計測されることになる.すなわち,$b_3 = 0$,$b_4 < 0$ となってしまうことになる.彼らの推計によると,(5.4)式において,$b_2 = 9.22$,$b_3 = 0.76$ であったものが,(5.5)式では,$b_2 = 9.26$,$b_3 = -0.02$,$b_4 = 11.02$ となり,実質年金純資産が評価されないばかりでなく,年金収益がコア収益と区別されることなくほぼ同等に評価される結果となった.こうしたことから Coronado らは,投資家は年金財政の実質的な価値を評価していないため,高い割引率の適用や未認識債務の遅延認識で年金債務を低く表示したり,年金資産の期待収益率を高くして年金費用を低く見積もるというような会計操作によって,株価が実態以上に高く評価されている可能性を指摘している.

わが国の退職給付会計でも,未認識債務の計上や割引率の平滑化などの会計操作が認められているため,アメリカと同様の傾向が観察される可能性がある.本

---

[2] すなわち,第 4 章の実質的な NPL の符号を逆にしたものである.
[3] b_3 について,Coronado and Sharpe [2003] では,アメリカ企業の実効税率が 35% 程度であることに加え,積立状況や拠出タイミングなどの影響が反映されるため 0.65 と 1 の間となることが期待される,としている.

章では，この点についても，後ほど検証を行う．

5.2.3 年金会計を利用した利益管理

近年では，企業業績の実績や，アナリストによる業績予想などに投資家の注目が集まり，業績の変動が株価に与える影響はきわめて大きい．加えて，企業経営者へのインセンティブ報酬としてのストックオプションが一般化するなど，経営者が利益管理を行うインセンティブが高まっている．こうした企業経営者による利益管理の中でも，Bergstresser, Desai and Rauh [2004] は，とくに年金会計を用いた実証研究を行っている．5.1節でも指摘したように，年金費用は年金資産運用の実績ではなく，期待収益率を用いて計上される．そのため，企業経営者の裁量によって，期待収益率を高く設定して年金費用を過小に計上することで，企業業績をよくみせかけることができる．つまり，株式などの期待収益率の高い資産を組み入れることによって，会計上の期待収益率を高く表示して退職給付費用を抑制し，企業収益のかさ上げが可能となるのである．ところが，そうした資産の組入れによって資産運用リスクが高まったとしても，運用実績が開示されないことからそのリスクは十分には把握されず，投資家は資産運用のリスクを過小評価する可能性がある．

こうした効果は，企業収益に対して年金資産規模が大きな企業ほど大きくなると考えられる．そこで Bergstresser らは，期待収益率を被説明変数，年金感応度（年金資産を営業収益で除した対数値），および業種や会計年度といったコントロール変数を説明変数とした次のモデルによる回帰分析を行った．

$$\text{Assumed ROR}_{i,t} = \alpha + \beta \text{Log Pension Sensitivity}_{i,t} + X'_{i,t}\Gamma + \varepsilon_{i,t} \quad (5.6)$$

ただし，$\text{Assumed ROR}_{i,t}$ は i 社の t 期の期待収益率，$\text{Log Pension Sensitivity}_{i,t}$ は年金感応度，$X'_{i,t}$ は業種および会計年度ダミー，$\varepsilon_{i,t}$ は誤差項である．この結果，β は有意にプラスの値となり，企業収益に対して年金資産規模が大きな企業ほど高い期待収益率を想定していたことが明らかになった．また，彼らは年金資産における株式の組入れ比率と，企業の年金感応度や期待収益率との関係を，次式によって推計した．

$$\text{Equity Allocation}_{i,t} = \alpha_0 + \alpha_1 \text{Log Pension Sensitivity}_{i,t} + \alpha_2 \text{Assumed ROR}_{i,t} + \varepsilon_{i,t} \quad (5.7)$$

ただし，$\text{Equity Allocation}_{i,t}$ は年金資産における株式の組入れ比率である．その

結果，α_1，α_2 ともに有意にプラスとなり，年金感応度や期待収益率が高い企業ほど，株式の組入れ比率を高くしていたことが示された．

わが国では年金資産の構成比までは開示されていないものの，年金資産の期待収益率を高くすることによって，退職給付費用を抑制することができる．そこで本章では後に，年金債務や年金費用の負担が大きな企業ほど，会計上の退職給付にかかる負担を小さくみせようとする利益管理の可能性を検証することとした．

5.3 わが国における実証

5.3.1 年金運用のリスク

前述のように，Jin, Merton and Bodie［2004］は，年金資産におけるリスクテイクが企業のリスクに反映されていることを示したが，Coronado and Sharpe［2003］では逆に，実質的な年金財政が認識されておらず，企業のリスクが過小に評価されている可能性を指摘している．わが国においてはどのような傾向がみられるのであろうか．

アメリカでは FAS による会計報告とともに，従業員退職所得保障法（ERISA : Employee Retirement Income Security Act）によって，労働省（DOL : Department of Labor）および内国歳入庁（IRS : Internal Revenue Service）に対して，退職給付プランの財政状況や活動を記した報告書（Form5500）の作成・提出が規定されている．Jin らでは Form5500 による年金資産の構成比から推定された資産運用のリスクを用いているが，退職給付会計では年金資産の構成比の開示がなされていない．そこで本章では，たとえば株式の組入れ比率が高ければ高い期待運用収益率が付与されているというように，年金資産の期待運用収益率は資産構成比を反映して策定されているものと考え，資産運用リスクの代理変数として退職給付会計で公開されている年金資産の期待運用収益率を用いて，次式を推定することとした．

$$BETA_t = a_1 + a_2 LEV_t + a_3 ER_t + a_4 Estd_t \\ + a_5 Kikin_t + a_6 Keika_t + \sum_{i=1}^{32} a_{IND_i} IND_i + \sum_{j=1}^{3} a_{FY_j} FY_j + \varepsilon_t \quad (5.8)$$

ただし，$BETA_t$ は株価ベータ，LEV_t は t 期の財務レバレッジ，ER_t は期待運用収益率，$Estd_t$ は総資本営業利益率の標準偏差である．また，コントロール変数と

して厚生年金基金の有無ダミー $Kikin_t$，2003，2004 年度については厚生年金基金の代行返上に伴う経過措置[4]適用ダミー $Keika_t$，東京証券取引所 33 業種ダミー IND_j，会計年度ダミー FY_j を用いた．ε_t は誤差項である．年金運用のリスクが企業のリスクに反映されているとすれば，期待運用収益率は有意に正の値をとることが期待される．そこで，(5.8) 式について，各年度ごとのクロスセクション回帰，および 4 会計年度分をまとめたプール回帰を行い，係数項の有意性を検証することによって年金のリスクが資本コストに反映されているかどうかを確認する．ここで用いるデータは，第 4 章で分析したデータである．なお，t 期の財務レバレッジ LEV_t は t 決算時の負債合計を資本合計で除して求め，総資本営業利益率の標準偏差 $Estd_t$ は過去 5 決算分の総資本営業利益率の標準偏差として算出した．従属変数であるベータ $BETA_t$ は，決算前後各 18 ヵ月，合計 36 ヵ月[5]の対 TOPIX 月次ベータを用い，分析対象は各決算時点で退職給付会計（日本基準）を採用している企業とした．母体企業のリスク（$BETA_t$）が年金運用のリスク（ER_t）を反映しているとすれば，期待運用収益率 ER_t の係数 a_3 の符号はプラスに推定されることが期待される．

推定結果は表 5.1 のとおりである．これによると，財務レバレッジ LEV_t および利益の変動性 $Estd_t$ の係数 a_2 および a_4 はともに符号がプラスでおおむね有意に企業のリスクに反映されているものの，期待運用収益率 ER_t の係数 a_3 は符号条件が各年度で安定していない．2002 年度には有意にプラスとなっているものの，これらからは期待運用収益率が企業のリスクに反映されているとはいえないだろう．

この分析において，日本基準採用企業では年金資産の構成比が公表されていないので，実際に年金資産の期待運用収益率が資産構成比を反映しているかどうかはわからず，そのため，投資家が年金運用のリスクを把握する指標として期待運用収益率に着目していなかった可能性は否定できない．しかしながら，2003 年 12 月には FAS132 が年金資産配分の開示義務づけの改定をすでに行っており，FAS 適用企業については年金運用リスクを把握することは可能となっている．これらの企業との相対的な企業評価の比較を行ううえでも，今後は退職給付会計に

---

[4] 「退職給付会計に関する実務指針（中間報告）」（日本公認会計士協会会計制度委員会報告第 13 号）第 47-2 項に定める経過措置を指している．
[5] 36 ヵ月に満たない場合は，データ取得が可能な範囲で最長の期間を用いて算出している．

表 5.1 年金運用リスクの推定結果

FY		Intercept	LEV	ER	Estd	Kikin	Keika	FY2001/3	FY2002/3	FY2003/3	adj.R^2
2001/3	coeff	1.81	0.02	−4.20	0.81	0.02					0.49
	t.stat	12.82	1.59	−1.27	2.18	0.33					
	p.value	0.00	0.11	0.21	0.03	0.74					
2002/3	coeff	1.81	0.01	−1.32	1.23	0.01					0.49
	t.stat	12.81	0.59	−0.45	3.29	0.16					
	p.value	0.00	0.55	0.66	0.00	0.87					
2003/3	coeff	1.47	0.02	14.08	2.84	−0.12	0.14				0.52
	t.stat	11.54	1.49	3.32	5.36	−1.64	1.86				
	p.value	0.00	0.14	0.00	0.00	0.10	0.06				
2004/3	coeff	1.42	0.05	8.70	2.97	−0.10	0.14				0.50
	t.stat	10.92	2.31	1.47	4.88	−1.29	1.86				
	p.value	0.00	0.02	0.14	0.00	0.20	0.06				
ALL	coeff	1.83	0.02	−0.32	1.50	−0.03	0.06	−0.34	−0.34	−0.01	0.46
	t.stat	24.78	3.38	−0.18	6.95	−0.73	1.53	−8.20	−8.18	−0.19	
	p.value	0.00	0.00	0.86	0.00	0.47	0.13	0.00	0.00	0.85	

FY：会計年度, Intercept：モデルの切片項, LEV：財務レバレッジ, ER：年金資産の期待運用収益率, Estd：総資本営業利益率の標準偏差, Kikin：厚生年金基金の有無ダミー, Keika：代行返上における経過措置会計適用の有無ダミー, FY200x/3：各会計年度ダミー, adj.R^2：自由度修正済み決定係数, coeff：係数項, t.stat：t値, p.value：p値. 会計年度がALLとなっているものは，全会計年度分をプール回帰したものである．なお，実際には業種ダミーも含めた分析を行っているが，ここでは割愛した．

よる開示項目の見直しなどとともに，年金運用のリスクが考慮される可能性があると考えられる．

5.3.2 積立不足と株価

本章では，Coronadoらと同様に，(5.9), (5.10)式によって，投資家の年金財政に対する認識の評価を試みた．

$$P_t = \beta_0 + \beta_1 Core\,BPS_t + \beta_2 NPA_t + \beta_3 Core\,EPS_t \\ + \sum_{i=1}^{32} \beta_{IND_i} IND_i + \sum_{j=1}^{3} \beta_{FY_j} FY_j + \varepsilon_t \quad (5.9)$$

$$P_t = \beta_0 + \beta_1 Core\,BPS_t + \beta_2 NPA_t + \beta_3 Core\,EPS_t + \beta_4 Pension\,EPS_t \\ + \sum_{i=1}^{32} \beta_{IND_i} IND_i + \sum_{j=1}^{3} \beta_{FY_j} FY_j + \varepsilon_t \quad (5.10)$$

ただし，P_tはt期の株価，BPS_tは1株当たり純資産，NPA_tは1株当たり年金純

資産，$Core\ BPS_t$ は1株当たりコア純資産（すなわち $BPS_t - NPA_t$），EPS_t は1株当たり営業利益，$Pension\ EPS_t$ は1株当たり年金収益，$Core\ EPS_t$ は1株当たりコア収益（すなわち $EPS_t - Pension\ EPS_t$）である．さらに，コントロール変数として，東京証券取引所33業種ダミー IND_i，会計年度ダミー FY_j を用いた．ε_t は誤差項である．

なお，本章では NPA_t について，①会計上に計上された情報である退職給付引当金（$NPA\ 1_t$）のみを用いるケース，②会計数値に加えて未認識債務を即時認識（$NPA\ 2_t$）するケース，③②に加えて割引率の修正（$NPA\ 3_t$）を行うケース，の3つのケースについて分析を行った．それぞれのケースについて各年度ごとのクロスセクション回帰，および4会計年度分をまとめたプール回帰を行い，係数項の有意性を検証することによって投資家の認識を確認する．ここでも，第4章で分析したデータを用いるが，従属変数である株価 P_t については決算報告が出そろう毎年6月末時点の株価を利用し，収益予想は東洋経済新報社が発表する同時点で最新の当期予想営業利益を用いている．

ここでは上で述べたように1株当たり年金純資産 NPA_t について3つのケースの検証を行ったが，それぞれのケースは次のような仮説を想定していることになる．

［Case1：$NPA\ 1_t$］
投資家が会計上の数値にしか注目していない．

［Case2：$NPA\ 2_t$］
投資家は未認識となっている債務はすでに発生している債務とみなし，会計数値に加えて未認識債務を即時費用認識する．

［Case3：$NPA\ 3_t$］
投資家は未認識費用に加えて退職給付債務を算定する前提となる割引率も勘案する．

それぞれの仮定が成立しているとすれば，(5.9)，(5.10)式において NPA_t の係数 β_2 は有意にプラスとなる一方で，(5.10)式の1株当たり年金収益 $Pension\ EPS_t$ の係数 β_4 は0となることが期待される．それぞれの推定結果は表5.2，5.3のとおりとなった．

また，NPA_t や $Pension\ EPS_t$ が短期的な企業のリスクや成長性，さらには厚生年金基金の有無や代行返上の影響などの代理変数となっている可能性があるの

表 5.2　バリュエーションモデルの推定結果(1)

Case	FY		Intercept	BPS				EPS		adj.R²
				Core BPS	NPA 1	NPA 2	NPA 3	Core EPS	Pension EPS	
Case1	2001/3	coeff	687.36	0.79	2.83			6.29		0.64
		t.stat	3.86	5.83	4.42			7.38		
		p.value	0.00	0.00	0.00			0.00		
	2002/3	coeff	264.28	0.49	1.80			6.25		0.78
		t.stat	3.07	7.75	5.91			14.05		
		p.value	0.00	0.00	0.00			0.00		
	2003/3	coeff	89.15	0.38	1.12			5.15		0.80
		t.stat	1.51	8.36	5.76			17.02		
		p.value	0.13	0.00	0.00			0.00		
	2004/3	coeff	130.01	0.68	2.69			5.74		0.85
		t.stat	2.30	15.28	11.40			18.08		
		p.value	0.02	0.00	0.00			0.00		
	ALL	coeff	241.53	0.61	2.21			5.97		0.69
		t.stat	4.08	14.57	11.16			21.43		
		p.value	0.00	0.00	0.00			0.00		
Case2	2001/3	coeff	707.24	0.72		2.26		6.83		0.64
		t.stat	3.97	5.61		4.30		8.08		
		p.value	0.00	0.00		0.00		0.00		
	2002/3	coeff	266.61	0.46		1.35		6.54		0.79
		t.stat	3.11	7.65		6.14		14.67		
		p.value	0.00	0.00		0.00		0.00		
	2003/3	coeff	89.11	0.36		0.89		5.42		0.81
		t.stat	1.52	8.30		6.06		17.72		
		p.value	0.13	0.00		0.00		0.00		
	2004/3	coeff	127.57	0.65		1.92		5.89		0.84
		t.stat	2.20	14.42		10.39		17.92		
		p.value	0.03	0.00		0.00		0.00		
	ALL	coeff	224.64	0.57		1.63		6.31		0.69
		t.stat	3.77	14.02		10.81		22.44		
		p.value	0.00	0.00		0.00		0.00		
Case3	2001/3	coeff	701.39	0.69			1.45	7.06		0.64
		t.stat	3.91	5.39			3.95	8.29		
		p.value	0.00	0.00			0.00	0.00		
	2002/3	coeff	267.51	0.45			1.04	6.54		0.78
		t.stat	3.11	7.48			5.96	14.62		
		p.value	0.00	0.00			0.00	0.00		
	2003/3	coeff	88.97	0.36			0.68	5.45		0.81
		t.stat	1.52	8.24			6.05	17.75		
		p.value	0.13	0.00			0.00	0.00		
	2004/3	coeff	125.73	0.65			1.74	5.92		0.85
		t.stat	2.17	14.47			10.55	18.08		
		p.value	0.03	0.00			0.00	0.00		
	ALL	coeff	207.93	0.55			1.20	6.36		0.69
		t.stat	3.46	13.63			10.23	22.46		
		p.value	0.00	0.00			0.00	0.00		

FY：会計年度，Intercept：モデルの切片項，Core BPS：1株当たり純資産から1株当たり年金純資産を控除したもの，NPA：1株当たり純年金資産，Core EPS：1株当たり営業利益から1株当たり年金収益を控除したもの，Pension EPS：1株当たり年金収益，adj.R²：自由度修正済み決定係数，coeff：係数項，t.stat：t値，p.value：p値．Case1：NPA に会計数値を用いたケース，Case2：NPA に会計数値に加えて未認識債務を即時費用認識したと仮定したケース，Case3：Case2 に加えて割引率の修正を行ったケース．各ケースで会計年度がALLとなっているものは，全会計年度分をプール回帰したものである．さらに，実際には業種ダミー，プール回帰については会計年度ダミーも含めた分析を行っているが，ここでは割愛した．

5.3 わが国における実証　　73

表5.3 バリュエーションモデルの推定結果(2)

Case	FY		Intercept	BPS				EPS		adj.R^2
				Core BPS	NPA 1	NPA 2	NPA 3	Core EPS	Pension EPS	
Case1	2001/3	coeff	652.48	0.56	1.55			9.00	15.67	0.68
		t.stat	3.88	4.24	2.41			9.71	5.91	
		p.value	0.00	0.00	0.02			0.00	0.00	
	2002/3	coeff	259.76	0.48	1.62			6.52	2.29	0.78
		t.stat	3.02	7.54	4.70			12.98	1.17	
		p.value	0.00	0.00	0.00			0.00	0.24	
	2003/3	coeff	84.90	0.36	0.84			5.68	3.53	0.81
		t.stat	1.46	7.69	3.93			16.10	2.82	
		p.value	0.15	0.00	0.00			0.00	0.01	
	2004/3	coeff	117.79	0.57	1.52			7.00	6.84	0.88
		t.stat	2.32	13.43	5.93			21.58	8.19	
		p.value	0.02	0.00	0.00			0.00	0.00	
	ALL	coeff	230.64	0.52	1.34			7.36	8.88	0.71
		t.stat	4.03	12.37	6.32			23.94	9.36	
		p.value	0.00	0.00	0.00			0.00	0.00	
Case2	2001/3	coeff	661.73	0.54		1.36		9.33	15.87	0.68
		t.stat	3.94	4.35		2.65		10.43	6.10	
		p.value	0.00	0.00		0.01		0.00	0.00	
	2002/3	coeff	266.92	0.46		1.36		6.52	−0.19	0.79
		t.stat	3.11	7.52		4.82		13.00	−0.09	
		p.value	0.00	0.00		0.00		0.00	0.93	
	2003/3	coeff	86.17	0.34		0.68		5.78	2.86	0.81
		t.stat	1.48	7.65		3.90		16.61	2.14	
		p.value	0.14	0.00		0.00		0.00	0.03	
	2004/3	coeff	116.04	0.54		1.01		7.16	7.30	0.88
		t.stat	2.25	13.00		5.22		22.03	8.80	
		p.value	0.03	0.00		0.00		0.00	0.00	
	ALL	coeff	222.97	0.48		0.91		7.56	8.97	0.71
		t.stat	3.87	11.95		5.52		24.88	9.23	
		p.value	0.00	0.00		0.00		0.00	0.00	
Case3	2001/3	coeff	658.21	0.51			0.82	9.50	16.14	0.68
		t.stat	3.91	4.15			2.28	10.66	6.19	
		p.value	0.00	0.00			0.02	0.00	0.00	
	2002/3	coeff	267.98	0.45			1.06	6.51	−0.30	0.78
		t.stat	3.11	7.36			4.60	12.90	−0.13	
		p.value	0.00	0.00			0.00	0.00	0.89	
	2003/3	coeff	86.30	0.34			0.52	5.79	2.76	0.81
		t.stat	1.48	7.60			3.83	16.61	2.03	
		p.value	0.14	0.00			0.00	0.00	0.04	
	2004/3	coeff	115.61	0.54			0.91	7.16	7.22	0.88
		t.stat	2.24	12.97			5.17	22.01	8.60	
		p.value	0.03	0.00			0.00	0.00	0.00	
	ALL	coeff	215.11	0.47			0.63	7.63	9.26	0.71
		t.stat	3.71	11.67			4.95	25.11	9.54	
		p.value	0.00	0.00			0.00	0.00	0.00	

FY：会計年度，Intercept：モデルの切片項，Core BPS：1株当たり純資産から1株当たり年金純資産を控除したもの，NPA：1株当たり純年金資産，Core EPS：1株当たり営業利益から1株当たり年金収益を控除したもの，Pension EPS：1株当たり年金収益，adj.R^2：自由度修正済み決定係数，coeff：係数項，t.stat：t値，p.value：p値．Case1：NPA に会計数値を用いたケース，Case2：NPA に会計数値に加えて未認識債務を即時費用認識したと仮定したケース，Case3：Case2 に加えて割引率の修正を行ったケース．各ケースで会計年度が ALL となっているものは，全会計年度分をプール回帰したものである．さらに，実際には業種ダミー，プール回帰については会計年度ダミーも含めた分析を行っているが，ここでは割愛した．

で，それらをコントロールするため，Feldstein らにならって成長性などの変数を追加した (5.11)式もあわせて推定した．

$$P_t = \beta_0 + \beta_1 Core\,BPS_t + \beta_2 NPA_t + \beta_3 Core\,EPS_t + \beta_4 Pension\,EPS_t$$
$$+ \beta_5 DPS_t + \beta_6 Growth_t + \beta_7 Beta_t + \beta_8 FAS_t + \beta_9 Kikin_t + \beta_{10} Keika_t$$
$$+ \sum_{i=1}^{32} \beta_{IND_i} IND_i + \sum_{j=1}^{3} \beta_{FY_j} FY_j + \varepsilon_t \tag{5.11}$$

ただし，DPS_t は1株当たり有利子負債，$Growth_t$ は売上高成長率，$Beta_t$ は株価ベータであり，コントロール変数として，FAS 適用の有無ダミー FAS_t，厚生年金基金の有無ダミー $Kikin_t$，2003，2004 年度については厚生年金基金の代行返上に伴う経過措置適用ダミー $Keika_t$ を用いた．売上高成長率 $Growth_t$ には東洋経済新報社が発表する2期先予想売上高を前期実績売上高で除したものを，ベータ $Beta_t$ には毎年6月末時点における過去60カ月[6]の対 TOPIX 月次ベータを算出して用いた．

表 5.2〜5.4 から，$Core\,BPS_t$，$Core\,EPS_t$ の係数 β_1 および β_3 はプラスで有意に推定されており，年金を除く1株当たり純資産や収益が多いほど株価が高く評価されていることになる．また，表 5.4 の DPS_t の係数 β_5 はマイナスで有意に推定されているが，これは借入れによる節税効果よりも，財務リスクが評価されたものと解釈することができる．さらに，$Growth_t$ の係数 β_6 は各決算年度によって符号が安定せず，$Beta_t$ の係数 β_7 については有意ではないもののプラスに推定されているが，これらは推定期間中の市場動向によって左右されている可能性が高いものと考えられる．一方，表 5.2〜5.4 では，NPA_t の係数 β_2 は各ケースとも，全期間を通じて有意にプラスに，$Pension\,EPS_t$ の係数 β_4 は 2002 年 3 月期を除いて，すべて有意にプラスに推定された．β_1 は各ケースで1以下となっているものの，β_2 は Case1 でおおむね1以上，Case2 では1前後，Case3 では1以下となっている．税金の存在を考慮すれば，これらはすべて1以下となるはずであるが，Case1 や Case2 では年金純資産が過大に評価されていることになる．また，β_4 がおおむね有意に推定されているが，投資家が未認識債務や割引率の違いを考慮した実質的な年金純資産を認識していたとすれば，年金収益（$Pension\,EPS_t$）は見かけの収益にすぎないので，株価に影響を与えないはずである．したがって，

---

[6] 60カ月に満たない場合は，データ取得が可能な範囲で最長の期間を用いて算出している．

5.3 わが国における実証   75

表 5.4 バリュエーションモデルの推定結果(3)

Case	FY		Intercept	BPS			EPS		DPS	Growth	Beta	FAS	Kikin	Keika	adj.R^2
				Core BPS	NPA 1	NPA 2 NPA 3	Core EPS	Pension EPS							
Case1	2001/3	coeff	206.01	0.58	1.52		9.49	16.24	−0.19	−381.96	319.24	299.85	2.34		0.70
		t.stat	0.81	4.25	2.29		9.83	6.17	−2.06	−0.49	2.92	1.89	0.03		
		p.value	0.42	0.00	0.02		0.00	0.00	0.04	0.63	0.00	0.06	0.98		
	2002/3	coeff	96.57	0.44	1.47		7.05	1.81	−0.18	810.97	54.89	109.71	57.85		0.80
		t.stat	0.77	7.01	4.31		13.88	0.92	−3.89	1.94	1.05	1.41	1.31		
		p.value	0.44	0.00	0.00		0.00	0.36	0.00	0.05	0.29	0.16	0.19		
	2003/3	coeff	−37.47	0.34	0.90		6.04	3.46	−0.13	425.65	41.87	106.65	83.80	−46.25	0.83
		t.stat	−0.44	7.31	3.99		16.71	2.83	−3.86	1.47	1.22	1.97	2.56	−1.31	
		p.value	0.66	0.00	0.00		0.00	0.00	0.00	0.14	0.22	0.05	0.01	0.19	
	2004/3	coeff	16.60	0.55	1.41		7.22	6.60	−0.06	905.98	18.60	−4.86	45.61	3.83	0.89
		t.stat	0.22	12.86	5.57		20.91	7.96	−1.69	3.28	0.63	−0.11	1.48	0.12	
		p.value	0.82	0.00	0.00		0.00	0.00	0.09	0.00	0.53	0.92	0.14	0.90	
	ALL	coeff	−1.15	0.50	1.31		7.77	9.07	−0.14	360.45	99.90	118.57	62.80	−3.91	0.72
		t.stat	−0.01	11.81	6.03		24.25	9.61	−4.46	1.40	3.09	2.43	2.14	−0.10	
		p.value	0.99	0.00	0.00		0.00	0.00	0.00	0.16	0.00	0.02	0.03	0.92	
Case2	2001/3	coeff	209.28	0.54		1.18	9.81	16.57	−0.17	−269.46	311.07	267.29	14.43		0.70
		t.stat	0.82	4.21		2.19	10.53	6.38	−1.89	−0.34	2.84	1.69	0.17		
		p.value	0.41	0.00		0.03	0.00	0.00	0.06	0.73	0.00	0.09	0.87		
	2002/3	coeff	92.21	0.43		1.28	7.05	−0.93	−0.19	835.08	54.39	39.12	70.43		0.80
		t.stat	0.74	7.12		4.68	14.00	−0.42	−4.09	2.02	1.05	0.51	1.60		
		p.value	0.46	0.00		0.00	0.00	0.67	0.00	0.04	0.30	0.61	0.11		
	2003/3	coeff	−43.88	0.32		0.65	6.15	2.96	−0.12	428.77	43.16	38.61	99.84	−60.04	0.83
		t.stat	−0.52	7.15		3.75	17.16	2.28	−3.61	1.48	1.25	0.76	3.01	−1.69	
		p.value	0.60	0.00		0.00	0.00	0.02	0.00	0.14	0.21	0.45	0.00	0.09	
	2004/3	coeff	20.81	0.53		0.98	7.39	6.69	−0.06	942.55	14.94	−51.67	49.29	−1.33	0.89
		t.stat	0.28	12.67		5.20	21.52	7.97	−1.86	3.40	0.50	−1.12	1.59	−0.04	
		p.value	0.78	0.00		0.00	0.00	0.00	0.06	0.00	0.62	0.27	0.11	0.97	
	ALL	coeff	−6.31	0.46		0.83	7.97	9.14	−0.14	414.59	95.52	62.53	73.55	−12.34	0.72
		t.stat	−0.08	11.25		4.95	25.15	9.38	−4.39	1.61	2.94	1.29	2.48	−0.30	
		p.value	0.94	0.00		0.00	0.00	0.00	0.00	0.11	0.00	0.20	0.01	0.77	
Case3	2001/3	coeff	191.62	0.52		0.74	9.94	16.79	−0.17	−217.00	314.58	287.37	22.52		0.70
		t.stat	0.75	4.07		1.92	10.75	6.46	−1.87	−0.28	2.87	1.81	0.26		
		p.value	0.46	0.00		0.06	0.00	0.00	0.06	0.78	0.00	0.07	0.80		
	2002/3	coeff	85.15	0.41		0.97	7.05	−0.64	−0.18	801.04	56.25	51.39	79.60		0.80
		t.stat	0.68	6.89		4.29	13.87	−0.28	−3.86	1.92	1.07	0.67	1.79		
		p.value	0.50	0.00		0.00	0.00	0.78	0.00	0.06	0.28	0.50	0.07		
	2003/3	coeff	−46.85	0.32		0.50	6.14	2.90	−0.12	419.90	43.60	40.41	103.55	−62.63	0.83
		t.stat	−0.55	7.09		3.65	17.11	2.19	−3.46	1.44	1.26	0.80	3.11	−1.75	
		p.value	0.58	0.00		0.00	0.00	0.03	0.00	0.15	0.21	0.43	0.00	0.08	
	2004/3	coeff	18.08	0.53		0.87	7.38	6.71	−0.06	919.76	15.51	−46.15	50.39	2.26	0.89
		t.stat	0.24	12.55		5.02	21.37	7.92	−1.71	3.30	0.52	−1.00	1.62	0.07	
		p.value	0.81	0.00		0.00	0.00	0.00	0.09	0.00	0.61	0.32	0.11	0.94	
	ALL	coeff	−18.56	0.45		0.58	8.02	9.45	−0.13	429.53	96.37	70.57	77.62	−13.53	0.72
		t.stat	−0.23	10.98		4.41	25.31	9.75	−4.25	1.66	2.96	1.46	2.60	−0.33	
		p.value	0.82	0.00		0.00	0.00	0.00	0.00	0.10	0.00	0.15	0.01	0.74	

FY:会計年度,Intercept:モデルの切片項,Core BPS:1株当たり純資産から1株当たり年金純資産を控除したもの,NPA:1株当たり純年金資産,Core EPS:1株当たり営業利益から1株当たり年金収益を控除したもの,Pension EPS:1株当たり年金収益,DPS:1株当たり有利子負債,Growth:売上高成長率,Beta:株価ベータ,FAS:FAS 適用ダミー,Kikin:厚生年金基金ダミー,Keika:2003,2004 年度についての厚生年金基金の代行返上に伴う経過措置適用ダミー,adj.R^2:自由度修正済み決定係数,coeff:係数項,t.stat:t 値,p.value:p 値.Case1:NPA に会計数値を用いたケース,Case2:NPA に会計数値に加えて未認識債務を即時費用認識したと仮定したケース,Case3:Case2 に加えて割引率の修正を行ったケース.各ケースで会計年度が ALL となっているものは,全会計年度分をプール回帰したものである.さらに,実際には業種ダミー,プール回帰については会計年度ダミーも含めた分析を行っているが,ここでは割愛した.

この分析からは投資家は年金財政の実態を把握しきれていない可能性がうかがえる.

以上の分析では,すべてのケースで β_2 が有意に推定されており,年金の積立不足が企業のバランスシートに計上されようとされまいと,株価に反映されているようにみえる.しかし,実は,退職給付引当金と実質的な積立不足との相関は 0.55 と高いので,実質的な積立不足がバランスシートに計上された退職給付引当金の代理となった可能性が否定できない.そこで,この点を明らかにするため,(5.11)式における 1 株当たり純資産 BPS_t に加えて,実質的な年金純資産と会計数値の差を利用し,1 株当たり年金純資産の各ケースの差 $NPA\ x_t - NPA1_t$ を独立変数とした次式の推定を試みた.

$$P_t = \beta'_0 + \beta'_1 BPS_t + \beta'_2 (NPA\ x_t - NPA1_t) + \beta'_3 Core\ EPS_t + \beta'_4 Pension\ EPS_t \\ + \beta'_5 DPS_t + \beta'_6 Growth_t + \beta'_7 Beta_t + \beta'_8 FAS_t + \beta'_9 Kikin_t + \beta'_{10} Keika_t \\ + \sum_{i=1}^{32} \beta'_{IND_i} IND_i + \sum_{j=1}^{3} \beta'_{FY_j} FY_j + \varepsilon_t \tag{5.12}$$

同様に,各変数を BPS_t で基準化した次式

$$P_t = \beta''_0 + \beta''_2 \frac{NPA\ x_t - NPA1_t}{BPS_t} + \beta''_3 \frac{Core\ EPS_t}{BPS_t} + \beta''_4 \frac{Pension\ EPS_t}{BPS_t} \\ + \beta''_5 \frac{DPS_t}{BPS_t} + \beta''_6 Growth_t + \beta''_7 Beta_t + \beta''_8 FAS_t + \beta''_9 Kikin_t + \beta''_{10} Keika_t \\ + \sum_{i=1}^{32} \beta''_{IND_i} IND_i + \sum_{j=1}^{3} \beta''_{FY_j} FY_j + \varepsilon_t \tag{5.13}$$

でも推定を行った.ただし,$NPA\ x_t$ は Case2 の場合には $NPA\ 2_t$,Case3 の場合には $NPA\ 3_t$ である.分析結果はそれぞれ,表 5.5,5.6 のとおりである.

(5.12)式を用いた推定結果は,表 5.5 より各ケースの BPS_t および $Core\ EPS_t$ は有意にプラスに推定されている.しかしながら,各ケースの年金純資産の修正分 $NPA\ x_t - NPA1_t$ は,すべてプラスではあるものの,2002 年 3 月期を除いて有意ではない.加えて,年金収益 $Pension\ EPS_t$ は 2002 年 3 月期を除いてすべてプラスで有意となっている.(5.13)式を用いた結果である表 5.6 も同様の傾向で,こちらは各ケースの差を BPS_t で基準化した $(NPA\ x_t - NPA\ 1_t)/BPS_t$ は,2003 年 3 月期を除いて有意には計測されず,年金収益を基準化した $Pension\ EPS_t/BPS_t$ は

5.3 わが国における実証

表 5.5 バリュエーションモデルの推定結果 (4)

Case	FY		Intercept	BPS BPS	BPS NPA2-NPA1	BPS NPA3-NPA1	EPS Core EPS	EPS EPS	EPS Pension EPS	DPS	Growth	Beta	FAS	Kikin	Keika	adj.R²
Case2-1	2001/3	coeff	207.11	0.49	0.60		9.88	17.41		−0.21	−212.42	318.10	260.43	0.07		0.69
		t.stat	0.81	3.94	0.59		10.29	6.89		−2.27	−0.27	2.89	1.63	0.00		
		p.value	0.42	0.00	0.56		0.00	0.00		0.02	0.79	0.00	0.10	1.00		
	2002/3	coeff	89.25	0.37	1.05		7.20	1.94		−0.20	986.99	52.46	18.39	70.10		0.80
		t.stat	0.70	6.24	2.07		14.09	0.89		−4.10	2.36	0.99	0.23	1.56		
		p.value	0.48	0.00	0.04		0.00	0.38		0.00	0.02	0.32	0.82	0.12		
	2003/3	coeff	−39.79	0.30	0.34		6.15	4.29		−0.13	482.54	43.19	27.88	92.60	−53.27	0.83
		t.stat	−0.47	6.77	1.13		16.89	3.49		−3.74	1.66	1.24	0.51	2.73	−1.47	
		p.value	0.64	0.00	0.26		0.00	0.00		0.00	0.10	0.22	0.61	0.01	0.14	
	2004/3	coeff	25.07	0.50	0.56		7.39	7.77		−0.06	991.22	13.88	−44.97	49.77	−3.07	0.89
		t.stat	0.33	12.30	1.71		21.03	10.19		−1.80	3.54	0.46	−0.93	1.58	−0.10	
		p.value	0.74	0.00	0.09		0.00	0.00		0.07	0.00	0.65	0.35	0.11	0.92	
	ALL	coeff	6.85	0.44	0.15		7.93	10.40		−0.15	453.28	97.99	76.57	61.19	−3.99	0.72
		t.stat	0.08	11.01	0.50		24.77	11.33		−4.81	1.76	3.01	1.53	2.05	−0.10	
		p.value	0.93	0.00	0.62		0.00	0.00		0.00	0.08	0.00	0.13	0.04	0.92	
Case3-1	2001/3	coeff	194.95	0.51		0.44	9.87	17.19		−0.20	−210.92	319.59	276.74	8.46		0.70
		t.stat	0.76	4.01		0.73	10.34	6.75		−2.09	−0.27	2.91	1.75	0.09		
		p.value	0.45	0.00		0.47	0.00	0.00		0.04	0.79	0.00	0.08	0.92		
	2002/3	coeff	82.49	0.38		0.85	7.13	1.30		−0.19	910.48	55.13	34.95	78.35		0.80
		t.stat	0.65	6.37		2.21	13.91	0.56		−3.90	2.17	1.04	0.44	1.73		
		p.value	0.52	0.00		0.03	0.00	0.58		0.00	0.03	0.30	0.66	0.09		
	2003/3	coeff	−44.46	0.31		0.35	6.13	3.77		−0.12	459.67	43.85	30.77	98.15	−57.71	0.83
		t.stat	−0.52	6.90		1.67	16.89	2.92		−3.56	1.58	1.26	0.59	2.88	−1.59	
		p.value	0.60	0.00		0.10	0.00	0.00		0.00	0.12	0.21	0.56	0.00	0.11	
	2004/3	coeff	22.35	0.50		0.52	7.37	7.64		−0.06	970.20	14.61	−41.31	50.31	−0.59	0.89
		t.stat	0.29	12.31		1.82	21.02	9.81		−1.71	3.46	0.48	−0.87	1.60	−0.02	
		p.value	0.77	0.00		0.07	0.00	0.00		0.09	0.00	0.63	0.39	0.11	0.99	
	ALL	coeff	0.37	0.44		0.17	7.93	10.27		−0.15	450.25	98.29	77.52	64.16	−5.48	0.72
		t.stat	0.00	10.99		0.84	24.79	11.02		−4.65	1.75	3.02	1.59	2.13	−0.13	
		p.value	1.00	0.00		0.40	0.00	0.00		0.00	0.08	0.00	0.11	0.03	0.89	

FY：会計年度，Intercept：モデルの切片項，Core BPS：1株当たり純資産から1株当たり年金純資産を控除したもの，NPA：1株当たり純年金資産，Core EPS：1株当たり営業利益から1株当たり年金収益を控除したもの，DPS：1株当たり年金負債，Growth：1株当たり有利子負債，Growth：売上高成長率，Beta：株価ベータ，FAS：FAS適用ダミー，Kikin：厚生年金基金ダミー，Keika：2003，2004年度についての厚生年金基金の代行返上に伴う経過措置適用ダミー，adj.R²：自由度修正済み決定係数，coeff：係数項，t.stat：t値，p.value：p値．Case2-1：未認識債務と割引率修正分の合計 (NPA3-NPA1) を独立変数として用いたケース．各ケースで各会計年度 (NPA2-NPA1) を独立変数として用いたケース，Case3-1：未認識債務と割引率修正分の合計 (NPA3-NPA1) を独立変数として用いたケース，ALLとなっているものは，全会計年度分をプール回帰したものである．さらに，実際には業種ダミー，プール回帰については会計年度ダミーも含めた分析を行っているが，ここでは割愛した．

表 5.6 バリュエーションモデルの推定結果(5)

Case	FY		Intercept	BPS (NPA2-NPA1)/BPS	BPS (NPA3-NPA1)/BPS	EPS Core EPS/BPS	EPS Pension EPS/BPS	DPS/BPS	Growth	Beta	FAS	Kikin	Keika	adj.R^2
Case2-1	2001/3	coeff	2.25	0.22		5.59	10.47	−0.05	−0.90	0.84	0.19	0.14		0.44
		t.stat	4.08	0.31		5.52	3.68	−0.95	−0.54	3.59	0.56	0.76		
		p.value	0.00	0.75		0.00	0.00	0.34	0.59	0.00	0.57	0.45		
	2002/3	coeff	0.70	0.31		5.02	4.31	−0.11	4.82	0.26	0.07	0.16		0.55
		t.stat	2.71	0.88		9.79	2.39	−3.83	5.52	2.50	0.41	1.74		
		p.value	0.01	0.38		0.00	0.02	0.00	0.00	0.00	0.68	0.08		
	2003/3	coeff	0.33	0.52		4.89	1.35	−0.11	1.55	0.28	−0.14	0.21	−0.23	0.63
		t.stat	1.58	2.40		12.82	2.34	−4.11	2.16	3.38	−1.10	2.67	−2.65	
		p.value	0.11	0.02		0.00	0.02	0.00	0.03	0.00	0.27	0.01	0.01	
	2004/3	coeff	0.46	0.25		6.58	6.96	−0.07	3.39	0.20	−0.14	0.18	−0.06	0.65
		t.stat	2.25	0.77		14.97	7.23	−2.15	4.26	2.39	−1.09	2.10	−0.63	
		p.value	0.03	0.44		0.00	0.00	0.03	0.00	0.02	0.27	0.04	0.53	
	ALL	coeff	1.00	0.37		4.82	3.75	−0.10	1.90	0.36	−0.11	0.18	−0.12	0.43
		t.stat	5.47	1.77		15.23	5.75	−4.93	3.31	5.07	−1.01	2.79	−1.36	
		p.value	0.00	0.08		0.00	0.00	0.00	0.00	0.00	0.31	0.01	0.17	
Case3-1	2001/3	coeff	2.25		0.37	5.60	10.05	−0.04	−0.89	0.83	0.17	0.17		0.44
		t.stat	4.07		0.74	5.57	3.53	−0.71	−0.53	3.58	0.53	0.87		
		p.value	0.00		0.46	0.00	0.00	0.48	0.60	0.00	0.60	0.38		
	2002/3	coeff	0.70		0.20	5.00	4.39	−0.11	4.78	0.27	0.09	0.16		0.55
		t.stat	2.69		0.68	9.63	2.27	−3.73	5.45	2.53	0.58	1.77		
		p.value	0.01		0.50	0.00	0.02	0.00	0.00	0.01	0.57	0.08		
	2003/3	coeff	0.29		0.51	4.99	0.93	−0.10	1.48	0.29	−0.12	0.24	−0.24	0.64
		t.stat	1.40		3.38	13.14	1.56	−3.71	2.08	3.50	−0.98	2.97	−2.78	
		p.value	0.16		0.00	0.00	0.12	0.00	0.04	0.00	0.33	0.00	0.01	
	2004/3	coeff	0.46		0.39	6.58	6.71	−0.07	3.36	0.20	−0.15	0.18	−0.05	0.66
		t.stat	2.25		1.39	15.05	6.86	−2.07	4.24	2.37	−1.22	2.16	−0.60	
		p.value	0.03		0.16	0.00	0.00	0.04	0.00	0.02	0.22	0.03	0.55	
	ALL	coeff	0.97		0.37	4.81	3.55	−0.09	1.86	0.36	−0.10	0.20	−0.13	0.43
		t.stat	5.32		2.45	15.30	5.36	−4.51	3.24	5.12	−0.98	3.01	−1.43	
		p.value	0.00		0.01	0.00	0.00	0.00	0.00	0.00	0.33	0.00	0.15	

FY：会計年度，Intercept：モデルの切片項，Core BPS：1株当たり純資産から1株当たり年金純資産を控除したもの，NPA：1株当たり純年金資産，Core EPS：1株当たり営業利益から1株当たり年金収益を控除したもの，Pension EPS：1株当たり年金費用ダミー，DPS：1株当たり有利子負債，Growth：売上高成長率，Beta：株価ベータ，FAS：FAS 適用ダミー，Kikin：厚生年金基金ダミー，Keika：2003，2004年度についての厚生年金代行返上に伴う経過措置適用ダミー，adj.R^2：自由度修正済み決定係数，coeff：係数値，t.stat：t値，p.value：p値．Case2-1：未認識債務と割引率修正分の合計（NPA2-NPA1）をBPSで基準化したものを独立変数として用いたケース，Case3-1：未認識債務と割引率修正分の合計（NPA3-NPA1）をBPSで基準化したものを独立変数として用いたケースを示し，各ケースで会計年度がALLとなっているものは，全会計年度分をプール回帰したものである．さらに，実際にはそれ種ダミー，プール回帰については会計年度ダミーも含めた分析を行っているが，ここでは割愛した．

すべてプラスで有意に推定された．これらの結果から，投資家は未認識債務や割引率を考慮した実質的な年金債務までは把握できていたとはいいがたいようである．

5.3.3 年金会計を利用した利益管理

ここでは，年金債務や年金費用の負担が重い企業ほど，年金資産の期待運用収益率を高めて，会計上の退職給付にかかる負担を小さくみせかけようとする利益管理の可能性を検証するため，次式を推定することとした．

$$ER_t = \gamma_0 + \gamma_1 Core\,ROE_t + \gamma_2 PenRsv_t + \gamma_3 PenExp_t$$
$$+ \gamma_4 Kikin_t + \gamma_5 Keika_t + \sum_{i=1}^{32} \gamma_{IND_i} IND_i + \sum_{j=1}^{3} \gamma_{FY_j} FY_j + \varepsilon_t \quad (5.14)$$

ただし，ER_t は期待運用収益率，$Core\,ROE_t$ は 5.2 節の 1 株当たりコア収益 $Core\,EPS_t$ を 1 株当たりコア純資産 $Core\,BPS_t$ で除したもの，$PenRsv_t$ は 1 株当たりの実質的な年金純資産（5.3 節の $NPA\,3_t$）を 1 株当たりコア純資産で除したもの，$PenExp_t$ は 1 株当たりの退職給付費用から期待運用収益を控除して 1 株当たり営業利益 EPS_t で除したものを用いた．さらに，コントロール変数として厚生年金基金の有無ダミー $Kikin_t$，2003，2004 年度については厚生年金基金の代行返上に伴う経過措置適用ダミー $Keika_t$，東京証券取引所 33 業種ダミー IND_i，会計年度ダミー FY_j を用いた．ε_t は誤差項である．年金債務の負担を表す変数 $PenRsv_t$ としては，会計上の積立不足である退職給付引当金を用いることも考えられるが，会計数値には経営者の恣意が介在している可能性がある．実質的な年金純資産を用いれば，こうした内生性の問題を回避することができるため，本分析では $NPA\,3_t$ を用いることとした．このモデルによって，各年度ごとのクロスセクション回帰，および 4 会計年度分をまとめたプール回帰を行い，係数項の有意性を検証することによって利益操作の可能性を確認する．この推計では，純資産に占める年金債務や企業収益に対する年金費用の負担が重い企業ほど，年金資産の期待運用収益率を高めるという利益管理を行っているとすれば，1 株当たりの実質的な年金純資産をコア純資産で除した $PenRsv_t$ の係数項 γ_2 はマイナスに，1 株当たりの退職給付費用から期待運用収益控除し 1 株当たり営業利益 EPS_t で除した $PenExp_t$ の係数項 γ_3 はプラスとなるはずである．(5.14) 式を推定した結果は，表 5.7 のとおりとなった．

表 5.7 にみられるように，γ_2 はすべて有意にマイナスに推定された．一方，γ_3 もすべてマイナスとなっているが，こちらはすべて有意水準を満たしていない．つまり，経営者は運用収益を除外した年金費用負担ではなく実質的な積立不足を意識して，それが多いほど期待運用収益率を高く設定することによって，見かけの年金費用負担を圧縮しようとしていた可能性があると考えられる．

表 5.7 利益管理の推定結果

FY		Intercept	Core ROE	PenRsv	PenExp	Kikin	Keika	adj.R^2
2001/3	coeff	0.03413	−0.00497	−0.00983	−0.00005	0.00379		0.17
	t.stat	10.94	−0.82	−2.61	−0.24	2.46		
	p.value	0.00	0.41	0.01	0.81	0.01		
2002/3	coeff	0.02788	−0.01008	−0.01368	−0.00041	0.00324		0.18
	t.stat	8.63	−2.11	−3.56	−0.72	2.03		
	p.value	0.00	0.04	0.00	0.47	0.04		
2003/3	coeff	0.02234	−0.01139	−0.01626	−0.00253	0.00315	0.00108	0.20
	t.stat	6.15	−1.94	−4.24	−1.31	1.58	0.51	
	p.value	0.00	0.05	0.00	0.19	0.12	0.61	
2004/3	coeff	0.01689	−0.00171	−0.02136	−0.00122	0.00439	−0.00106	0.16
	t.stat	4.37	−0.23	−3.40	−0.32	2.01	−0.73	
	p.value	0.00	0.82	0.00	0.75	0.05	0.47	
ALL	coeff	0.02046	−0.00696	−0.01369	−0.00011	0.00364	−0.00018	0.23
	t.stat	11.35	−2.45	−6.84	−0.53	4.13	−0.14	
	p.value	0.00	0.01	0.00	0.60	0.00	0.89	

FY：会計年度，Intercept：モデルの切片項，Core ROE：1株当たり営業利益から1株当たり年金収益を控除し（Core EPS），これを1株当たり純資産から1株当たり年金純資産を控除したもの（Core BPS）で除したもの，PenRsv：1株当たりの実質年金純資産を Core BPS で除したもの，PenExp：1株当たりの退職給付費用を EPS で除したもの，Kikin：厚生年金基金ダミー，Keika：2003，2004年度についての厚生年金基金の代行返上に伴う経過措置適用ダミー，adj.R^2：自由度修正済み決定係数，coeff:係数項，t.stat：t 値，p.value：p 値．会計年度が ALL となっているものは，全会計年度分をプール回帰したものである．さらに，実際には業種ダミー，プール回帰については会計年度ダミーも含めた分析を行っているが，ここでは割愛した．

5.4 ま と め

本章では，2001年3月決算期から導入されている退職給付会計の数値を用いて，企業年金が企業評価に及ぼす影響について検証した．とくに，年金資産運用に伴うリスクと退職給付会計による年金損益が，株価に適切に評価されているかどう

5.4 まとめ

かに着目して分析したところ，以下の結果を得ることができた．

まず，企業財務における年金会計に起因するリスクが企業のリスクに反映されているかどうかを検証した．ここでは，年金資産の期待運用収益率が年金資産の構成比を反映した運用のリスクを代理しているものと考え，企業のリスクである株価ベータとの関係を分析した．その結果，期待運用収益率は企業のリスクを説明する有意な変数とはいえず，年金運用のリスクが十分には企業のリスクへ反映されていない可能性が示された．年金運用のリスクが企業のリスクに反映されなければ，年金資産で過大なリスクをとって期待リターンを高め，企業評価を高められることを意味している．わが国では，年金資産の構成比が公表されておらず，年金資産の期待運用収益率が必ずしも年金運用のリスクを反映しているかどうかはわからないものの，少なくともFAS適用企業については年金資産の構成比を把握することは可能となっている．こうした企業との相対的な企業評価の比較を行ううえで，今後は退職給付会計による開示項目の見直しなどとともに，年金運用のリスクにも注目が集まる可能性が指摘できる．

次に，年金債務や年金損益などの見かけの会計数値に対して，投資家がどの程度，年金財政の実態を把握して株価形成がなされているのかを検証した．退職給付会計では，債務の遅延認識や割引率の平滑化などの会計技術によって，表示上の数値は必ずしも経済実態を反映しているとは限らないからである．未認識債務や割引率の修正を行った実質的な年金純資産を用いてクロスセクション回帰を行った結果，年金純資産が有意に計測されることから，投資家は会計数値のみならず，未認識債務などの実態的な年金純資産を評価しているかのようである．しかしながら，実質的な年金純資産と会計数値との差を用いた場合には有意に計測されなくなることから，投資家は未認識債務などを完全には評価できていないことがわかった．また同時に，見かけの年金収益が有意に計測されたことから，債務認識や償却の先送りや割引率の操作といった会計操作がある程度株価に影響を与えていた可能性が指摘できる．

投資家が年金財政の実態を十分に認識できていなければ，経営者にとってはこうした会計技術を用いて利益管理を行おうとするインセンティブが生じやすくなる．年金債務や年金費用の負担が重い企業ほど，年金資産の期待運用収益率を高めて，年金費用の負担を小さくみせようとする可能性が考えられるため，期待運用収益率と年金債務・費用との関係を分析した．その結果，少なくとも実質的な

積立不足と期待運用収益率は傾向的には明確なプラスの関係がみられ，利益管理が行われていた可能性が示された．

これらの分析から，投資家が年金会計の実態を十分には評価できていない可能性があること，年金会計を利用した利益管理が行われている可能性があることが明らかになったが，実はこれらは相互に密接な関係がある．しかしながら，今日では，アメリカ FAS132 で年金会計の開示が強化されたことをはじめ，イギリスの財務報告基準第 17 号（FRS17 : Financial Reporting Standards No.17）で年金債務の即時認識について 2005 年からの完全実施が求められたことに続いて，国際会計基準審議会（IASB : International Accounting Standards Board）でも，純年金資産の変動をすぐにバランスシートの資本勘定に反映させる方向で検討が行われている．こうした開示が強化されてくれば，投資家にとっては年金財政の実態を反映した企業評価がよりいっそう進展することが期待されると同時に，企業にとっては年金に起因するリスクの所在がより明確になることから，そのリスクを的確にマネージできるよう，年金資産運用への取組みにも変化が出てくる可能性があるものと考えられる．

参 考 文 献

浅野幸弘，「企業財務から見た年金資産運用」，『証券アナリストジャーナル』，1996 年 12 月．

浅野幸弘，「年金運用と企業価値」，笹井　均・浅野幸弘編『資産運用の最先端理論』，日本経済新聞社，2002．

臼杵政治，「企業年金に関する会計基準と資産運用・制度運営の関係について」，『年金と経済』，2003 年 10 月．

矢野　学，「企業年金の会計基準と株価評価」，『年金と経済』，2005 年 2 月．

矢野　学，「退職給付会計と株価評価」，『住友信託銀行年金研究センター Working Paper 17』，2004 年 4 月．

Bergstresser, D., M. A. Desai, and J. Rauh, "Earning Manipulation and Managerial Investment Decision: Evidence from Sponsored Pension Plans", *Social Science Research Network Working Paper*, 2004（http://papers.ssrn.com/sol3/papers.cfm?abstract_id=551681）.

Bulow, J. I., R. Mørck, and L. Summers, "How Does the Market Value Unfunded Pension Liabilities ?", In Z. Bodie, J. B. Shoven, and D. A. Wise（eds.）, *Issues in Pension Economics*, University of Chicago Press, 1987.

Coronado, J. L., and S. A. Sharpe, "Did Pension Plan Accounting Contribute to a Stock Market Bubble ?", *FEDS Working Paper*, 2003（http://papers.ssrn.com/sol3/papers.cfm?abstract_id=436823）.

Feldstein, M., and R. Mørck, "Pension Funding Decisions, Interest Rate Assumptions, and Share Prices", In Z. Bodie, and J. B. Shoven（eds.）, *Financial Aspects of the United States Pension*

System, University of Chicago Press, 1983.

Feldstein, M., and S. Seligman, "Pension Funding, Share Prices and National Saving", *Journal of Finance*, 1981.

Jin, L., R. C. Merton, and Z. Bodie, "Do a Firm's Equity Returns Reflect the Risk of Its Pension Plan ?", *Social Science Research Network Working Paper*, 2004 (http://papers.ssrn.com/sol3/papers.cfm?abstract_id=565261).

Munnell, A. H., and M. Soto, "The Outlook for Pension Contributions and Profits in The U.S.", *Center for Retirement Research Working Paper*, 2003 (http://www.bc.edu/crr/paper/wp_2003-13.pdf).

6

積立不足と年金 ALM

6.1 積立不足の原因

わが国の企業年金(確定給付型)は,第4章でみたように,直近では少し改善されているとはいえ大幅な積立不足にあるが,アメリカでも状況は似たようなものである.資産運用の不振がその一因であることは否定できないが,もう1つ大きな要因として,金利低下による年金債務の増大があげられる.表6.1 はアメリカの確定給付型年金について,年金資産(asset)と債務(liability)のリターン(既存の資産と債務の伸び率)を比較したものであるが,積立比率が低下した(積立不足に陥った)のは,資産のリターンが低かったことより,債務のリターンが高かったことに原因があったことがみてとれよう.わが国でも,これほど極端では

表6.1 アメリカにおける年金資産と債務のリターン(単位:%)

	1999	2000	2001	2002	2003	2004
asset	13.69	−2.50	−5.40	−11.41	20.04	8.92
liability	−12.70	25.96	3.08	19.47	1.96	9.75
difference	26.39	−28.46	−8.48	−30.88	18.08	−0.84
cumulative[*]	141.55	101.27	92.68	64.06	75.64	75.01

[*] は 1988/1 = 100.
出所) Ryan and Lab.

ないが，第4章で示したように割引率が近年かなり低下しているので，それによって年金債務の評価額が増大していることは間違いない．

なお，第4章で示したわが国の積立不足は，実をいうと年金だけでなく退職一時金をも含んだものである．したがって，年金債務と呼ぶのは適切でなく，かつ退職一時金は対応する資産を有していなかったのであるから，積立比率が低くなるのは当然である．しかし，年金だけに限ったとしても，割引率の低下によって債務が増大したのに対して資産運用がフォローできていなかったことは否定できない．それは，株価下落などの要因もあったが，主として年金ALMの欠如による．

年金運用では資産クラスごとにベンチマークを設定して，それとの対比で運用するのが一般的である．債券の場合はNOMURA-BPIなどの市場インデックスがベンチマークとして用いられるが，そのデュレーションは5年程度にしかすぎず，10～15年といわれる年金債務のデュレーションと大きな差がある．市場インデックスを基準に運用していれば，金利が低下したとき大きな積立不足が生じることになってしまう．もっとも，年金基金の中には金利上昇を予想して，あえて債務より資産のデュレーションを低く抑えたところがあったかもしれない．しかし，たとえ金利上昇を予想していたとしても，債券運用を市場インデックスなみのデュレーションにすることは，年金ALMの観点からすると，極端なリスクテイクになっていたと考えられる．

問題は，なぜこのような債務を無視したリスクテイクが行われたかにある．それは，一般には，年金数理に基づく責任準備金が債務として固定的にとらえられたこと，またそれゆえ，掛金が拠出された後は，それを所与としていかに運用するかの問題だと考えられたためではなかろうか．年金数理では一定の予定利率を想定して年金給付と収支が等しくなるように掛金が計算され，その掛金を想定した予定利率で積み上げたものが責任準備金とされる．年金数理上は，この責任準備金が維持できていれば，将来の年金給付に必要な資金が確保されているとされる．このため，年金運用は収益率の目標を予定利率におき，それを長期的に達成すればよいと考えられたのである．しかも，年金基金の運営を規定する法令は，加入者の受給権を守るため，年金基金を母体企業から独立した存在として位置づけ，資産運用はもっぱら加入者のために行うべきこととしている．すなわち制度的には，年金数理に基づいて拠出された年金資産は加入者に帰属し，年金はあたかもこの資産から給付されるかのように扱われる．このため，資産運用は企業の

債務や財務などとは関係なく，独立して行うべきものと考えられたのである．

もっとも，第2章でみたように，年金基金の余剰は一種のレントであり，従業員の企業固有の技能習得のインセンティブとして給付改善に使われる．この意味では，年金資産は加入者のものと考えられなくもない．そして，その可能性のために，加入者は企業財務から離れて，資産増大のために運用リスクをとってリターンを高めようとするのかもしれない．しかしこの場合でも，将来の給付を危険にさらさないためには，経済環境が変化しても常に，年金債務以上の資産を確保しておくことが望ましいはずである．すなわち，債務との相対で資産を運用すべきことを示唆する．

以下，本章ではまず，年金運用に関する制度として受託者責任について説明する．次いで，そうした制度的枠組みからすると年金運用を企業財務からは独立したものとして扱う方が現実的かもしれないので，そのための資産運用を年金ALMとして定式化する．そしてそのうえで，積立不足の意味や問題を改めて検討する．

6.2 受託者責任と年金基金

6.2.1 受託者責任

アメリカでは，年金運用に携わる基金の関係者はERISA（Employee Retirement Income Security Act）の受託者とされ，受託者責任を負っている．同法は404条（受託者の義務）において「受託者は…もっぱら加入者および受給者の利益のために，かつ以下のように，制度に対する義務を果たさなければならない」として，いくつかの義務を示している．

わが国の年金基金でも，これにならって，基金の理事など，運用関係者には受託者責任があるとされている．ただし，年金基金を規定する厚生年金保険法では「基金のために忠実に」（122条の2）という文言があるだけで，その意味を具体的には述べていないが，1997（平成9）年に厚生省（当時）は「厚生年金基金の資産運用関係者の役割及び責任に関するガイドライン」を発表し，この文言を「もっぱら加入員等の利益を考慮すべき」（3.理事（2）一般的な義務②一般的基準）と，アメリカと同様の解釈を示した．また，基金が解散したときに余剰があった場合，それは加入員および受給者に分配する（厚生年金保険法147条）こ

ととして，事業主に引き渡してはならない（同147条の5）とされている．いわば法令では，年金資産は加入員のものであり，受託者責任も加入員に対してのものと解釈される．

厚生年金保険法はまた，「基金は，政令の定めるところにより，年金給付等積立金を積み立てなければならない」（同136条の2）とし，この積立ては，「基金は，適正な年金数理に基づいてその業務を行わなければならない」（同130条の3）として，年金数理によることを明記している．そして，その運用に関しては，「運用の目的その他厚生労働省令で定める事項を記載した基本方針を作成し，当該基本方針に沿って運用しなければならない」（同136条の4）と規定している．ここでいう目的は，上記のガイドラインの解釈からすれば，決して企業財務や株主のためではなく，「加入員の利益」にあることは明らかである．

しかし，第3章で論じたように，年金給付の責任は最終的には企業にあり，運用リスクも基本的には加入員でなく企業が負っている．企業は年金数理に基づいて掛金を拠出すれば，それで済むというわけにはいかない．基金，すなわち外部積立ては，いわば企業に年金給付の約束を守らせるための担保にすぎない．年金資産は担保に供しているため勝手に処分はできないが，経済的実態からすれば企業に帰属すると考えるべきである．法令などの年金制度はこうした経済実態と整合性がとれていない．

6.2.2 企業財務から独立した運用

とはいえ，現実には，こうした制度的な枠組みが年金運用を規定することになる．運用担当者としては法令を無視することはできないので，それに従って加入員の利益のために運用することになる．ただし，ここで加入員のためとは具体的に何かとなると，少々やっかいである．

確定給付型年金においては，すでに縷々説明したように，運用結果がよかったからといって給付額が増えるわけではない．したがって，加入員の利益とはまず，運用がうまくいかなくても給付が削減されるようなことがないようすることである．それには，将来の給付額の現在価値に相当する金額を資産として確保し，それを国債などのリスクのない資産で運用すればよい．そうすれば将来，基金からの給付に支障をきたすことがないだけでなく，万一，企業が倒産したり基金が解散したりしたとしても，加入員が基金の保有する資産を分配してもらって国債な

どで運用すれば，約束の年金が確保されることになる．ただし，基金が解散したとき，約束の給付をした後に余剰が残ったら，わが国の法令では，加入員はその分配にあずかることができる．また基金が存続しているときも，余剰が大きければ，企業固有の技能を習得するインセンティブとして，給付改善が行われるかもしれない．となると，約束の給付額を確保するだけでなく，多少はリスクをとってリターンを高めるようにした方が加入員のためと考えられる．もっとも，給付額の確保と資産の積上げにどの程度のウエイトをおくか，すなわちどの程度のリスクテイクをするかとなると，加入員の間で意見が分かれるであろう．年齢の高い者は，定年までに資産が積み上がって給付改善につながる可能性が低いから，現在の資産から確実に給付が行われるようリスクの小さい運用を望む一方，若い者は，資産が積み上がれば給付改善につながる可能性が出てくるから，リスクがあっても高いリターンを願うであろう．また基金に十分な資産が積み上がっていれば，将来，企業が逆境に陥ったときにも給付の削減などの措置がとられることはないであろうから，当面は企業に多少のリスクを負わすことになったとしても，高いリターンを，ということになるかもしれない．運用でどの程度のリスクをとるかは結局，加入員の年齢構成に依存し，年齢構成が低いほどリスクテイクが大きくなると考えられる[1]．

　このような運用は，将来の給付額を市場金利で割り引いた現在価値をベンチマークとし，それとの対比でリスクを抑えつつリターンを上げるという意味で，年金 ALM ということができよう．年金 ALM というと，一般には企業が将来の年金給付を債務とし，それとの関連で資産運用を行うものと理解されているが，上の議論はむしろ，基金ないし加入員の立場から年金 ALM が求められることを示している．もちろん，年金 ALM は企業の観点から行われるという一般の認識も決して誤りではなく，以下にみるように，企業にとっても一定の合理性を有する運用と考えられる．

　すでに第3章で説明したように，年金運用のリスクは基本的には企業が負担するのであるから，運用政策は企業の立場から決められるべきであり，その場合，

---

[1] これは，一般に加入員の年齢構成が低いほどリスク許容度が高いという議論と似ているが，理由はかなり違うことに注意されたい．一般の議論は，年齢構成が若いと給付までの期間が長いのでリスクの時間分散効果を利用してリスキーな資産で運用できるというものであるが，ここでの議論は，年齢によって高いリターンが給付改善につながる可能性が異なるので，リスクに対する選好が違うというものである．

約束の給付を踏み倒すことを考えない限り，運用は債務との対比でリスクのない形，すなわち債務と同じデュレーションの債券で行うのがよい．ただし，これは年金運用のリスクが企業評価にきちんと反映されるとしてのことである．しかし現実には，第5章でみたように，年金運用のリスクは企業評価に反映されているとはいえない．しかも会計上，資産運用による損益はいったん未認識債務に計上されて何年かにわたって償却されるので，損益の変動（リスク）が小さくしか現れない．このため，リスクをとって高いリターンを狙う運用は，あたかもリスクのわりに高いリターンを上げるもののようにみえて，企業評価を高める可能性がある．とはいえ，リスクをとった結果が思わしくなかったりすると，積立不足が出現したり拡大したりして，リスクが突如，表面化し，企業評価を損ないかねない．したがって，こうした積立不足の可能性や，それが表面化したときの企業評価に与える影響を考えてリスクテイクをする必要がある．いわば，年金基金の積立状況や企業の財務状況を勘案しながら，年金債務との対比でリスクをとって高いリターンを狙う，すなわち年金 ALM にほかならない．

このような運用はさらに，企業経営の立場からしても現実的なものと考えられる．年金基金は実際上，金融子会社あるいは独立性の高い一事業部門として位置づけられることが多いが，その場合，この子会社（事業部門）は年金債務を一種の資本の割当てとみなして，それを上回るように資産を維持すること，またできればそれを上回るように資産を積み上げることが要請される．これはまさに，年金債務との対比で資産が運用されるという意味で，年金 ALM である．

以下では，こういうわけで，年金運用の現実的な方法として，年金 ALM の定式化を示す．

6.3　年金 ALM

6.3.1　年金 ALM の定式化

年金 ALM では，債務の評価額が変動したとき資産も同じように変動して，債務と資産のバランスが保たれるように運用することが大切である．年金債務は遠い将来に給付される年金の現在価値であり，それは割引率（金利）が変動すると大きく変動するので，資産側もそれにあわせてデュレーションを長くする必要がある．つまり，年金 ALM ではアセットアロケーションとともに債券のデュレー

ションをどれだけにするかがポイントとなる．以下では簡単化して，運用資産は株式と債券に限定し，株式のウエイトxと債券のデュレーション（正確には修正デュレーションと呼ぶべきであるが，以下では便宜的にデュレーションと呼ぶ）dを求めるように定式化する．

まず資産Wは株式Sと債券Bで構成され，年金のサープラスYは資産Wと債務Lの差として定義する．

$$W = S + B, \quad Y = W - L$$

このときサープラスの変化は

$$\Delta Y = \Delta S + \Delta B - \Delta L$$

となるが，これを次のように期首の負債で基準化したものをサープラスリターンyと定義する．

$$y = \frac{\Delta Y}{L} = \left(\frac{\Delta S}{S} \frac{S}{W} + \frac{\Delta B}{B} \frac{B}{W} \right) \frac{W}{L} - \frac{\Delta L}{L}$$

ここで，運用資産に占める株式の比率をx，期首の積立比率をηとおき，株式のリターンをr_S，債券のリターンをr_B，債務のリターン（増殖率）をr_Lで表すと，上式は

$$y = \{ r_S x + r_B (1-x) \} \eta - r_L \tag{6.1}$$

と表される．ただし，$x = S/W$，$\eta = W/L$，$r_S = \Delta S/S$，$r_B = \Delta B/B$，$r_L = \Delta L/L$とする．

さらに，以下での議論を簡明にするため，それぞれのリターンを次のように定式化する．

$$債券：r_B = R_F + d(\theta - \Delta r)$$
$$債務：r_L = R_F + D_L(\theta - \Delta r)$$
$$株式：r_S = R_F + D_S(\theta - \Delta r) + e$$

一般に，債券はデュレーションdが長いほどリスクは大きいが，θはこのデュレーションに伴うプレミアムである．債券リターンはリスクフリー金利R_Fに，このデュレーションに伴うプレミアム$d\theta$を上乗せしたものに，金利の期待値からの変化Δrに伴う価格変化率$-d\Delta r$を加えたものとして表される．債務のリターンについても，そのデュレーションD_Lを使って同様に表される．また株式には金利とそれ以外の株式固有のリスクがあると考えられるが，このうち金利リスクに伴うリターンについては，株式のデュレーションをD_Sとすれば債券と同様に

表される．株式リターンは結局，リスクフリー金利にこれを上乗せし，さらに株式に固有のリスクに伴うリターン e（以下ではエクイティリターンと呼ぶことにする）を加えたものとなる．

金利の期待値からの変化は定義によりゼロである（$E(\Delta r)=0$）から，エクイティリターンの期待値を ϕ（エクイティプレミアムと呼ぶ）とおくと，それぞれの期待リターンは

$$債券：E(r_B) = R_F + d\theta$$
$$債務：E(r_L) = R_F + D_L\theta$$
$$株式：E(r_S) = R_F + D_S\theta + \phi$$

となる．また金利水準の変動リスクを σ_r，株式固有のリスク（エクイティリスクと呼ぶ）を σ_e とすると，それぞれのリスク（分散）および共分散は

債券：$Var(r_B) = d^2\sigma_r^2$
債務：$Var(r_L) = D_L^2\sigma_r^2$
株式：$Var(r_S) = D_S^2\sigma_r^2 + \sigma_e^2$
共分散：$Cov(r_S, r_B) = dD_S\sigma_r^2$，　$Cov(r_S, r_L) = D_SD_L\sigma_r^2$，　$Cov(r_Br_L) = dD_L\sigma_r^2$

となる．このとき，サープラスリターンの期待値とリスクは

$$E(y) = \left[\{xD_S + (1-x)d\}\eta - D_L\right]\theta + x\eta\phi + (\eta-1)R_F \tag{6.2}$$

$$Var(y) = \left[\{xD_S + (1-x)d\}\eta - D_L\right]^2\sigma_r^2 + x^2\eta^2\sigma_e^2 \tag{6.3}$$

と表される．

年金基金あるいは母体企業にとっては，このサープラスの期待リターンが高いほど，またリスクが小さいほど，好ましいと考えられる．したがって，最適なアロケーション（株式比率）と債券デュレーションは，次のような効用を最大にするものとして与えられる．

$$U = E(y) - \frac{1}{2\tau}Var(y) \tag{6.4}$$

ただし，τ はリスク許容度である．(6.2),(6.3) 式より，結局，次の2つの式を満たす x^*，d^* が最適な株式比率と債券デュレーションとなる．

$$\frac{\partial U}{\partial x} = \{(D_S - d)\eta\theta + \eta\phi\}$$
$$-\frac{1}{\tau}\left\{\left[\{xD_S + (1-x)d\}\eta - D_L\right](D_S - d)\eta\sigma_r^2 + x\eta^2\sigma_e^2\right\} = 0 \quad (6.5)$$

$$\frac{\partial U}{\partial d} = (1-x)\eta\theta - \frac{1}{\tau}\left[\{xD_S + (1-x)d\}\eta - D_L\right](1-x)\eta\sigma_r^2 = 0 \quad (6.6)$$

6.3.2 デュレーションギャップ

(6.5), (6.6)式の解は難解にみえるが，いま

$$D_P = \{xD_S + (1-x)d\}\eta - D_L \quad (6.7)$$

とおくと，これは年金基金のデュレーションギャップであり，上の (6.6) 式は (6.8) 式に示すように，デュレーションギャップをとることによって生じるリスクに見合った期待プレミアムが得られるように，ギャップを設定するということにほかならない．

$$D_P = \frac{\tau\theta}{\sigma_r^2} \quad (6.8)$$

そして，デュレーションギャップをこのように決めたとすれば，(6.5)式は (6.9)式にみられるように，そのときにとるべきエクイティリスクを決めることになる．すなわちリスクに見合う期待プレミアムが得られるように，エクイティリスクを決めるのである．

$$x\eta = \frac{\tau\phi}{\sigma_e^2} \quad (6.9)$$

これを利用すれば，最適な株式比率と債券デュレーションは結局，次のように簡単に求められる．まずリスク許容度 τ が与えられたら，金利リスク σ_r とデュレーションプレミアム θ に応じて，(6.8)式に従って年金基金のデュレーションギャップ D_P を求める．次いで，年金のファンディング率 η を所与として，エクイティのリスク σ_e とプレミアム ϕ に応じて，(6.9)式に従って株式への投資比率 x を求める．そして最後に，(6.7)式に従って債券のデュレーション d を決めるのである．これは，それぞれのリスク許容度に従って，プレミアムに応じてデュレーションギャップ（金利リスク）とエクイティリスクをとるようにするということにほかならない．

6.3 年金 ALM

表 6.2 は,以上のモデルに従って数字のめどを示したものである.Case1 は次のような想定で計算してある.

$$D_L = 12, \quad D_S = 4, \quad \sigma_r = 0.01, \quad \sigma_e = 0.196$$
$$R_F = 0.01, \quad \theta = 0.001, \quad \phi = 0.046$$

この想定はだいたい現在および過去の市場を反映したものであり,リスクフリー金利 1% に対して,10 年の割引債の期待リターンは 2%,同リスクは 10%,株式の期待リターンは 6%,同リスクは 20% に相当する.この場合,リスク許容度 τ が 0.1 なら,積立比率 η が 40〜60% 程度だと,最適な株式比率は 20〜30% となる.このとき,最適なデュレーションギャップは 1.0 年となり,そのためには債券のデュレーションは 26〜44 年となる.デュレーションギャップがプラスになっているのは,デュレーションが長くなるほどリターンが高くなる,すなわち,金利変動に伴う価格変動リスクが大きいほどプレミアムがあると想定したからである.このプラスのデュレーションギャップを達成するためには,債券は債務より相当に長いデュレーションにする必要があるのである.

ところが,実際の債券運用ではデュレーションはせいぜい 5 年くらいでしかない.これはたぶん,市場インデックスをベンチマークとして運用しているためであろうが,金利上昇を懸念して短くした可能性もなくはない.そこで,表 6.2 では Case2 として,デュレーションが長いほど期待リターンが低くなるとした場合,具体的には Case1 よりデュレーションプレミアムを下のように変えた場合,最適な債券デュレーションはどの程度変わるかをみてみた.

$$\theta = -0.003$$

これは,リスクが債券,株式とも Case1 と変わらず,期待リターンが 10 年割引債は -2%,株式は 4.4% に相当する.このとき,Case1 と同様,リスク許容度 τ が 0.1,積立比率 η が 0.4〜0.6 の場合をみると,最適な株式比率はエクイティプレミアムが不変なので,20〜30% で変わらない一方,債券のデュレーションはかなり低下するが,それでも 17〜30 年と相当に長い.デュレーションプレミアムがマイナスのためデュレーションギャップは -3.0 年となるが,債務のデュレーションが長く,かつ積立比率が低いので,債券のデュレーションはまだかなりの長さを必要とするのである.

以上の数値例は,多くの年金基金でデュレーションが短かったことは,たとえ相当の金利上昇を見込んでいたとしても,年金 ALM 上かなりのリスクを抱えて

表 6.2 株式比率と債券デュレーション

Case1 長期債リターンがプラス

積立比率		株式比率			デュレーションギャップ			債券デュレーション		
		0.4	0.6	0.8	0.4	0.6	0.8	0.4	0.6	0.8
リスク許容度	0.1	30%	20%	15%	1.0	1.0	1.0	44.7	26.1	18.4
	0.2	60%	40%	30%	2.0	2.0	2.0	81.3	56.2	23.3
	0.3	90%	60%	45%	3.0	3.0	3.0	333.8	56.4	30.8

Case2 長期債リターンがマイナス

積立比率		株式比率			デュレーションギャップ			債券デュレーション		
		0.4	0.6	0.8	0.4	0.6	0.8	0.4	0.6	0.8
リスク許容度	0.1	30%	20%	15%	-3.0	-3.0	-3.0	30.4	17.7	12.5
	0.2	60%	40%	30%	-6.0	-6.0	-6.0	31.4	14.0	9.0
	0.3	90%	60%	45%	-9.0	-9.0	-9.0	38.5	6.5	6.5

計算の前提については本文参照.

いたことを示唆する.しかも,金利が上昇するどころか低下傾向で推移したわけであるから,思いもよらなかった積立不足の拡大を被ってしまったのである.

6.4 積立不足の構造的要因

6.4.1 PBO（年金債務）

わが国において積立不足が大きいのは,以上のような年金 ALM の欠如のほか,年金債務の評価と社外積立ての算出方法が異なるため,必然的にギャップが生じるせいでもある.以下では,債務評価と社外積立ての違いという構造的な問題について検討する.

企業は一般に,従業員の勤続に応じて将来,年金を給付する.年金給付額は一般に,次のようにそれぞれの加入者ごとに「基準給与×勤続年数に応じた乗率」で与えられる.

$$B(m) = W(m)\lambda(m) \tag{6.10}$$

ただし,m は勤続年数,$B(m)$ は勤続 m 年の加入者の年金給付額,$W(m)$ は勤続 m 年の加入者の基準給与,$\lambda(m)$ は勤続 m 年の加入者の年金給付乗率である.

この年金額を将来支払うことは,企業にとってこれまでの勤続によって発生した債務と考えられ,それを市場金利で割り引いた現在価値は一般に,発生給付債

務(ABO: accumulated benefit obligation)と呼ばれる．ここでは複雑になるのを避けるため，定年前の中途退職や死亡はないとし，また年金は実際には一定年齢からスタートして終身で支給されることが多いが，定年時から N 年間にわたって毎年支給されるものとする[2]．このとき，勤続 m 年の加入者に関わる年金債務(ABO)は次のように表される．

$$A(m) = \frac{B(m)}{(1+r)^{M-m+1}} + \frac{B(m)}{(1+r)^{M-m+2}} + \cdots + \frac{B(m)}{(1+r)^{M-m+N}}$$
$$= W(m)\lambda(m)\frac{1-(1+r)^{-N}}{r}(1+r)^{-(M-m)} \quad (6.11)$$

ただし，$A(m)$ は勤続 m 年の加入者に関わる ABO，M は定年時の勤続年数，N は年金給付年数，r は市場金利である．

ところが，こうした方式で決まる給付額は勤続年数が延びるにつれて急速に増加する．勤続年数が延びると，基準給与が高くなるとともに乗率も上昇するからである．しかも，この年金は将来一定の年齢（たとえば65歳）から給付されるものであるから，企業にとっての現時点での債務は，それを支給時までの年数に応じて割り引いた現在価値となる．また，この増加を賄うに必要とされる追加の負担は一種の費用とみなされるが，勤続が延びるほど支給開始までの年数が短くなることによって割引が小さくなるため，この費用は大きくなる．年金費用は発生ベース（ABO）で把握するならば，結局のところ，勤続年数が延びるに従って，給付増分の増加と割引の減少の両面から加速的に増加することになる．バックローディング（backloading）といわれるゆえんである．

しかし，加入者の大半が長期に勤続するのが一般的なら，この ABO に従って年金費用を計上することは，負担を先送りするに等しい．多くの加入者が定年まで勤務して高い基準給与に高い乗率を掛けた多額の給付を受けることがあらかじめわかっているなら，その負担を前もって計上すべきである．定年時の給付額を想定し，その金額を現在までの勤続年数などに応じて配分したものは，いわば将来の給付を見込んだ年金債務にほかならないので，予測給付債務（PBO：projected benefit obligation）と呼ばれるが，会計上はこれが年金債務として認識される．企業はゴーイングコンサーンであるから，その経常的な収益力をみるに

---

[2] 中途退職や死亡を勘案し，年金は終身としても以下の議論は変わらない．

はこの PBO に従って費用を把握した方がよい．

わが国では，PBO の中でも期間定額基準と呼ばれる方式がとられているが，それは，まず定年時の標準的な基準給与と乗率から想定される給付額を算出し，それを勤続年数に応じて比例配分した金額を現在までの勤続に関わる将来の給付額として把握し，次いで，この金額を市場金利で割り引いた現在価値を年金債務とする．式で表せば次のようになる．

$$L(m) = \left\{ \frac{B(M)}{1+r} + \cdots + \frac{B(M)}{(1+r)^N} \right\} \frac{m}{M}(1+r)^{-(M-m)}$$

$$= \left\{ W(M)\lambda(M)\frac{1-(1+r)^{-N}}{r} \right\} \frac{m}{M}(1+r)^{-(M-m)} \quad (6.12)$$

ただし，$L(m)$ は勤続 m 年の加入者に関わる年金債務（PBO）である．

すなわち，この式の $\{\cdot\}$ は定年まで勤めたときの年金給付額の定年時における現在価値であり，それにまず m/M を掛けてこれまでの勤続年数 m に従って按分する．次いで，それに $(1+r)^{-(M-m)}$ を掛けて現在価値に割り引くことによって年金債務とするのである．またこのとき勤続 m 年の加入者に関わる年金費用は，次のようになる．

$$C(m) = L(m) - L(m-1)(1+r)$$

$$= \left\{ W(M)\lambda(M)\frac{1-(1+r)^{-N}}{r} \right\} \left\{ \frac{1}{M}(1+r)^{-(M-m)} \right\} \quad (6.13)$$

ただし，$C(m)$ は勤続 m 年の加入者に関わる年金費用である．

この式は，各年に割り振られる年金費用は今年の債務から前年の債務に金利分を加えたものを差し引いて把握されるが，それは，$\{\cdot\}$ で示される定年時の年金の現在価値を 1 年当たりに M 等分したものを，定年までの年数に応じて割り引いたものになることを示している．この式によると，勤続が延びるに従って各加入者に関わる年金費用は増加するが，その増加は定年までの年数が短くなることによる割引の減少のみによって生じることになる．

6.4.2 責任準備金（年金積立て）

これに対して，企業年金では一般に，社外に基金を設立するなどして将来の給

付に備えている．しかし，その積立ては年金数理計算に従って行われており，上で説明した債務の把握とは必ずしも同じではない．したがって，数理計算どおりに積立てを行ったとしても，それは必ずしも年金債務に一致するとは限らない．たとえ金利や死亡率などの基礎率に見込み違いがなかったとしても，積立不足が生じることが起こりうる．もっとも，両者とも定年時に所定の年金を給付するに足る資金を確保するように計算されているのであるから，そこには当然，一定の関係があるはずなので，以下ではこの点に留意して，責任準備金の算式を示す．

基金などにおける（年金数理による）積立ては一般に，平準化した掛金を年々拠出することによって行われる．典型的には掛金は基準給与の一定比率 c として与えられるが，それは，入社時から定年時までこれに従って拠出した掛金を予定利率 r' で運用していけば，定年後の年金給付が賄えるように決められる．いま他の条件は年金債務の計算の場合と同じとすると，それは，次の式を満たすように掛金率を決めるということである．

$$\sum_{i=1}^{M} cW(i)(1+r')^{-i} = \sum_{j=1}^{N} W(M)\lambda(M)(1+r')^{-(M+j)} \quad (6.14)$$

この式の左辺は入社時点でみた掛金の現在価値の合計，また右辺は定年まで勤めたとしたときの年金給付額の入社時点でみた現在価値である．ただし，現在価値への割引は予定利率 r' によって行われることに注意されたい．掛金率はこの式を満たす c として与えられるが，そのとき勤続 m 年の加入者に関わる掛金（年金債務の場合の年金費用に相当）は次のようになる．

$$cW(m) = \left\{ W(M)\lambda(M)\frac{1-(1+r')^{-N}}{r'} \right\} \left\{ \frac{W(m)}{\sum_{i=1}^{M} W(i)(1+r')^{M-i}} \right\} \quad (6.15)$$

また掛金を予定利率どおりに運用して積み立てていった金額は責任準備金と呼ばれるが，たとえば勤続 m 年の加入者に関わる責任準備金 $V(m)$ は次のように表される．

$$\begin{aligned} V(m) &= \sum_{i=1}^{m} cW(i)(1+r')^{m-i} \\ &= \sum_{j=1}^{N} W(M)\lambda(M)(1+r')^{-(M+j-m)} - \sum_{i=m+1}^{M} cW(i)(1+r')^{-(i-m)} \end{aligned} \quad (6.16)$$

最初の右辺は，入社時から勤続 m 年まで掛金を予定利率で増殖したときの合計

残高であり，過去法の責任準備金と呼ばれる．また最後の右辺は，定年後に給付される年金の勤続 m 年における現在価値から，今後，定年までに拠出される掛金の現在価値を差し引いたものであり，将来法の責任準備金と呼ばれる．当然のことながら，過去法と将来法の予定利率が同じなら両者は一致する．しかし，過去は予定利率どおり運用できて過去法の責任準備金を満たす積立てがあったとしても，もし今後の運用利回りが予定利率に達しそうもないようなら，現在の積立てと今後予定される掛金では将来の年金給付が賄えなくなる．このような場合，その低い運用利回りを新たに予定利率として計算した将来法の責任準備金はもっと大きくなっている．将来の給付の観点からすると，責任準備金としては，将来法によるべきであり，かつそのときの予定利率は今後の運用利回り，すなわち期待リターンを用いるべきだといえよう．

6.4.3 PBO と責任準備金のギャップ

問題は，年金債務（PBO）がこのような責任準備金を上回るかどうか，またこの責任準備金を基準として積み立てられた実際の年金資産が年金債務に足るかどうか，すなわち積立不足が生じないかどうか，である．

ここではどのような要因によって差が出るかをみるため，まず市場金利と予定利率が等しい（$r = r'$）と想定しよう．このとき，年金費用（年金債務）と掛金（責任準備金）の違いは，(6.13)式と(6.15)式において，最初の $\{\cdot\}$ は全く同じであるので，2 番目の $\{\cdot\}$ から生じることになる．すなわち，年金費用は定年時に必要とされる積立額を 1 年当たりに M（入社から定年までの年数）等分したものの現在価値であり，掛金は同じく定年時に必要とされる積立額を定年までの基準給与の（定年時の将来価値でみた）総額に占める当該年の基準給与で配分したものである．したがって，勤続年数が延びるに従って，年金費用は金利相当分だけ増えるのに対して，掛金は基準給与の上昇分だけ増えるのであるが，両者の定年時の積立額は同じであるから，結局のところ，年金費用と掛金のうち平均的な増加率の低い方が前倒しで積み上げられることになる．掛金のおおよその伸び率は，大卒の初任給を 20 万円，定年時の基準給与を 60 ～ 80 万円とすると，平均で 3 ～ 4%と推定されるが，さらに S 字型と称されるように一般に中年以降の伸びが鈍ることを勘案すると，実質的な伸び率はもっと高いとみられる．これに対して市場金利は 2000 年以降，長期国債の金利で 2%以下とかなり低い．した

朝倉書店〈経営・数理・経済工学関連書〉ご案内

天候リスクの戦略的経営 —EaRとリスクスワップ—
リスクの経営シリーズ
刈屋武昭編著
A5判 192頁 定価4200円（本体4000円）（29576-6）

気温リスクマネジメントを立案する方法と、気温変動の時系列モデル化の方法を実例に沿って詳説〔内容〕企業活動と気候変動リスク／天候リスクと事業リスクEaR分析法／予測気温確率分布の導出／東京電力と東京ガスのリスクスワップ／等

マネージング・ザ・サプライ・チェイン —ビジネス・プロフェッショナルのための決定版ガイド—
D.スミチ-レビ他著　久保幹雄監修
A5判 176頁 定価3360円（本体3200円）（27012-7）

システムの設計・制御・操作・管理での重要なモデル・解決法・洞察・概念につき、数学的記述を避け、ビジネスの場ですぐに使えるよう平易に記述。〔内容〕サプライ・チェインの統合／ネットワーク計画／外部委託・調達・供給契約／顧客価値

ビジネス数理への誘い
シリーズ〈ビジネスの数理〉1
筑波大学ビジネス科学研究科編
A5判 160頁 定価3045円（本体2900円）（29561-8）

ビジネスのための数理的方法を俯瞰する入門編。〔内容〕ビジネス科学・技術／数理的方法の機能／モデルアプローチ／マネジメントプロセスモデル／モデルアプローチの成功と失敗／ビジネス現象のモデル化／デザイン技術としての数理的方法他

チャンスとリスクのマネジメント
シリーズ〈ビジネスの数理〉2
大澤幸生・徐　驊・山田雄二編著
A5判 216頁 定価3675円（本体3500円）（29562-6）

人はなぜダイスを振るのか—ビジネスの現場で表裏一体となるチャンスとリスクの利用・管理技術の全貌を提示。〔内容〕チャンスマネジメントのプロセス／チャンス発見のためのデータ可視化技術／リスクマネジメント／リスク特定の方法／他

現代生産管理 —情報化・サービス化時代の生産管理—
鹿島　啓・畑　啓之・下左近多喜男・赤木文男・本位田光重・大野　彰著
A5判 192頁 定価3045円（本体2900円）（27008-9）

大学理工系、文系の学部、高専で初めて生産管理を学ぶ学生や社会人のための教科書。生産管理の範囲を製造業だけでなく、情報・サービス業も対象として工学系の生産管理論に経営戦略論的な視点を加味してわかりやすく編集した

複雑系の数理
松葉育雄著
A5判 256頁 定価4725円（本体4500円）（28002-5）

「複雑な現象」はどう扱うべきか？さまざまな複雑現象を処理するために実際に「使える」手法を解説。〔内容〕複雑な現象とは／複雑さのとらえ方／関数近似と計算論／次元解析／スケーリング法／時間的スケーリング／カオス／自己組織化臨界現象他

生産管理システム
大野勝久・田村隆善・森　健一・中島健一著
A5判 196頁 定価3360円（本体3200円）（27006-2）

QDCとCSの達成に不可欠な理論と技術の基本をわかりやすく解説した教科書。〔内容〕作業研究／工程分析・設計／スケジューリング／PERT・CPM／MRPシステム／JIT生産システム／工程・品質・設備管理／生産情報システム／他

経営工学の数理 I
シリーズ〈科学の言葉としての数学〉
宮川雅巳・水野眞治・矢島安敏著
A5判 224頁 定価3360円（本体3200円）（11631-4）

経営工学に必要な数理を、高校数学のみを前提としーからたたき込む工学の立場からのテキスト。〔内容〕命題と論理／集合／写像／選択公理／同値と順序／濃度／距離と位相／点列と連続関数／代数の基礎／凸集合と凸関数／多変数解析／積分他

経営工学の数理 II
シリーズ〈科学の言葉としての数学〉
宮川雅巳・水野眞治・矢島安敏著
A5判 192頁 定価3150円（本体3000円）（11632-2）

経営工学のための数学のテキスト。II巻では線形代数を中心に微分方程式・フーリエ級数まで扱う〔内容〕ベクトルと行列／行列の基本変形／線形方程式／行列式／内積と直交性／部分空間／固有値と固有ベクトル／微分方程式／ラプラス変換他

金融工学事典
今野 浩・刈屋武昭・木島正明編
A5判 848頁 定価23100円(本体22000円)(29005-5)

中項目主義の事典として，金融工学を一つの体系の下に纏めることを目的とし，金融工学および必要となる数学，統計学，OR，金融・財務などの各分野の重要な述語に明確な定義を与えるとともに，概念を平易に解説し，指針書も目指したもの〔主な収載項目〕伊藤積分／ALM／確率微分方程式／GARCH／為替／金利モデル／最適制御理論／CAPM／スワップ／倒産確率／年金／判別分析／不動産金融工学／保険／マーケット構造モデル／マルチンゲール／乱数／リアルオプション他

年金数理概論
日本年金数理人会編
A5判 184頁 定価3360円(本体3200円)(29006-3)

年金財政を包括的に知りたい方，年金数理人をめざす方のための教科書。〔内容〕年金数理の基礎／計算基礎率の算定／年金現価／企業年金制度の財政運営／各種財政方式の構造／財政検証／財政計算／退職給付債務の概要／投資理論への応用／他

プロジェクトファイナンス ―ベンチャーのための金融工学―
浦谷 規訳
A5判 296頁 定価5460円(本体5200円)(29003-9)

効率的なプロジェクト資金調達方法を明示する。〔内容〕理論／成立条件／契約担保／商法上の組織／資金調達／割引のキャッシュフロー分析／モデルと評価／資金源／ホスト政府の役割／ケーススタディ（ユーロディズニー，ユーロトンネル等）

ファイナンスへの数学 (第2版)
S.N.ネフツィ著 投資工学研究会訳
A5判 528頁 定価8190円(本体7800円)(29001-2)

世界中でベストセラーになった"An Introduction to the Mathematics of Financial Derivatives"原著第2版の翻訳。デリバティブ評価で用いられる数学を直感的に理解できるように解説。新たに金利デリバティブ，そして章末演習問題を追加

ファイナンス数学入門 ―モデリングとヘッジング―
米村 浩・神山直樹・桑原善太訳
A5判 304頁 定価5460円(本体5200円)(29004-7)

実際の市場データを織り交ぜ現実感を伝えながら解説。〔内容〕金融市場／2項ツリー，ポートフォリオの複製，裁定取引／ツリーモデル／連続モデルとブラック‐ショールズ公式，解析的アプローチ／ヘッジング／債券モデルと金利オプション／他

サプライチェーン・マネジメント ―企業連携の理論と実際―
黒田 充編著
A5判 190頁 定価3150円(本体3000円)(27009-7)

SCMの考え方・理論から実際までを具体的に解説。〔内容〕全体最適とSCM／消費財変化とSCM／在庫管理モデル／SCMシステムとIT／SCMにおけるプランニング・スケジューリング統合技術／戦略品質経営とSCMの新展開／実例

サプライチェーン・ロジスティクス
松浦春樹・島津 誠訳者代表
A5判 292頁 定価5040円(本体4800円)(27010-0)

価値を創造し，事業を成功させるための企業戦略を重点的に述べ，ITの役割にも言及。〔内容〕リーン生産／顧客対応／市場流通戦略／調達と製造戦略／オペレーションの統合／情報ネットワーク／ERPと実行システム／APS／変革の方向性

実務者のための サプライ・チェイン最適化入門
久保幹雄著
A5判 136頁 定価2730円(本体2600円)(27011-9)

著者らの開発した最適化のための意思決定支援システムを解説したもの。明示された具体例は，実際に「動く」実感をWebサイトで体験できる。安全在庫，スケジューリング，配送計画，収益管理，ロットサイズ等の最適化に携わる実務家向け

ファイナンス・ライブラリー
実務者の抱える様々な問題と関心・欲求に応えるシリーズ

1. 金融デリバティブズ
小田信之著
A5判 184頁 定価3780円（本体3600円）（29531-6）

抽象的な方法論だけでなく、具体的なデリバティブズの商品例や応用計算例等も盛り込んで解説した"理論と実務を橋渡しする"書。〔内容〕プライシングとリスク・ヘッジ／イールドカーブ・モデル／信用リスクのある金融商品のプライシング

2. 金融リスクの計量分析
小田信之著
A5判 192頁 定価3780円（本体3600円）（29532-4）

金融取引に付随するリスクを計量的に評価・分析するために習得すべき知識について、"理論と実務のバランスをとって"体系的に整理して解説。〔内容〕マーケット・リスク／信用リスク／デリバティブズ価格に基づく市場分析とリスク管理

3. リスク計量とプライシング
家田 明著
A5判 180頁 定価3465円（本体3300円）（29533-2）

〔内容〕政策保有株式のリスク管理／与信ポートフォリオの信用リスクおよび銀行勘定の金利リスクの把握手法／オプション商品の非線型リスクの計量化／モンテカルロ法によるオプション商品のプライシング／有限差分法を用いた数値計算手法

4. 計量ファイナンス分析の基礎
小暮厚之・照井伸彦著
A5判 264頁 定価3990円（本体3800円）（29534-0）

ファイナンスで用いられる確率・統計について、その数理的理解に配慮して解説。〔内容〕金融資産の価値と収益率／リスク／統計的推測／ポートフォリオ分析／資産価格評価モデル／派生資産の評価／回帰分析／時系列分析／データ／微分・積分

5. 行動ファイナンス ―理論と実証―
加藤英明著
A5判 208頁 定価3570円（本体3400円）（29535-9）

2002年ノーベル経済学賞のカーネマン教授の業績をはじめ最新の知見を盛込んで解説した行動ファイナンスの入門書。〔内容〕市場の効率性／アノマリー／心理学からのアプローチ／ファイナンスへの適用／日本市場の実証分析／人工市場／他

6. 金融リスクの理論 ―経済物理からのアプローチ―
森平爽一郎監修
A5判 260頁 定価5040円（本体4800円）（29536-7）

"Theory of Financial Risks : From Statistical Physics to Risk Management"の和訳。〔内容〕確率理論：基礎概念／実際の価格の統計／最大リスクと最適ポートフォリオ／先物とオプション：基本概念／オプション：特殊問題／金融用語集

7. 企業財務のための金融工学
葛山康典著
A5判 176頁 定価3570円（本体3400円）（29537-5）

〔内容〕危険回避的な投資家と効用／ポートフォリオ選択理論／資本資産評価モデル／市場不完全と裁定価格理論／投資意思決定の理論／デリバティブズ／離散時間でのオプションの評価／Black-Scholesモデル／信用リスクと社債の評価／他

8. 市場リスクとデリバティブ
安岡孝司著
A5判 176頁 定価2835円（本体2700円）（29538-3）

基礎的な確率論と微積分の知識を有する理工系の人々を対象に、実例を多く揚げ市場リスク管理実現をやさしく説いた入門書。〔内容〕金融リスク／金融先物および先渡／オプション／オプションの価格付け理論／金利スワップ／金利オプション

9. ビョルク数理ファイナンスの基礎 ―連続時間モデル―
前川功一訳
A5判 308頁 定価6510円（本体6200円）（29539-1）

抽象的な測度論に深入りせずに金融デリバティブの包括的な解説を行うファイナンスの入門的教科書。〔内容〕1期間モデル／確率積分／裁定価格／完備性とヘッジング／非完備市場／配当／通貨デリバティブ／債権と利子率／短期金利モデル／など

シリーズ〈金融工学の基礎〉
「高所へジャンプ，技術的困難を一挙に解決する」基礎理論を詳述

1. 株価モデルとレヴィ過程
宮原孝夫著
A5判 128頁 定価2520円（本体2400円）（29551-0）

非完備市場の典型的モデルとしての幾何レヴィ過程とオプション価格モデルの解説および活用法を詳述。〔内容〕基礎理論／レヴィ過程／レヴィ過程に基づいたモデル／株過程の推定／オプション価格理論／GLP&MEMM オプション価格モデル

2. リスク測度とポートフォリオ管理
田畑吉雄著
A5判 216頁 定価3990円（本体3800円）（29552-9）

金融資産の投資に伴う数々のリスクを詳述。〔内容〕金融リスクとリスク管理／不確実性での意思決定／様々なリスクと金融投資／VaRとリスク測度／デリバティブとリスク管理／デリバティブの価格評価／信用リスク／不完備市場とリスクヘッジ

3. 確率と確率過程
伏見正則著
A5判 152頁 定価2940円（本体2800円）（29553-7）

身近な例題を多用しながら，確率論を用いて統計現象を解明することを目的とし，厳密性より直観的理解を求める理工系学生向け教科書。〔内容〕確率空間／確率変数／確率変数の特性値／母関数と特性関数／ポアソン過程／再生過程／マルコフ連鎖

4. 数理統計・時系列・金融工学
谷口正信著
A5判 224頁 定価3780円（本体3600円）（29554-5）

独立標本の数理統計学から説き起こし，それに基づいた時系列の最適推測論，検定および判別解析を解説し，金融工学への橋渡しを詳解したテキスト。〔内容〕確率の基礎／統計的推測／種々の統計手法／確率過程／時系列解析／統計的金融工学入門

5. ポートフォリオ最適化と数理計画法
枇々木規雄・田辺隆人著
A5判 164頁 定価2940円（本体2800円）（29555-3）

「実際に使える」モデルの構築に役立つ知識を散りばめた実践的テキスト。〔内容〕数理計画法アルゴリズム／実行可能領域と目的関数値／モデリング／トラブルシューティング／平均・分散モデル／実際の計算例／平均・リスクモデル／感度分析

6. 確率解析と伊藤過程
小川重義著
A5判 192頁 定価3780円（本体3600円）（29556-1）

確率論の基本，確率解析の実際，理論の実際的運用と発展的理論までを例を豊富に掲げながら平易に解説。〔内容〕確率空間と確率変数／統計的独立性／ブラウン運動・マルチンゲール／確率解析／確率微分方程式／非因果的確率解析／数値解法入門

7. 無裁定理論とマルチンゲール
浦谷規著
A5判 164頁 定価3360円（本体3200円）（29557-X）

金融工学の基本的手法であるマルチンゲール・アプローチの原理を初等的レベルから解説した書。教養としての線形代数と確率論の知識のみで理解できるよう懇切丁寧に詳解する。〔内容〕1期間モデル／多期間モデル／ブラック-ショールズモデル

ISBNは4-254-を省略　　　　　　　　　　　（表示価格は2006年3月現在）

朝倉書店　〒162-8707　東京都新宿区新小川町6-29
電話　直通（03）3260-7631　FAX（03）3260-0180
http://www.asakura.co.jp　eigyo@asakura.co.jp

6.4 積立不足の構造的要因

がって，一般に，年金費用の方が掛金より前倒しで積み上げる必要があるといえる．つまり，年金債務が責任準備金を上回る，言い換えると，責任準備金を維持していても会計上，積立不足に陥ることになるのである．

しかも実際には，予定利率は市場金利より高く設定されること（$r'>r$）が多い．予定利率は一般に資産運用の期待リターンとされている．将来の積立額は掛金を予想される平均的なリターンで延ばしたものになるので，定年時までに将来の年金給付に必要な資金を積み立てるには，この期待リターンを使って掛金を求めればよいというのである．改めて説明するまでもないであろうが，株式などのリスクのある資産で運用すれば，期待リターン（予定利率）はこのリスクに見合うプレミアム分だけ市場金利より高くなる．そして予定利率が高くなると，年金給付のために必要とされる定年時の積立額が小さくなるだけでなく，この積立額を確保するために必要とされる年々の掛金も小さくなる．したがって，それを積み立てた途中の責任準備金も低くなる．つまり，市場金利より高い予定利率が使われることによって，責任準備金は年金債務より小さくなる，すなわち積立不足が生じるのである．

このほか，当初の予定利率が経済情勢の変化などによって引き下げざるを得なくなったり，年金制度の改正によって給付額が増えたりすると，将来法の責任準備金は過去法の責任準備金を上回ることになる．年金債務は将来の年金給付を割り引いた現在価値であるので，過去法より将来法の責任準備金に近い．すでに述べたところから容易に推測されようが，むしろそれより大きい．したがって，たとえ当初の予定どおり積立てが行われたとしても，年金資産は債務より小さく，積立不足が起こる．

実際の運用利回りが予定利率を下回ったりすると，積立不足はさらに大きくなる．責任準備金（過去法）は運用利回りが予定利率どおり上がったとしたときの積立額であるから，もし実際の利回りが期待を下回ったならば，実際の積立金は責任準備金を下回る．運用利回りは市場環境に依存するから，こうした積立不足はある程度は避けがたいようにみえるが，それは実は，予定利率の設定と密接に関わっている．というのは，予定利率が市場金利より高く設定されたのは，リスクをとることによって期待リターンを高くしたからである．リスクをとることは，場合によってはリターンが低いことも起こりうること，したがって，それによって積立不足が生じることは当然，予想されたはずだと考えられるのである．

こうした積立不足は，逆に，予定利率を市場金利に等しく設定して，運用もこの金利を体現するような長期債で行えば，市場環境がどのように変化しようと回避することができる．ただし，予定利率を低くすれば掛金の負担は大きくなるが，これはいわば，リスクをとらなければ高いリターン（プレミアム）が得られないことと同じである．実際にはそのようなことはほとんどなく，掛金および責任準備金の算定では市場金利より高い予定利率（期待リターン）が用いられるが，これはいわば，運用で得られるリスクプレミアムを掛金の引下げに反映することにほかならない．こうした措置がとられるのは，積立ては年金債務の認識とは別に，将来の給付の資金を確保しておくという役割を果たすためのものだからと考えられる．

これに対して，年金債務の評価において将来の年金給付を割り引くのに市場金利が用いられるのは，企業評価のために将来の年金給付を債務として的確に把握するためである．年金給付は確定した将来の支払いであるので，それをリスクのない金利で割り引いた現在価値が債務とされる．いわば年金債務は責任準備金と目的が違うので，割引に使う金利（利率）や計算方法が異なり，積立不足はそれによって必然的に生じる面もあるのである．

6.5 積立不足の問題

6.5.1 積立不足と企業評価

しかし，この不足は必ずしも負担を先送りしていることを意味しない．もし積立不足が生じたら，それは企業のバランスシートに負債として計上される．これは，純資産すなわち企業価値がその分だけ減じられることを意味し，市場がそれを認識すれば，株価はその分だけ下落することになる．つまり積立不足があったとしても，将来の年金の債務は株価を通じて企業の所有者である株主によって負担される．将来，年金給付のため企業が追加の拠出をしたとしても，それはすでに認識されていた負債（積立不足）を実行するにすぎないから，企業価値すなわち株価は影響を受けない．年金債務が的確に把握されていれば，責任準備金や実際の積立てとは関係なく企業価値は評価され，負担が将来へ先送りされることもないのである．

ただしこれは，積立不足すなわち年金債務と資産が正しく評価されているとい

う前提であってのことである．もしそれらの評価が歪められていたら，いくら積立不足を認識したとしても，負担の先送りを防ぐことにはならない．実際のところ，わが国の年金債務の把握には少なからず問題がある．たとえば債務評価に適用する割引率は，すでに述べたように，現時点の市場金利でなく移動平均とされているが，これは年金債務を過小評価することになっている．ほかにも数理計算上の差異を遅延認識するとか，一定の限度内なら認識しないでよいとかの措置がとられたりしている．これらはいずれも年金債務，したがって積立不足の過小評価につながっている．

このような措置がとられたのは，評価時点の市場価格（金利）によって退職給付費用が大きく変動し，それによって企業業績が大きく影響されることを避けるためである．しかしそれは，すでに述べたように企業価値を過大にみせるだけでなく，そのリスクを過小にしか示さないことによっても，企業評価を歪めている．さらに企業の中には，第5章でみたように，それを利用して見かけの利益を大きくして評価を高めようとしているものがある．企業はそもそもリスクに応じて評価されるものであるが，そのリスクが隠蔽されているからである．

年金 ALM がなかなか実行されない遠因もここにあるのかもしれない．たとえ年金債務ないし積立不足が実質的に変動しても，会計上その認識をする必要がないなら，リスクとは感じられないのだろう．わざわざ面倒な ALM をする必要はないというわけである．

このことは，逆にいうと，もし年金債務ないし積立不足がその時々の市場価格を反映して認識すべきだとされたなら，その変動を抑えるため，本章で示したような年金 ALM が不可欠になることを示唆している．そうしないと，業績ないし資本の変動が大きくなって，企業価値が下がることになりかねないからである．

6.5.2 受給権の保護

以上のような留保はつくが，積立不足が正しく認識されれば負担の先送りは避けられるとすれば，年金資産を積み立てる意味はないかというと，必ずしもそうではない．

というのは，第3章でも述べたように，たとえ債務として認識されていたとしても，企業が破綻したりして，給付が実行されないおそれがあるからである．そのようなことが起こらないよう，企業とは別に基金を設立するなどして，将来の

給付にあてる資金を確保しておくのである．しかし基本的には，この資金が余っているからといって年金の増額に使われるわけではなく，また足りないからといってすぐに年金が減額されるわけでもない．余剰は拠出の軽減という形で企業に還元され，不足は企業が存続する限り企業価値に反映される．積立不足の認識によって負担の先送りが防げるということに変わりはない．

　問題はむしろ，将来の給付を実行する，すなわち受給権を守るために，どのような積立てを行うかである．現在までの勤続によって獲得した給付額を保護するのであれば，ABO相当額ということになろうが，それは獲得した将来の年金額を市場金利で割り引いたものである．ここで，市場金利とはリスクのない長期国債の金利である．これで割り引いて得られたABO相当の金額がもらえれば，それを長期国債で運用することによって，獲得したはずの給付額が将来，確実に手にできる．もし長期国債より高い割引率によって計算されたABOしかもらえないなら，リスクをとって運用しなければ，獲得したはずの給付額に達しないし，逆にそれを大幅に下回る可能性も出てくる．

　現在の数理計算に基づいた積立ては，こうしたABOとは当然のことながら一致しない．とくに問題となるのは，年金数理計算では資産運用の期待リターンを予定利率として積立てが行われる（責任準備金が算出される）ことである．期待リターンは一般にリスクのある運用を前提にしているので，リスクのない長期国債の金利よりかなり高い．逆にいうと，年金数理に基づいた積立てはABOを下回る可能性が高い．いうなれば，年金数理に基づく積立てを確保していたとしても，すなわち責任準備金に足る資産を確保していたとしても，それだけでは受給権保護にはならないのである．

6.6　今後の課題

　昨今の積立不足の拡大は，年金ALMの欠如，とくに債券運用が市場インデックス対比で行われるためデュレーションが債務と比べて大幅に小さくなっていることに原因がある．しかし，年金債務が正しく認識されれば，積立不足は負担の先送りを意味するわけではない．積立不足の認識はむしろ，負担の先送りを防ぐために導入されたと考えられる．ところが退職給付会計では，割引率に移動平均を使ったり，数理計算上の差異の遅延認識を行ったり，年金債務や積立不足を平

準化するような措置がとられている．それらは，年金債務を過小表示したりリスクを隠蔽したりして，逆に負担の過小評価や先送りにつながっている．退職給付会計が導入されたのは，年金債務を正しく把握して負担の先送りを防ぐとともに，それを企業価値に反映させることにあったはずである．年金債務の変動を抑えたり積立不足の認識を遅延したりすることが，はたしてこの目的に照らして妥当かどうか，再検討を要する．

　こうした年金債務や積立不足の認識を前提にすれば，年金数理に基づいた積立てもほとんど意味がない．積立不足の認識が正しく行われれば，掛金の拠出（積立て）は将来の給付の負担としての意味はもはやない．役割は受給権の保護に限定されるのであるが，年金数理計算に基づく積立てははたしてそのために機能するのであろうか．年金数理の役割についても再検討を要する．

参 考 文 献

大森孝造,「金利変動リスクと年金資産の戦略的配分」,『証券アナリストジャーナル』, 2002年 2月．

Ryan, R. J., and F. J. Fabozzi, "Rethinking Pension Liabilities and Asset Allocation", *Journal of Portfolio Management*, Summer 2002.

Sharpe, W. F., "Budgeting and Monitoring Pension Fund Risk", *Financial Analysts Journal*, September/October 2002.

7

相関係数の変化と年金 ALM

7.1 相関係数の変化

　アセットアロケーションの策定や年金 ALM においては，各資産や負債の期待リターン（予定利率）やリスク（標準偏差，相関係数）の想定が前提となる．これらは一般に過去のデータから推定され，それを将来に適用するという方法がとられてきた．しかし最近，この方法では，株式の期待リターンが過大に推定されてしまうという批判が出てきた．

　たとえば Arnott and Bernstein [2002] は，アメリカにおける高い株式収益率のヒストリカルデータを要因分解したところ，バリエーション水準の上昇と高い配当利回りによる部分が大半であり，株式のリスクプレミアムによる部分はたいへん低く，株式の期待収益率もこれらの要因を考慮すべきであると主張した．これに対し Ibbotson and Chen [2003] は，実態経済が生み出す付加価値が株式のリスクプレミアムの源泉であるとするサプライサイド法を主張し，そのうえで，将来的にバリエーション水準の変化は無視できると仮定することで推定を行った．こうしたアメリカでの議論の高まりを受け，日本においても近年，諏訪部 [2003]，三吉 [2003]，山口ほか [2003] などが，サプライサイド法や株式の時価からのインプライド法を用いて，株式の期待収益率に関するさまざまな検証を活発に行っている．

リスクに関しては，期待リターンと比べると比較的安定しており，過去のデータから推定する方法で問題ないと考えられてきた．しかし最近，株式と債券の相関係数が過去の水準から大きく変化しているという研究が，Ilmanen［2003］，浅野［2005］などにより，日米でなされるようになってきた．いずれも過去，高かった株式と債券の相関が急速に低下していることを指摘している．ただその背景については，株式の期待収益率のような整合的な議論はまだ行われておらず，手探りの段階といってもよい．本章では，相関係数の推定に重要な影響を及ぼすファクターについて主に考察する．

株式と債券の相関係数についての考察は，第6章でも一部行っている．そこでは議論を容易にするために，株式と債券の収益率は，リスクフリー金利，長期金利のプレミアム，長期金利と比べた株式のプレミアムおよびそれらの変化により説明できるとアプリオリに仮定した．そのうえで，株式と債券の収益率間の共分散を導出，さらにサープラスリターンの期待値やリスクの考察に利用した．本章では，第6章とは少し異なったアプローチをとり，株式と債券の価格評価式からおのおのの収益率を導く手法を用いることで説明変数を増やし，データによる実証が容易な形で分析を行う．

ただしその一方，説明変数が増える分，相関係数の算出はより煩雑になる．本章では，導出された多数のファクターで構成される相関係数をそのまま議論するのではなく，実証分析を通じ，相関係数に最も影響を及ぼすファクターを特定する．具体的には，7.5節で，さまざまなファクターのうちどれが重要なのか，また安定して影響を及ぼすファクターは何なのかについて詳細な検討を試みる．続く7.6節で，前章で説明したサープラスリターンのフレームワークを用いて，相関係数の変動がそのリスクに与える影響を考察する．

7.2　ファクターモデルによる期待収益率の分解

まず株式と債券のリターンを，理論価格式から導かれたファクターモデルにより表すことにしよう．t期の株式の配当をD_t，配当の期待名目成長率をg_n，期待実質成長率をg_r，株式の期待リスクプレミアムをk，株式の価格をP_Sとする．また，債券のt期のキャッシュフローをCF_t，クーポンをC，名目金利をy_n，実質金利をy_r，期待インフレ率をIとし，債券（国債）の価格をP_Bとする．価格

評価式は，おのおの次のように表すことができる．

$$P_S = E\left[\sum_{t=1}^{\infty}\frac{D_t}{(1+y_n+k)^t}\right] = E\left[\frac{D_0}{y_n+k-g_n}\right] = E\left[\frac{D_0}{y_r+k-g_r}\right] \quad (7.1)$$

$$P_B = \sum_{t=1}^{T}\frac{CF_t}{(1+y_n)^t} = \frac{C}{y_r+l}\left\{1-(1+y_r+l)^{-T}\right\} + 100(1+y_r+l)^{-T} \quad (7.2)$$

これをみると，株式の価格の場合は実質金利，期待リスクプレミアム，配当の成長率が，債券の価格の場合は実質金利，期待インフレ率が，おのおの重要なファクターとなることが予想される．これらの評価式を用いれば，収益率の要因分解を容易に行うことが可能である．具体的には，テーラー展開を利用し，2次の項以降は無視してキャピタルゲインを近似する．これにインカムゲインを加えれば，株式，債券は次のように収益率の要因分解を行うことが可能となる．

まず株式の収益率（TOPIX（配当込み））の要因分解については，(7.3)式で表すことができる．推定方法に関しては，最後の D の項は，左辺の株式収益率の実現値から右辺の各要因を差し引くことによってインプライドに算出する．また $\partial P_S/\partial y_r$, $\partial P_S/\partial k$ については，過去12カ月分のTOPIX（配当なし）の収益率を用いて，定数項のない回帰分析により求める．なお，y_r と k の推定方法については7.3節で説明を行う．

$$\begin{aligned}
r_S &= d + \frac{\partial P_S}{\partial t}\Delta t + \frac{\partial P_S}{\partial y_r}\Delta y_r + \frac{\partial P_S}{\partial k}\Delta k + \frac{\partial P_S}{\partial g_r}\Delta g_r + \frac{\partial P_S}{\partial D_0}\Delta D_0 \\
&= y_r + k + l + \frac{\partial P_S}{\partial y_r}\Delta y_r + \frac{\partial P_S}{\partial k}\Delta k + \left(\frac{\partial P_S}{\partial g_r}\Delta g_r + \frac{\partial P_S}{\partial D_0}\Delta D_0\right) \\
&= y_r + k + l + \frac{\partial P_S}{\partial y_r}\Delta y_r + \frac{\partial P_S}{\partial k}\Delta k + D \quad (7.3)[1]
\end{aligned}$$

また債券の収益率の要因分解は(7.4)式を用いた．ただし，期待インフレ率 l の具体的な推定方法についても7.3節で説明する．$\partial P_B/\partial y_r$ と $\partial P_B/\partial l$ については，いずれもNOMURA-BPI国債が開示している修正デュレーションを利用した．

---

[1] $d = D_0/P_S = y_r + k - g_r$ であり，また $\partial P_S/\partial t = g_n = g_r + l$．なお，$\Delta D_0$ についても名目値でなく，実質値の変化とインフレ率に分解できるが，間近に迫った次期の配当が足元の期待インフレ率の変化のみで大きく変更されるとは考えづらく，期待インフレ率の変化の効果は無視できると仮定した．したがって，次期の配当については名目ベース（＝実質ベース）の ΔD_0 で分析を行った．

$$r_B = c + \frac{\partial P_B}{\partial t}\Delta t + \frac{\partial P_B}{\partial y_r}\Delta y_r + \frac{\partial P_B}{\partial l}\Delta l \approx y_r + l + \frac{\partial P_B}{\partial y_r}\Delta y_r + \frac{\partial P_B}{\partial l}\Delta l \qquad (7.4)^2$$

7.3 y_r と k の推定および株式・債券の要因分解

7.3.1 株式の期待リスクプレミアム

株式の期待リスクプレミアムは市場で直接観測できないので，債券のリスクプレミアムから間接的に推定を行う方法をとった．具体的には，市場が効率的であれば，リスク1単位当たりのプレミアムは債券も株式も同じ θ という値に収束すると仮定し，以下の (7.5) 式により株式の期待リスクプレミアムが得られると考えた．なお，株式および債券のボラティリティは過去12ヵ月の収益率のヒストリカルデータを用いて推定を行い，また y_n は各時点での NOMURA-BPI 国債の利回り，r_f はオーバーナイト金利（有担）を用いた．

$$\theta = \frac{y_n - r_f}{\sigma_B}, \qquad k = \theta \sigma_S = \frac{\sigma_S}{\sigma_B}(y_n - r_f) \qquad (7.5)$$

ところで，株式の期待リスクプレミアムの推定方法はさまざまであり，たとえば他の推定方法としては，諏訪部 [2003] のように，事前に株式の理論モデル（残余利益モデル）を用意し，各時点の時価からインプライドされる期待リスクプレミアムを算出する方法もある．その場合には，TOPIX 採用銘柄すべての業績予想（配当割引モデルの場合は，将来の配当予想）が複数期間にわたり必要となる．東洋経済の業績予想などの一般的に利用できる業績予想データでは，TOPIX の銘柄がすべてカバーされていないことから，本章ではこの方法を試みなかった[3]．

ただし，期待リスクプレミアムの推定結果自体は，諏訪部 [2003] などの研究結果とも一致した傾向もみられる．推定値の推移は図 7.1 に示しているが，1980年代後半から 90 年代前半のいわゆるバブル期に，期待リスクプレミアムが極端に低くなり，それ以降，定常的な水準に戻っていることがわかる．

---

[2] インカムの収益率は，利回りが一定であることを前提に $c + \partial P_B/\partial t = y_r + l$ とした．
[3] 期待リスクプレミアムは市場で直接観測できないため，推定方法の選択は気にかかる点である．ただし 7.5 節において，期待リスクプレミアムは，相関係数の推定においては重要なファクターではないことを示す．

図7.1 株式期待リスクプレミアムの推移

7.3.2 期待インフレ率

期待インフレ率の推定については，アメリカの研究などでは，物価連動債の価格からインプライドに算出した数値による分析がみられる．しかし日本では，物価連動債は2004年3月に発行が始まったばかりであり，とくに過去の長期の分析を行う場合は全く利用できない．したがって，別の方法で推定する必要があるが，代表的なものとしては，ARIMAや多変量ARなど時系列モデルを使い将来の予想値とする方法や，将来のインフレ率の動向に関する人々のアンケート調査を利用し，足元のインフレ率から期待インフレ率を推定する方法が考えられる．前者については第10章でモデルの構築を行っているが，本章では後者に属するカールソン–パーキン法（CP法）を利用した．

CP法とは，経済変数の先行きに関する期待が3択式アンケートの集計構成比で与えられたとき，そのアンケート結果から母集団の分布の期待値および標準偏差を得る方法である．消費者物価の動向に関しては，内閣府が『消費者動向調査』中で，「物価の上がり方」（四半期データ）に関するアンケート調査を長年にわたり実施しており（図7.2を参照），これを利用した分析も少なくない．このような経済動向に関するアンケートは，金融市場におけるインフレ期待とも相通じるものがあり，本章でもこのアンケート結果を利用した．

なお，CP法にもいくつかバリエーションが存在する．ここでは，小川［1991］，土居［2001］，堀・寺井［2004］などによる合理的期待仮説に基づく修正CP法を利用するが，以下内容を簡単に説明する．アンケートの回答主体iがインフレ率の変化を感知する閾値δ_iをもっていると仮定すると，自らが各時点で形成す

郵便はがき

料金受取人払

牛込局承認

3000

差出有効期間
2008年
4月30日まで

切手をこのままお出し下さい

1 6 2 - 8 7 9 0

東京都新宿区新小川町6-29

株式会社 朝倉書店

愛読者カード係 行

| րիդիրդիկիրդիկիրդիրդիրդիրդիրդիրդիրդիրդիրդիրդիրդի|

●本書をご購入ありがとうございます。今後の出版企画・編集案内などに活用させていただきますので，本書のご感想また小社出版物へのご意見などご記入下さい。

フリガナ
お名前

〒　　　　　　　電話
ご自宅

E-mailアドレス

ご勤務先
学 校 名　　　　　　　　　　　　　　　（所属部署・学部）

同上所在地

ご所属の学会・協会名

| ご購読
新聞 | ・朝日 ・毎日 ・読売
・日経 ・その他(　　　) | ご購読
雑誌 | (　　　　　) |

書名	応用ファイナンス講座 1　年金とファイナンス	29586

本書を何によりお知りになりましたか

1. 広告をみて（新聞・雑誌名　　　　　　　　　　　　　　　　）
2. 弊社のご案内
   （●図書目録●内容見本●宣伝はがき●E-mail●インターネット●他）
3. 書評・紹介記事（　　　　　　　　　　　　　　　　　　　　）
4. 知人の紹介
5. 書店でみて

お買い求めの書店名　（　　　　　　　市・区　　　　　　　書店）
　　　　　　　　　　　　　　　　　　　　町・村

本書についてのご意見

今後希望される企画・出版テーマについて

図書目録，案内等の送付を希望されますか？　　　・要　・不要
　　　　　・図書目録を希望する

ご送付先　・ご自宅　・勤務先

E-mailでの新刊ご案内を希望されますか？
　　　　　・希望する　・希望しない　・登録済み

ご協力ありがとうございます。ご記入いただきました個人情報については、目的以外の利用ならびに第三者への提供はいたしません。

る期待インフレ率 l_{it}^e と足下の実現インフレ率 $l_{r,t}$ を単に比較するのではなく，糊代を含んだ閾値 $l_{r,t} + \delta_t$ とを比較し，前者が上回っていれば主体は「上がる」と答える．逆に，$l_{r,t} + \delta_t$ を下回っていれば「下がる」と答える．また，その間の $[l_{r,t} - \delta_t, l_{r,t} + \delta_t]$ にとどまれば「不変」と答えると考える．

ここで主体が形成する期待インフレ率 l_{it}^e は，正規分布 $N(\mu_t, \sigma_t^2)$ に従っていると仮定する．アンケート結果で，物価上昇率がさらに「上がる」と答えた人の割合を U_t，「下がる」と答えた人の割合を D_t とすれば，おのおの(7.6)式のように表すことができる．ただし，Φ は標準正規分布の分布関数を表す．

$$U_t = \Pr\left(l_{it}^e > l_{r,t} + \delta_t\right) = \Pr\left(\frac{l_{it}^e - \mu_t}{\sigma_t} > \frac{l_{r,t} + \delta_t - \mu_t}{\sigma_t}\right) = 1 - \Phi\left(\frac{l_{r,t} + \delta_t - \mu_t}{\sigma_t}\right)$$

$$D_t = \Pr\left(l_{it}^e < l_{r,t} - \delta_t\right) = \Pr\left(\frac{l_{it}^e - \mu_t}{\sigma_t} < \frac{l_{r,t} - \delta_t - \mu_t}{\sigma_t}\right) = \Phi\left(\frac{l_{r,t} - \delta_t - \mu_t}{\sigma_t}\right) \quad (7.6)$$

u_t，d_t を次のように定義すると，これらの値は (7.6) 式からおのおの $\Phi^{-1}(1 - U_t)$，$\Phi^{-1}(D_t)$ を計算することで直接，求めることができる．

$$u_t \equiv \frac{l_{r,t} + \delta_t - \mu_t}{\sigma_t}, \quad d_t \equiv \frac{l_{r,t} - \delta_t - \mu_t}{\sigma_t} \quad (7.7)$$

u_t と d_t の値がわかれば，(7.8)式を利用して，最終的に μ_t，σ_t の値を得ることができるが，μ_t をもって期待インフレ率の推定値とするわけである[4]．なお δ_t の推定は，期待インフレ率 l_{it}^e の平均が μ_t，分散が σ_t^2 であることから導く[5]．

$$\mu_t = l_{r,t} - \delta_t \frac{u_t + d_t}{u_t - d_t}, \quad \sigma_t = \frac{2\delta_t}{u_t - d_t} \quad (7.8)$$

図 7.3 は期待インフレ率の推定結果である．若干面倒な推定式の導出と比べると，推定の結果はきわめてわかりやすいものである．図 7.2 と図 7.3 を見比べると，足下のインフレ率をベースに変動はするものの，一貫して「上がる」と答える人の比率が高いというアンケート結果を，シンプルに期待インフレ率として織り込んでいる．

図 7.4 は，修正 CP 法により推定された期待インフレ率 l を，名目金利 y_n から

---

[4] 四半期データを月次化するため，線形補完を利用．また，期待インフレ率は期間構造をもつと思われるが，本章ではすべての期間において一定であると仮定した．
[5] 算出方法の詳細については，小川 [1991]，土居 [2001]，堀・寺井 [2004] を参照．

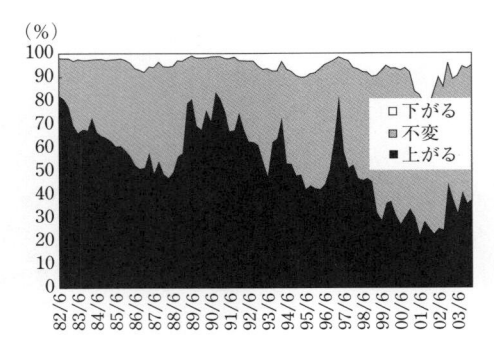

図 7.2 『消費者動向調査』における「物価の上がり方」
出所）内閣府『消費者動向調査』より作成．

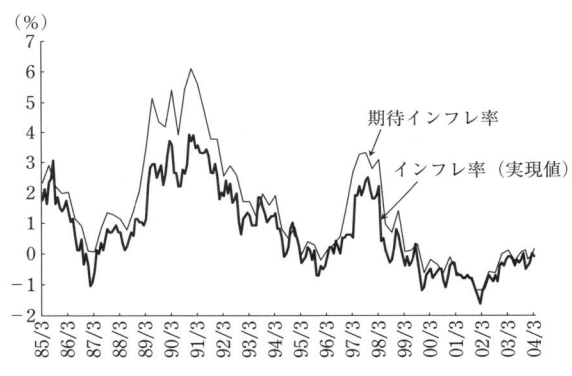

図 7.3 修正 CP 法により推定された期待インフレ率

控除することで得た実質金利 y_r の推移である．大半が 0 〜 6％に収まっており，名目金利と比べると比較的安定していること，1997 〜 98 年の期待インフレ率上昇により実質金利が負になっていること，2003 年以降は名目金利と実質金利の差異が小さくなっていることなどがわかる．

7.3.3　ヒストリカルデータを用いた**要因分解**

　7.3.1，7.3.2 項で述べた方法により，株式の期待リスクプレミアムと期待インフレ率を推定したうえで，株式および債券の収益率の過去データを用いて要因分解を行った．使用したデータは，いずれも 1988 年 1 月〜 2004 年 3 月の月次デー

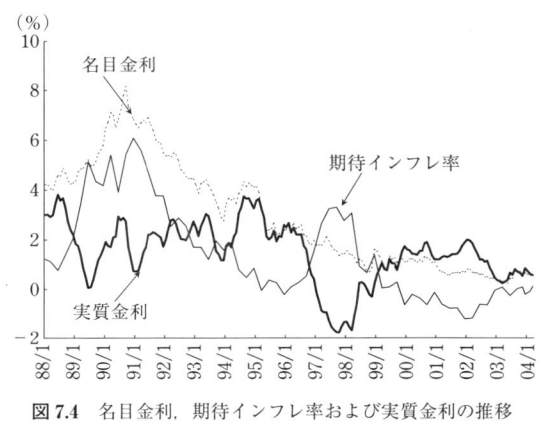

図7.4 名目金利，期待インフレ率および実質金利の推移

タ約16年分である．

　まず株式であるが，図7.5，表7.1は，TOPIX（配当あり）収益率 r_S の要因分解を行った結果である．第1に気がつくのは，インカムゲインを構成する実質金利 y_r と株式の期待リスクプレミアム k，およびキャピタルゲインの一部であるインフレ率 l は，比較的安定して収益を積み上げていることである．このうち k については，1990～92年前半にかけてマイナスという異常な状況を経験しているが，その後は回復し，要因別では最も高い累積収益率を上げている．一方，実質金利 y_r の方は1997年以降はほとんど横ばいの状況になっている．第2に，y_r, k の変動によるキャピタルゲインの部分であるが，インカムゲイン y_r, k に比べると比較的変動が大きい．とくに期待リスクプレミアム k による変動は大きく，株式の収益率全体に与える影響も小さくない．また累積では，k, y_r のキャピタルゲインの要因は両方ともプラスの収益率を上げている．

　しかしながら，第1，第2の要因は当該期間の主役ではない．なぜならば，最も変動が大きいのは，第3の要因である配当関連を集約した期待配当要因 D（配当の実質成長率 g_r の変化と次期の配当予想 D_0 の変化によるキャピタルゲイン）であることが明らかなためである．期待配当要因は1990年以降一貫して下降傾向であり，要因の中で唯一，累積でマイナスの収益率となっており，この要因が他の要因をすべて打ち消している．つまり，当該期間における株式の収益率の悪化は，将来の配当に関する期待が低下してきた結果であるということができる．

図7.5 株式の累積収益率の要因分解

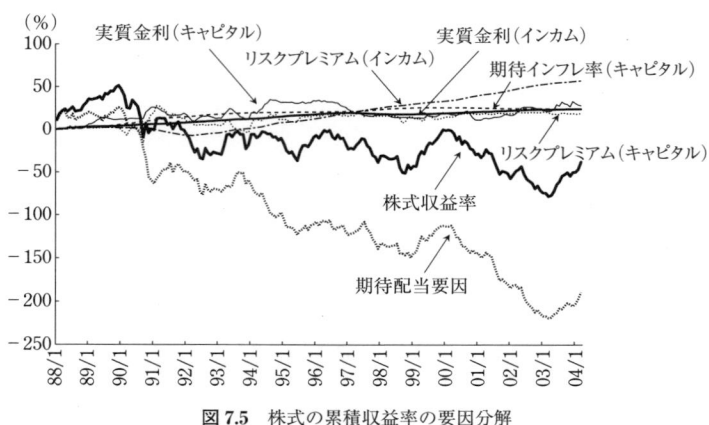

表7.1 株式の収益率の要因分解（年率ベース）

株 式	実質金利 （インカム）	プレミアム （インカム）	期待インフレ （キャピタル）	実質金利 （キャピタル）	期待プレミアム （キャピタル）	期待配当 （キャピタル）
平均	1.48%	3.49%	1.47%	1.72%	1.16%	−11.66%
標準偏差	0.35%	1.12%	0.54%	6.52%	9.79%	18.49%

このことは，諏訪部［2003］などの調査結果とも整合的となっている．

次に債券であるが，図7.6，表7.2はNOMURA-BPI国債の収益率に関して要因分解を行った結果である．第1に，インカムゲインを構成する実質金利y_rとインフレ率lは株式と全く同じ数値であり，安定して収益を積み上げている．第2に，y_r, lの変動によるキャピタルゲインの項目に関しては，株式同様，かなりボラタイルに変動している．いずれも最終的には，累積で10%前後の収益率を達成しているが，株式と異なりy_r, lの変動に対する価格感応度は常に負であることから，当該期間においてy_r, lのいずれもが低下傾向であったことを反映した結果である．

図7.6 債券の累積収益率の要因分解

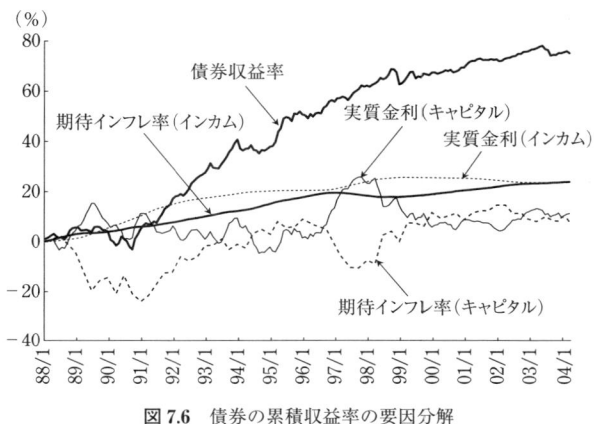

表7.2 債券の収益率の要因分解（年率ベース）

債　券	実質金利 （インカム）	期待インフレ （インカム）	実質金利 （キャピタル）	期待インフレ （キャピタル）
平均	1.48%	1.47%	0.71%	0.51%
標準偏差	0.35%	0.54%	5.44%	4.48%

7.4　相関係数の要因分解

　これまでの分析により，株式と債券の収益率の要因分解を行い主要な要因を明確にすることができた．ここでは以上の調査結果を利用して，株式と債券の相関係数についての要因分解を行う．株式と債券の相関係数は（7.9)式として定義できる．

$$\rho_{r_S, r_B} = \frac{Cov(r_S, r_B)}{\sigma_{r_S} \sigma_{r_B}} \tag{7.9}$$

ここで，(7.9)式に (7.3)式と (7.4)式を代入し，各要因の水準と変化幅の相関については無視できると仮定すると，分子の共分散は以下のとおり7個（最小単位では13個）の主要な要因に分解することができる．

$$Cov(r_S, r_B) = Cov\left[y_r + k + l + \frac{\partial P_S}{\partial y_r}\Delta y_r + \frac{\partial P_S}{\partial K}\Delta k + D, y_r + l + \frac{\partial P_B}{\partial y_r}\Delta y_r + \frac{\partial P_B}{\partial l}\Delta l\right]$$

$$= \left\{Var(y_r) + \frac{\partial P_S}{\partial y_r}\frac{\partial P_B}{\partial y_r}Var(\Delta y_r)\right\} + \left\{Cov(k, y_r) + \frac{\partial P_S}{\partial K}\frac{\partial P_B}{\partial y_r}Cov(\Delta k, \Delta y_r)\right\}$$

$$+ \left\{Cov(D, y_r) + \frac{\partial P_B}{\partial y_r}Cov(D, \Delta y_r)\right\} + Var(l)$$

$$+ \left\{2Cov(y_r, l) + \frac{\partial P_S}{\partial y_r}\frac{\partial P_B}{\partial l}Cov(\Delta y_r, \Delta l)\right\}$$

$$+ \left\{Cov(k, l) + \frac{\partial P_S}{\partial K}\frac{\partial P_B}{\partial l}Cov(\Delta k, \Delta l)\right\} + \left\{Cov(D, l) + \frac{\partial P_B}{\partial l}Cov(D, \Delta l)\right\}$$

(7.10)

この式を利用すると，(7.9)式の相関係数を構成する7個の要素にまとめることができる．具体的には，①実質金利，②株式の期待リスクプレミアムと実質金利，③期待配当要因と実質金利，④期待インフレ率，⑤実質金利と期待インフレ率，⑥株式の期待リスクプレミアムと期待インフレ率，⑦期待配当要因と期待インフレ率の7つの要因である．

　これらの要因を個別にみていく前に，まず大きな傾向をみるために，要因を集約して2つのグループにまとめることにする．前半の3要因（①〜③）と後半の4要因（④〜⑦）に集約すると，前者は，確率変数として実質金利 y_r に関する変数が必ず入っており，実質金利が全体として株式と債券の収益率の相関係数に与える影響をみることができる．一方，後者は，期待インフレ率 l に関する変数が必ず入っており，全体として期待インフレ率が相関係数に与える影響をみることができる．本章では，前者を広義の実質金利要因，後者を広義の期待インフレ要因と呼ぶことにする．

7.5　調　査　結　果[6]

　図7.7，表7.3は，相関係数（実現値），相関係数（7つの要因による推定値），広義の実質金利要因，広義の期待インフレ要因の推移を示したものである．浅野［2005］の指摘にもあるように，それまで正で，かつ高い水準を維持していた株

---

[6] 相関係数，共分散，分散の計算においては12カ月分の月次データを使用して算出した．

7.5 調査結果

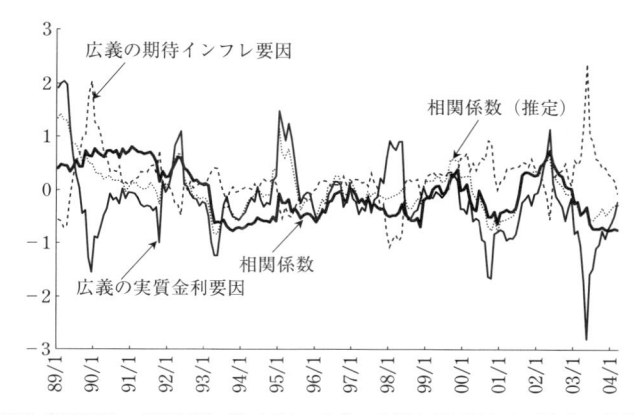

図7.7 相関係数（実現値），相関係数（推定値），広義の実質金利要因および広義の期待インフレ要因

表7.3 相関係数の広義の実質金利要因および広義の期待インフレ要因の推移

要因	89/1	90/1	91/1	92/1	93/1	94/1	95/1	96/1	97/1	98/1	99/1	00/1	01/1	02/1	03/1
実質金利	2.006	−0.914	−0.069	0.333	−0.491	−0.422	1.214	−0.536	−0.219	0.813	−0.113	−0.441	−0.774	0.147	−0.756
期待インフレ	−0.593	1.206	0.211	−0.022	0.238	0.051	−0.533	0.157	0.206	−0.936	0.298	0.703	0.196	0.329	0.492
合計	1.413	0.292	0.142	0.311	−0.253	−0.371	0.682	−0.379	−0.013	−0.123	0.185	0.263	−0.578	0.476	−0.264

式と債券の相関係数が，1991年頃を境に急激に低下している．

本章で試みた要因分解法による相関係数の推定は，1990年や1995年の前半に一部，乖離がみられるが，全般的には実績値をうまく説明していることがわかる．広義の実質金利要因，広義の期待インフレ要因に関してはいずれも変動が大きく，周期性をもっている．両者は，相関係数に対してほぼ逆方向に作用していることが特徴的であり，両者の間を相関係数が推移している．

要因を詳細に分析するために，ブレイクダウンして7つの要因でみてみよう．表7.4 をみると，すべての要因が同等の影響力を有しているわけではなく，③のΔy_rとDの要因と⑥のΔlとDの要因が，他の要因に比してとくに大きな影響をもっていることがわかる．

また，図7.8 は要因③の中で影響が大きいΔy_rとDの共分散と，要因⑥の中で影響が大きいΔlとDの共分散の推移を表したものであるが，図7.7 の2種類の広義の要因との関係を考察することで，相関係数を決定する具体的な経済の相互

表 7.4 相関係数を構成する 7 つの要因の推移

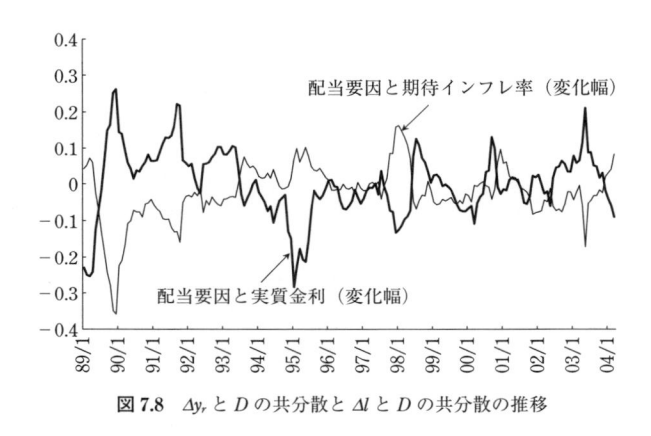

要因	89/1	90/1	91/1	92/1	93/1	94/1	95/1	96/1	97/1	98/1	99/1	00/1	01/1	02/1	03/1
①	0.772	-0.200	0.263	0.631	-0.054	-0.636	-0.012	-0.477	-0.333	0.159	0.022	-0.778	-0.875	0.127	-0.428
②	0.001	0.000	0.000	0.001	0.000	0.000	0.000	0.000	0.000	0.000	0.000	0.000	0.001	0.001	0.003
③	1.233	-0.714	-0.332	-0.298	-0.437	0.214	1.222	-0.060	0.114	0.654	-0.135	0.337	0.100	0.019	-0.331
④	-0.352	0.163	-0.125	-0.240	0.031	0.140	0.006	0.061	0.111	-0.102	-0.017	0.418	0.528	-0.081	0.358
⑤	-0.001	-0.001	-0.001	-0.003	0.000	0.000	0.000	0.000	0.000	0.000	0.000	0.000	-0.001	-0.001	-0.002
⑥	-0.240	1.044	0.337	0.221	0.207	-0.089	-0.538	0.095	0.095	-0.834	0.315	0.285	-0.332	0.411	0.136
⑦	0.001	0.000	0.000	0.001	0.000	0.000	0.000	0.001	0.000	0.001	0.000	0.000	0.000	0.000	0.001

図 7.8 Δy_r と D の共分散と Δl と D の共分散の推移

プロセスが理解できる.たとえば,1999 年中や 2003 年後半のように Δy_r と D の相関が低下する局面では,債券と株式の相関係数は,広義の実質金利要因の増加を通じて正の方向に押し上げられる.逆に,1998 年中や 2002 年中のように Δy_r と D の相関が高まる局面では広義の実質金利要因が減少し,債券と株式の相関係数を負の方向に引き下げる.一方,Δl と D の相関が下降する局面(1998 年中,2002 年中)は,広義の期待インフレ要因の増加を通じて債券と株式の相関係数を正の方向に押し上げる.逆に Δl と D の相関が上昇する局面(1999 年中,2003 年後半)は,広義の期待インフレ要因は減少し,債券と株式の相関係数を引き下げる.

このような各要因の動きは何を意味するのであろうか.(7.10)式をみればわかるように,$Cov(D, \Delta y_r)$ の前に $\partial P_B/\partial y_r$ が掛かっているので,Δy_r と D の相関と株式と債券の相関は,逆の関係になる.たとえば,y_r が上昇し D が改善すること

により，両者の相関が高まっている局面を考えよう．D の改善は株式の収益率上昇に結びつく一方，y_r の上昇は債券の収益率を悪化させる効果をもつ．結果として，株式と債券の相関は低下することになる．さらに (7.10) 式から，こうしたプロセスは Δl も全く同様であることが理解できる．最終的に，広義の実質金利要因の影響が広義の期待インフレ要因のそれを上回るため，Δy_r と D の相関が株式と債券の相関の決定要因となるわけである[7]．なお図 7.8 のように，Δy_r と D の相関と Δl と D の相関が逆の動きをする理由は，図 7.4 で示されているように，y_r と l が逆相関の関係になっているからにほかならない．

ちなみに，株式の期待リスクプレミアム k に関する要因は，相関係数に対してほとんど影響を与えないが，その原因は 7 個の要因に分解した (7.10) 式をみればわかりやすい．図 7.5 および表 7.1 が表しているように，株式の収益率の要因で，変動が他の要因に比べて著しく大きいのは D だからである．したがって，大きな影響力を有するのは，変動の大きな期待配当要因 D と共分散を形成する変数である．実質金利 y_r と期待インフレ率 l の 2 つがこれに該当し，D との共分散が存在するが，株式の期待リスクプレミアム k についてはそれがない．このことが，相関係数の決定において，期待リスクプレミアム k が重要な要因とはならない理由である．

以上の分析から，株式と債券の相関係数を決定する最も重要な要因は実質金利 Δy_r と D であることが明らかになった．実質金利 Δy_r を得るためには，名目金利 y_n の予想値や期待インフレ率 l が必要である．本章では，期待インフレ率の推定については修正 CP 法を用いたが，これで十分というわけではなく，さらに検討を加える必要があると思われる．また期待配当 D についても本章では事後的にインプライドに算出したが，どう予想するのかについては別途，考えなくてはならない．しかしながら，ヒストリカルデータから計算された相関係数をそのまま受け入れたり，株式，債券のおのおのに関して，市場で日々話題に上がる膨大なマクロ・ミクロの要因を 1 つ 1 つ検討したりするよりは，はるかにシンプルであるとはいえないだろうか．

---

[7] 当該期間における，相関係数（Δy_r と D）の変化に対する相関係数（株式と債券）の変動の程度は，表 7.6 に示している．

7.6 相関係数が年金 ALM に与える影響

最後に，本節ではこれまでの考察をもとに，相関係数の変動が，運用資産のリスクおよび年金債務を含めたサープラスリスクに与える影響を考察する．7.5 節の分析から，相関係数に影響を及ぼす重要なファクターは実質金利と期待インフレ率であることがわかっているので，ここでもこの2つのファクターを軸に分析を進めていく．なぜならば，都合のよいことに，年金債務の一般的な評価モデルも実質金利と期待インフレ率が重要なファクターとなっているからである．第10章で詳細に説明するが，年金債務のリターンは次のとおり定義できる．年金負債の修正デュレーションを D_L（$D_L = 12$），残存12年国債の実質金利を y_r12，実現インフレ率を l_r，インフレに対する給付の追随率を ϕ（$0 \geq \phi \geq 1$），名目の債務のリターンを r_L とすると，r_L は次のように表すことができる．

$$r_L = y_r12 + \phi l_r - D_L\{\Delta y_r12 + (1-\phi)\Delta l\} \tag{7.11}$$

年金債務の (7.11)式と，株式の (7.3)式，債券の (7.4)式を比べてみると，まず実質金利 y_r については，インカムゲイン，キャピタルゲインの双方において三者の共通の要素となっており，三者間相互の相関を高めていることをうかがわせる．次にインフレ率については，インカムゲイン，キャピタルゲインの違いはあるものの，収益率にプラスに寄与する形で三者の共通の要素となっていることがわかる．ただし，年金債務は実現インフレ率であるのに対し，債券は期待インフレ率であること，加えて年金債務では，実現インフレ率のすべてではなく，一定割合だけが反映されることは相違点である．他方，債券の (7.4)式と年金債務の (7.11)式の最後の項をみると，期待インフレの上昇が，両者については収益率にマイナスに作用することもわかる．この場合，年金債務については年金給付のインフレ率への追随度が高まるほど，年金債務に中立的に作用する点に注意が必要である．

図 7.9，表 7.5 は年金債務の累積収益率の要因分解である[8]．インカムゲインを構成する実質金利 y_r12 と実現インフレ率 l_r は，安定して収益を積み上げており，おのおの累計で30%弱，6%強のリターンを稼いでいる．また，実質金利 y_r12，

---

[8] 図7.9はインフレ追随率0.5の場合である．なお (7.11)式に適用する国債の利回りは FactSet から入手したが，残存12年のデータが利用できなかったので，代替的に10年を利用した．

7.6 相関係数が年金 ALM に与える影響

図 7.9 年金債務の累積収益率の要因分解

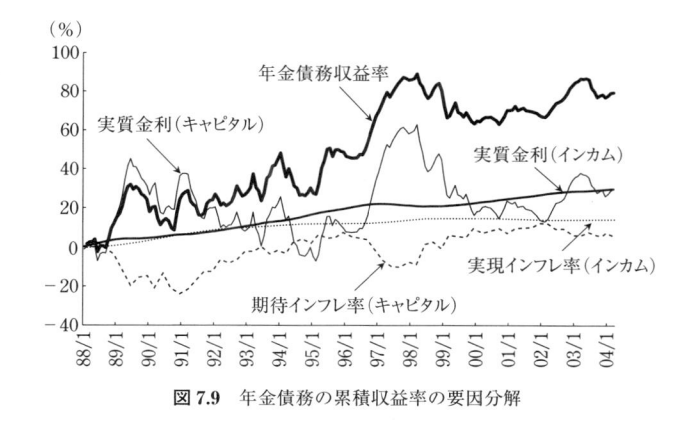

表 7.5 年金債務の収益率の要因分解（年率ベース）

年金債務	実質金利 （インカム）	実現インフレ （インカム）	実質金利 （キャピタル）	期待インフレ （キャピタル）
平均	1.85%	0.38%	1.85%	0.42%
標準偏差	0.37%	0.20%	12.72%	5.05%

期待インフレ率 l の変動によるキャピタルゲインの項目であるが，インカムゲインに比して変動が大きい点は株式や債券と同様である．いずれも最終的には，累積で正の収益率を確保しているが，当該期間では，実質金利 y_r12 に比べ期待インフレ率 l による積上げは相対的に少なく，前者が約30%，後者が6%強となっている．

さらに，資産，債務，両方の収益率から，サープラスについてもリターンとリスクの式を得ることが可能である．資産（株式が S，債券が B）と年金債務 L の差額をサープラス Y，資産の年金債務に対する比率（ファンディングレシオ）を f とすると，次のように表すことができる．

$$Y = (S+B) - L, \qquad f = \frac{S+B}{L}$$

サープラスリターン ΔY を収益率で考えると（年金債務 L で基準化すると），サープラスリターン r_Y は次のように定義できる．

$$r_Y = \{w r_S + (1-w) r_B\} f - r_L \tag{7.12}$$

ただし，w は株式への投資比率を表している．またサープラスリスク σ_Y は次の(7.13)式から得ることができる．

$$\begin{aligned}\sigma_Y^2 &= w^2 f^2 \sigma_S^2 + (1-w)^2 f^2 \sigma_B^2 + \sigma_L^2 \\ &\quad + 2w(1-w)f^2 Cov(r_S, r_B) - 2(1-w)f Cov(r_B, r_L) - 2wf Cov(r_S, r_L) \\ &= \left\{ w^2 f^2 \sigma_S^2 + (1-w)^2 f^2 \sigma_B^2 + 2w(1-w)f^2 Cov(r_S, r_B) \right\} \\ &\quad + \left\{ \sigma_L^2 - 2(1-w)f Cov(r_B, r_L) - 2wf Cov(r_S, r_L) \right\} \end{aligned} \quad (7.13)$$

Dopfel [2003] は，資産だけで考える場合と負債も含めたサープラスで考えた場合とでは，相関の低下は全体のリスクに対して逆の効果を及ぼすと述べているが，この式をみるとそれは一目瞭然である．なぜならば (7.13) 式の第1項が資産だけの場合のリスクであり，第2項を加えたものが資産・負債の全体を考慮したサープラスリスクとなっているからである[9]．株式と債券の相関の低下は，第1項の3番目の要因においてリスクを低減させる効果をもつが，債券的な色彩が強い年金債務にとっては，株式が債券と異なる特性をもつ傾向が強くなることを意味するので，第2項の3番目の要因は逆に悪化する可能性がある．

サープラスについてもシミュレーションを行い，相関係数やサープラスのリスク・リターンの変化を調べた．なお標準モデルの条件は，インフレ追随率は0.5 ($\phi = 0.5$)，ファンディングレシオは1 ($f = 1$)，そしてアセットアロケーションは株式60％，債券40％ ($w = 0.6$) とし，これをベースとしてさまざまに数値を動かした．

まず，表7.6の左側が該当するが，Δy_r と D の相関係数の変化に対する3種類の相関係数の感応度を算出した．なお資産側と負債側の相関係数を計算するために，インフレ追随率については0，0.5，1の3種類を用意した．第1に，Δy_r と D の相関係数の変化に対する相関係数 (r_S と r_B) の感応度は負であることがわかる．これは，Δy_r と D の相関が高まるときは株式と債券の相関は低下する，という7.5節の検討結果を支持するものである．また当然ながら，資産間の相関係数なのでインフレ追随率とは独立となっている．第2に，Δy_r と D の相関の変化に対する相関係数 (r_B と r_L) の感応度には強い関係は認められず，y_r と D の相関

---

[9] 以下，第1項を資産間のリスク，第2項を資産と年金債務間のリスクと呼ぶ．

表7.6 3種類の相関係数および Δy_r と D の相関係数の変化に対する感応度

追随率	Δ 相関 ($\Delta y_r, D$) に対する感応度			平均値		
	Δ 相関 (r_S, r_B)	Δ 相関 (r_B, r_L)	Δ 相関 (r_S, r_L)	相関 (r_S, r_B)	相関 (r_B, r_L)	相関 (r_S, r_L)
0	-0.3129**	-0.1291*	-0.1499**	-0.0596	0.4185**	0.0342
0.5	-0.3129**	-0.1346*	-0.3822**	-0.0596	0.3204**	-0.0533
1	-0.3129**	-0.1121	-0.4786**	-0.0596	0.2094**	-0.1070

**は2.5%水準で有意．*は5%水準で有意．

の動きに r_B と r_L の相関はさほど影響を受けないことがわかる．第3に，Δy_r と D の相関の変化に対する r_S と r_L の相関の感応度は負であり，株式と債券の相関係数の動きと株式と年金債務の相関係数の動きは，軌を一にして低下することがわかる．これは Dopfel [2003] の指摘どおり，債券的特性の強い年金債務に対して，株式のヘッジ効率が低下していることを示すものである．

興味深いことに，インフレ追随率 ϕ を上げていくと，Δy_r と D の相関が上昇する局面で，株式と年金債務の関係において負の相関が強まる現象がみられる．7.5節では，y_r が上昇し，D が改善することで株式と債券の相関が高まる例を考えたが，これと同様に説明できる．D の改善は，株式の収益率上昇に正の関係で結びつくので，残るは Δy_r と r_L の関係を考えればよい．(7.11)式をみればわかるが，インフレ追随率 ϕ が0の場合は，変動が大きなキャピタルゲインの部分に Δy_r だけでなく Δl の影響も混ざっている．ところが，ϕ が1の場合は，この部分は y_r の変動だけで決まることになり，両者の負の関係がより明確に r_L に現れることが理由である．

ここで，実質金利一定の仮定の下，表7.6の右側の内容を利用して，年金債務および資産の特性をさまざまに変化させた場合のサープラスリスクの変化をみてみよう（表7.7）．第1に，インフレ追随率 ϕ を上昇させるとサープラスリスクも上昇することがわかる．追随率の上昇につれて，r_B と r_L の相関は正のまま低下し，r_S と r_L の相関は負になり低下している[10]．したがって，(7.13)式の第2項の2番目は負の度合いが減少，3番目も負から正に転換するため，資産と年金債務間のリスクが増加する．

---

[10] 表7.6の右から1, 2列目を参照．

表 7.7 年金債務および資産のさまざまな特性とサープラス（実質金利一定下）

変　数	数　値	平　均	標準偏差		
			σ資産部分	σ債務部分	σ全体
インフレ追随率	0	-0.0589	0.1151	0.0641	0.1391
	0.5	-0.0616	0.1151	0.0868	0.1485
	1	-0.0643	0.1151	0.1188	0.1689
ファンディングレシオ	0.5	-0.0564	0.0575	0.0897	0.1092
	1	-0.0616	0.1151	0.0868	0.1485
	1.5	-0.0669	0.1726	0.0829	0.1965
株式ウエイト	0.8	-0.0812	0.1528	0.0881	0.1814
	0.6	-0.0616	0.1151	0.0868	0.1485
	0.4	-0.0421	0.0788	0.0850	0.1195

　第 2 に，ファンディングレシオを変化させた場合は，インフレ追随率を変化させた場合と異なり，年金債務のリターンには直接変化は及ぼさないため，いずれの相関係数に対しても影響は与えない．表 7.7 をみると，ファンディングレシオが上昇すると資産間のリスクが上昇する一方，資産と年金債務間のリスクに大きな変化はない．これは，第 1 項にはファンディングレシオが全体で掛かっていること，第 2 項は，2 番目と 3 番目にファンディングレシオが掛かっているが，標準モデルの条件では[11]，両者の符号が逆のため影響が相殺されることによるものである．

　第 3 に，株式のウエイトは，ファンディングレシオと同様，相関係数には直接影響は及ぼさない．株式のウエイトを落としていくと，リスクの高い株式のウエイトが低下し，全体として資産間リスクが減少する．また資産と年金債務間のリスクについては，標準モデルの条件では第 2 項の 3 番目の数値は正値となるが，この部分は株式のウエイトの低下とともに減少する．また第 2 項の 2 番目は負値となるが，株式のウエイトの減少と逆に，この部分のウエイトは上昇するためさらに減少する．以上の結果，資産と年金債務間のリスクは減少する．

　しかしながら気をつけなくてはならないことは，Δy_r と D の相関が変化する場合は，過去の平均値に基づく以上の議論は必ずしも成り立たないということである．すでに説明したように，Δy_r と D の相関の変化に伴い，3 種類（表 7.6 の右側）

---

[11] 表 7.6 の右から 1, 2 列目の真中の行を参照．

の相関係数の数値や符号は容易に変わるからである．株式と債券の相関係数の変動は，サープラスリスクにおいて，資産間のリスクだけでなく資産と負債間のリスクに対しても無視できない影響を及ぼす可能性がある．

7.7　まとめと今後の課題

　本章では，まず実際の市場データを用いて，株式の収益率と債券の収益率の要因分解を行った．次に要因分解の結果から，株式と債券の相関係数を複数の要因に分解し各要因を調べた結果，最も大きな影響を与える要因は実質金利と期待配当の相関であることを明らかにした．また，年金債務の収益率においても実質金利と期待インフレ率が重要な要因である．したがって，サープラス関係を利用して，株式，債券および年金債務の間の相関係数が，実質金利と期待配当の相関の変化とともにどのように変化していくのか，サープラスリスクに影響を与える相関係数の変化は何によって引き起こされるのかについても検討を加えた．

　本章で試みた分析方法は，収益率の要因分析に基づくものであり汎用性が高いものであるが，ヒストリカルデータによる調査結果の解釈を含め，何点か課題も残されている．1つは，期待インフレ率の推定方法である．本章では，物価連動債など直接期待インフレ率が観測される資産がないことから，代替的に修正 CP 法を利用した．しかしながら，真の期待インフレ率であるかは現時点では確かめる手段がないため，今後，さらに調査を進める必要がある．もう1つは，景気の状況である．Ilmanen [2003] や浅野 [2005] は，景気の状況も株式と債券の相関係数に影響を与える重要な要因としている．本章では 16 年強の長期データを用いて分析を行ったが，この期間ははじめの数年を除き，名目金利は一貫して下落基調であり，日本の景気は低迷を続けていた．したがって，今後，景気が大きく回復する局面があれば，異なる結果が得られる可能性は否定できない．この点に関しては，本章とは全く異なるアプローチも含めて，さらなる調査・分析が求められる．

参 考 文 献

浅野幸弘，「株式と債券の相関」，『住信年金ジャーナル』，Vol.5, 2005 年 5 月．
小川一夫，「所得リスクと予備的貯蓄」，『経済研究』，1991 年 4 月．
諏訪部貴嗣，「グローバル化による株式リスクプレミアムの収斂」，『年金と経済』，2003 年 12 月．

土居丈朗,「貯蓄率関数に基づく予備的貯蓄仮説の検証」,『ESRI Discussion Paper Series No.1』2001.

堀 雅博・寺井 晃,「カールソン・パーキン法によるインフレ期待の計測と諸問題」,『ESRI Discussion Paper Series No.91』,2004.

矢野 学,「物価連動債と年金ALM」,『証券アナリストジャーナル』,2004年7月.

三吉康雄,「バリュエーションを考慮した株式リターンの長期推計」,『証券アナリストジャーナル』,2003年5月.

山口勝業・金崎芳輔・真壁昭夫・小松原宰明,「日本の株式リスク・プレミアム」,日本ファイナンス学会第11回大会報告論文,2003.

Arnott, R. D., and P. L. Bernstein, "What Risk Premium Is 'Normal'?", *Financial Analysts Journal*, March/April 2002.

Campbell, J.Y., and T. Vuolteenaho, "Inflation Illusion and Stock Prices", *NBER Working Papers*, February 2004.

Dopfel, F. E., "Asset Allocation in a Lower Stock-Bond Correlation Environment", *The Journal of Portfolio Management*, Fall 2003.

Ibbotson, R. G., and P. Chen, "Long-Run Stock Returns: Participating in the Real Economy", *Financial Analysts Journal*, January/February 2003.

Ilmanen, A., "Stock-Bond Correlations", *The Journal of Fixed Income*, September 2003.

Sangyong, J., "Stock Returns and Inflation : A Covariance Decomposition", *Applied Economics Letters*, April 2000.

8

低金利下の年金 ALM

8.1 低金利とイールドカーブ

わが国の金利は，1990年代後半から異常といってもいいほどの低い水準にある（図8.1）．これは，今後の金利の動向やイールドカーブに特異な状況をもたらしており，第6章で定式化したような年金 ALM を単純に適用できないことを意味する．

通常，年金 ALM では投資期間を5年程度に設定し，各資産の将来のリターン分布は正規分布を前提とする．国内債券の期待リターンは現在の低い最終利回り

図8.1　国内金利水準の推移

を反映して0.1〜1.5%（年率），リスクは4.0%（年率）とするのが一般的である．仮に期待リターンを0.5%，リスクを4.0%とすると，リターンの分布は図8.2のようになる．金利の変動については，暗黙のうちに，上昇する確率と下降する確率および幅が等しいと想定されている．

この前提の下では，国内債券のリターンが5.0%を上回る確率は約13%である．しかし現在，金利水準はきわめて低い水準である．リターンが5%を上回るということは，まだまだ金利が下がる場合であるが，現在の低金利からの低下余地は，きわめて限られている（少なくとも0%以下にはならない）．図8.2のような資本市場の想定は，非現実的でありえないといわざるを得ない．現在のような低金利下では，今後の金利変化は，上昇はありえても低下は限られているという非対称なものとなろう．債券リターンの分布も，それに伴って非対称になると予想される．

また，現在の金利水準にはもう1つの特徴がある．長期金利と短期金利のスプレッドが極端に小さくなっていることである．図8.3にあるとおり，金利水準は低下してきている．しかし，イールドカーブは下に平行移動しているが金利はマイナスにならないため短期の金利は0%になっている．平行移動しているならば図8.3の点線のようになったはずであるが短期金利の低下が抑えられたため，長短金利のスプレッドが小さくなっている．これは，今後金利が低下するとさらにスプレッドが縮小するが，逆に金利が上昇するとスプレッドが拡大することを意味する．

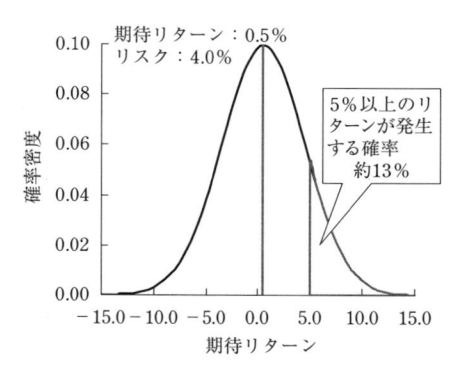

図8.2 一般的な債券リターンの分布

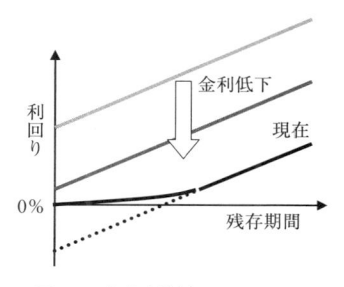

図 8.3 金利水準低下のイメージ

さらに金利変化には概して系列相関がある．いったん下落すると下落が続き，上昇すると上昇が続く傾向がある．このような傾向を考えると，現在のような低金利下では，いったん上昇し出すと上昇幅がかなり大きくなる可能性がある．

以下では，このような金利状況を勘案し年金 ALM を検討する．ただし，上のような要因を勘案したモデルでは解析的に答えを出すことはできないので，シミュレーションによって分析し，低金利下の年金 ALM におけるキャッシュと債券の役割を再検討することにする．

8.2 過去データの検証

まず，金利変化および年金 ALM モデルを作成する準備として，過去の金利変化などをデータによって確認しておく．

表 8.1 は，長期金利（10 年国債利回り）r_B の変化幅 Δr_B と変化率 $\Delta \ln r_B$ の平均と標準偏差を示したものである．Δr_B の標準偏差は，足下の 1998 〜 2002 年度ではその水準が低下している．これは，金利水準が低下して変化幅が小さくなったためである．足下の変化幅を前提にして金利変化をモデル化すると，金利が上昇したとき変化を過小に評価してしまうことになる．一方，金利の変化率である $\Delta \ln r_B$ の標準偏差は比較的安定している．長期金利の変化は，$\Delta \ln r_B$ の変動が一定としてモデル化した方がよい．

また，このような金利変化に系列相関があるかどうかを確認するため，長期金利の変動 $\Delta \ln r_B$ について，次式を推計した．

$$\Delta \ln r_{Bt} = \alpha + \beta \Delta \ln r_{Bt-1} + \varepsilon_t \tag{8.1}$$

表 8.1 長期金利（10 年国債利回り）の変化

年 度	平 均		標 準 偏 差	
	Δr_B	$\Delta \ln r_B$	Δr_B	$\Delta \ln r_B$
1983 〜 87	− 0.0054	− 0.0271	0.0193	0.1215
1988 〜 92	− 0.0007	− 0.0049	0.0192	0.1003
1993 〜 97	− 0.0039	− 0.0418	0.0141	0.1259
1998 〜 02	− 0.0018	− 0.0485	0.0073	0.1627

データは四半期．$\Delta r_B = r_{Bt} - r_{Bt-1}$, $\Delta \ln r_B = \ln r_{Bt} - \ln r_{Bt-1}$．

表 8.2 長期金利変動の系列相関

回帰統計	
重相関 R	0.036
重決定 R^2	0.001
補正 R^2	− 0.025
標準誤差	0.145
観測数	40

	係 数	標準誤差	t
α	− 0.044	0.024	− 1.815
β	0.037	0.165	0.223

1993 〜 2002 年度の四半期データによる．

　1993 〜 2002 年度の四半期データで検証した結果が表 8.2 である．(8.1)式の β は有意ではないが，約 0.04 と正になっている（なお，月次のデータでは有意な結果となっている）．長期金利の変化には，弱いながらも正の系列相関があるといえる．また上式の誤差項 ε_t の標準誤差 σ_ε は 0.15 程度となっている．

　次に，長期金利と短期金利 r_C のスプレッド（以下 θ で表す）について検証を行う．図 8.4 は，1993 年 4 月〜 2003 年 3 月の長期金利と短期金利のスプレッドの推移である．いわゆるゼロ金利政策が開始された 1999 年度以降は，スプレッドは縮小している．それ以前の 1993 〜 97 年度ではスプレッドはだいたい 2％程度であった．

　ところで，債券運用は一般に NOMURA-BPI などのベンチマーク（BM）を基準に行われる．後ほどの運用シミュレーションでは，このようなベンチマーク運

8.2 過去データの検証

図 8.4 長短スプレッドの推移

表 8.3 債券 BM 利回りと長短金利の関係

回帰統計	
重相関 R	0.998
重決定 R^2	0.996
補正 R^2	0.996
標準誤差	0.138
観測数	231

	係　数	標準誤差	t
a	-0.145	0.029	-5.059
b	0.775	0.013	59.482
c	0.261	0.010	26.110

1984 ～ 2002 年度の月次データによる．

用を想定するので，その準備として，債券 BM の利回り r_N と長短金利の関係を抑えておく必要がある．そこで次式を推計した．

$$r_{Nt} = a + br_{Bt} + cr_{Ct} + e \tag{8.2}$$

推計結果は表 8.3 のとおりであるが，債券 BM の利回りは長短金利によってほぼ説明されること，したがってそのリターンも長短金利の変動によって説明されることがわかる．

運用シミュレーションでは株式も登場するので，株式リターン r_S と長期金利の変化の関係を抑えておく．ここでは長期金利の変化のうちトレンドを除いたラ

ンダムな部分,すなわち (8.1) 式の ε と $\ln(1+r_S)$ の相関 ρ としてそれを把握する. 1989～2002 年度の四半期データでは,その相関係数は 0.120 であった. また株式のリスクは, $\ln(1+r_S)$ の標準偏差 σ_S でとらえると 0.115 であった.

8.3 年金 ALM モデル

以上のような金利の変動および株式との関係を前提に,年金 ALM モデルを作成する. それは図 8.5 に示したように,まず長期金利をベースとして「各期の金利などを発生」させ,次いでそれを「投資期間のリターンに換算」(金利変化による債券の価格変化,年金債務の変化を折り込む) して,最後に「年金 ALM へ反映」するという 3 つの部分からなっている. なお,以下では投資期間を 5 年とし,四半期ベースで考える ($n = 20$).

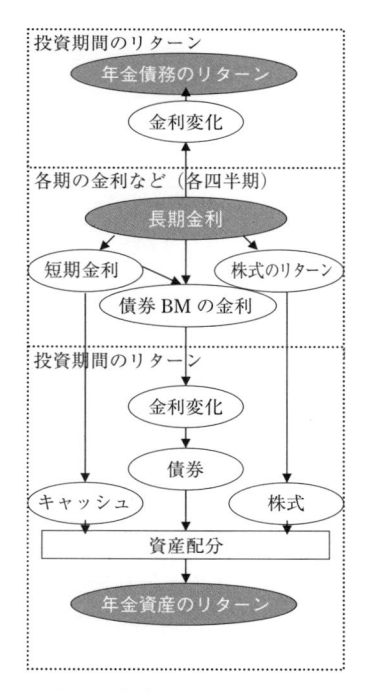

図 8.5 年金 ALM モデルの概要

8.3.1 各期の金利などの発生

まず長期金利の変化について，(8.1)式に基づきモデル化する．以下では $\Delta \ln r_{Bt} = u_t$ と表示し，この u_t，すなわち長期金利の変化率を次式に従って，系列相関をもったランダムな変数として発生させる．

$$u_t = \alpha + \beta u_{t-1} + \varepsilon_t \tag{8.3}$$

ただし，$u_0 = 0$ とし，5年間について四半期ごとに ε_t の乱数を発生させ，順に上式に従って金利の変化率 u_t を推計する．なお，ε_t は $\sigma_\varepsilon Z_{1t}$（$Z_{1t}$ は標準正規乱数，$t = 1, 2, \cdots, n$）で与える（σ_ε は，前記の過去データの検証より 0.15 としている）．α は，金利にトレンドがない場合とある場合で次のように設定する．

$$\text{金利にトレンドがない場合：} \alpha = 0$$
$$\text{金利に上昇トレンドがある場合：} \alpha > 0$$

また β は，過去データより 0.04 とする．

このとき t 期の長期金利は $r_{Bt} = r_{B0} e^{u_1 + u_2 + \cdots + u_t}$ で，また n 期間の長期金利の変化は $\Delta r_{B;n} = r_{B0}(e^{u_1 + u_2 + \cdots + u_t} - 1)$ で与えられる．

短期金利はこの長期金利より一定のスプレッド θ だけ低いとして求めるが，金利はマイナスにはならないので下のように与える．θ は過去データから 2.0% とする．

$$r_{ct} = r_{Bt} - \theta, \quad r_{Bt} - \theta > 0$$
$$= 0, \quad r_{Bt} - \theta \leq 0$$

また債券 BM の金利は，以上の長短金利より次式で与えられる．8.2 節の実証より $a = -0.15$，$b = 0.78$，$c = 0.26$ とする．

$$r_{Nt} = a + b r_{Bt} + c r_{Ct}$$

この金利より，債券 BM の利回り変化は次のようになる．

$$\Delta r_{N;n} = r_{Nn} - r_{N0}$$

最後に，各期の株式の対数リターン $v_t (= \ln(1 + r_S))$ を長期金利との相関を勘案して次のように与える．

$$v_t = \mu_S + \rho \sigma_S Z_{1t} + \sqrt{1 - \rho^2} \sigma_S Z_{2t} \quad (Z_{2t} \text{ は標準正規乱数，} t = 1, 2, \cdots, n)$$

ただし，μ_S は株式の1期当たりの対数期待リターン，σ_S はそのリスクである．

8.3.2 n 期間（投資期間）のリターン

次に，以上の金利変化などより，各資産および債務の投資期間（5年間）のリターンを求める．

まず安全資産（キャッシュ）のリターン R_C は短期金利での転がしであるから，その利息の合計として次のように与えられる．

$$R_C = (r_{C1} + r_{C2} + \cdots + r_{Cn})/4$$

債券はベンチマークでの運用を想定する．そのリターン R_N はインカムゲインとキャピタルゲインからなるが，インカムゲインは債券 BM の利回りの合計として，またキャピタルゲインは金利水準の変化よりデュレーションとコンベキシティを用いて次式のように求められる．

$$R_N = \frac{r_{N0} + r_{N1} + \cdots + r_{Nn-1}}{4} - D_N(\Delta r_{N;n}) + \frac{1}{2}C_N(\Delta r_{N;n})^2$$

ただし，D_N は債券 BM の修正デュレーション，C_N は債券 BM のコンベキシティであり，シミュレーションでは債券 BM の最近の値を参考に，$D_N = 5.5$，$C_N = 50$ としている．

株式のリターン R_S は前に発生させた各期のリターンの累積として，投資期間のリターンが得られる．

$$R_S = e^{v_1 + v_2 + \cdots + v_n} - 1$$

年金 ALM ではこのほか，年金債務の変化を推計しなければならないが，ここではそれを債務のリターン R_L と呼ぶことにすると，それは長期金利を割引率とすれば，次のように表される．

$$R_L = \frac{r_{B0} + r_{B1} + \cdots + r_{Bn-1}}{4} - D_L(\Delta r_{B;n}) + \frac{1}{2}C_L(\Delta r_{B;n})^2$$

ただし，D_L は年金債務の修正デュレーション，C_L は年金債務のコンベキシティであり，シミュレーションでは代表的な確定給付型年金より推計して，$D_L = 12$，$C_L = 250$ としている．

8.3.3 年金 ALM への反映

年金運営に伴うリスクは，いうまでもないが資産運用だけにあるわけではない．年金債務にも金利変動によって変動するというリスクがある．年金 ALM とは，資産と債務のリスクを管理してサープラスを維持する，あるいはその変動を

抑えることである.

　サープラスは，年金資産と債務の差額として次式のように定義される.

$$Z = C + B + S - L$$

ただし，Z はサープラス，C はキャッシュ（安全資産），B は債券，S は株式，L は年金債務を示す．このとき，サープラスの変化は次式のように表すことができる.

$$\Delta Z = \Delta C + \Delta B + \Delta S - \Delta L$$

　サープラスリターン z は，Sharpe［2002］にならって，この変化を年金資産で基準化したものとして次のように定義する.

$$z = \frac{\Delta Z}{W} = \frac{C}{W}\frac{\Delta C}{C} + \frac{B}{W}\frac{\Delta B}{B} + \frac{S}{W}\frac{\Delta S}{S} - \frac{L}{W}\frac{\Delta L}{L} = (1 - x - y)R_C + yR_S - fR_L$$

ただし，x は運用の中の株式比率，y は同じく債券比率，f は年金債務の年金資産に対する比（$f = L/W$，すなわち積立比率の逆数），W は年金資産（$W = C + B + S$）である．

8.4　シミュレーション

8.4.1　金利の想定

　この分析の目的は，年金 ALM が現在のような低金利によってどのように影響されるかを検討することにあるので，金利の想定としては次の3つのケースを考える．

　Case1 は，比較のために金利水準が平常であるとし，当初の長期金利を3%と想定する．Case2 は，現在のような低金利（長期金利で1%）を想定するが，とくに将来の金利には上昇トレンドはないものとする．これに対してCase3 は，現在のような低金利から出発して，金利に上昇トレンドがあると想定する．5年後には平均的にCase1 の3%近くになるとする．金利の平均的な水準にあわせて株式のリターンにも若干の差を設ける．

　Case1：初期の長期金利（r_{B0}）= 3.0%
　　　　　金利トレンドなし（$\alpha = 0$）
　　　　　株式の期待リターン = 7.0%

Case2：初期の長期金利（r_{B0}）= 1.0%
　　　　金利トレンドなし（$\alpha = 0$）
　　　　株式の期待リターン = 5.0%
Case3：初期の長期金利（r_{B0}）= 1.0%
　　　　金利上昇トレンド（$\alpha = 0.05$）
　　　　株式の期待リターン = 6.0%

なお，以下のシミュレーションでは，各ケースにつき5年分（$n = 20$）のデータを1000回発生させ，その結果を平均と標準偏差とともに分布によって検討する．

8.4.2　年金基金の想定

シミュレーションの前提として，積立比率が100%，80%，60%（$f = 1.0, 1.25, 1.67$）の3ケースを考える．

運用については次のように，株式比率については3ケース，債券比率については10ケースを考える．キャッシュはその残りとする．

株式：$x = 0.1, 0.2, 0.3$
債券：$y = 0.0, 0.1, 0.2, 0.3, \cdots, 0.8, 0.9$

8.4.3　金利およびリターンの分布（結果）

図8.6〜8.8は，5年後の金利水準のシミュレーション結果（分布）である．

Case1の長期金利および債券BM金利は，右に裾が広がった分布になっている．これは，金利の変化率からアプローチしているので，金利水準が高いときの変化幅が大きくなるためである．短期金利は，0%未満にならないので0%近辺の発生回数が多くなっている．

Case2は金利の初期値が低く，将来の金利には上昇トレンドがない場合である．金利はマイナスにはならないので各金利は低い金利に集まっているが，いったん上昇し出すと上昇が続く傾向があり，かつ金利水準が高くなると変動幅が大きくなるため，かなり高い金利になることもある．分布としては指数分布に近い形になっている．

Case3は金利に上昇トレンドを織り込んだ場合である．Case2に比べ，5年後

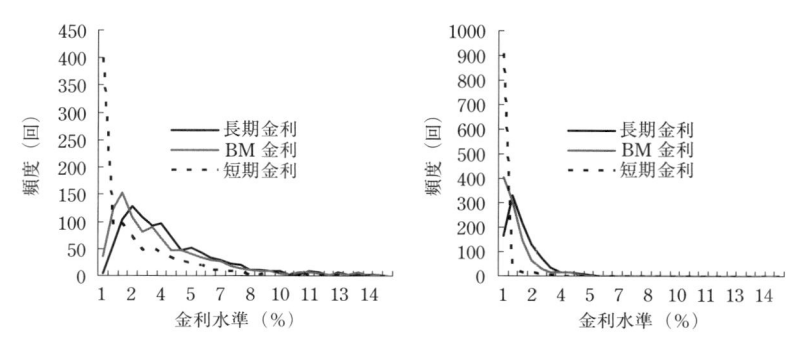

図 8.6 Case1：5年後の金利水準分布

図 8.7 Case2：5年後の金利水準分布

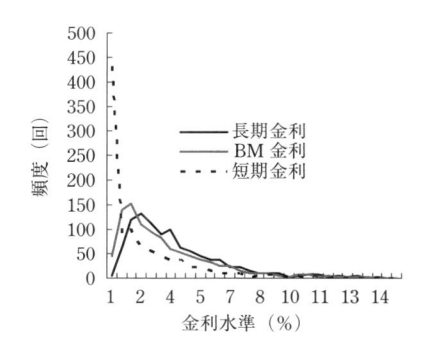

図 8.8 Case3：5年後の金利水準分布

の金利水準は上昇し，長期金利，BM金利とも右に裾が広がった分布となっている．

図 8.9 〜 8.12 は，各資産および年金債務の5年間のリターン分布である．図 8.9 の債券リターンの分布をみると，まず Case1 では 18% あたりを中心に左に裾野が広がった分布となっている．これは 3% を出発点に金利が変動していくと，低下余地はそれほど大きくない一方，上昇はかなり大幅な上昇もありうるからである．次に Case2 では，5% あたりを中心に右側は裾野がほとんどない一方，左側は少し裾野がある形になっている．これは，出発点の金利が低いことに加えて，低下余地が限られているためキャピタルゲインがほとんど出ない一方，金利上昇によるキャピタルロスが大きくなるためである．これに対して Case3 では，中

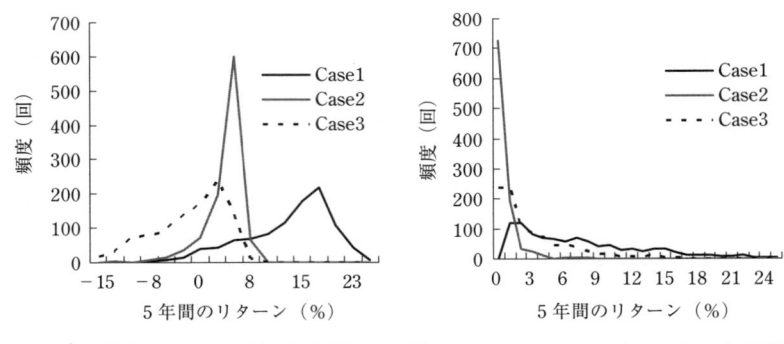

図 8.9 債券のリターン分布（5 年間）

図 8.10 キャッシュのリターン分布（5 年間）

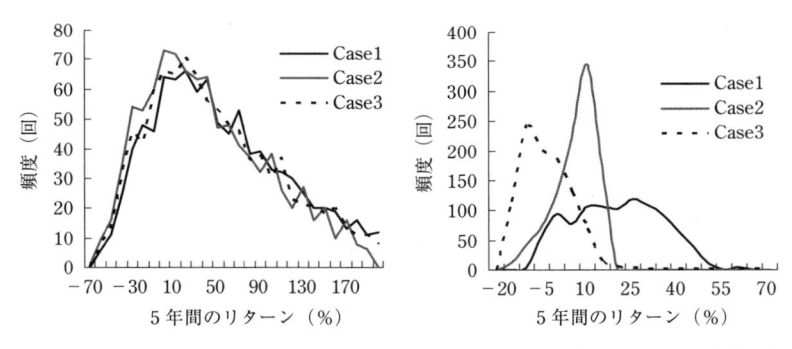

図 8.11 株式のリターン分布（5 年間）

図 8.12 年金債務のリターン分布（5 年間）

心が 2% あたりと低下するとともに，裾野も左側に大きく広がっている．これは，金利に上昇トレンドがあるので，キャピタルロスがほとんどの場合に発生するためである．

　キャッシュ（安全資産運用）は，金利が上昇してもキャピタルロスが発生しないため，いずれのケースにおいてもリターンはマイナスにはならないが，Case2 では低金利を反映して低いところに集中している．Case3 では，金利上昇トレンドを反映して，Case2 に比べ少し高いリターン分布になっている．

　株式のリターンは，期待リターンを Case1 は 7%，Case2 は 5%，Case3 は 6% としたことを反映して中心が少し違っているが，分布の形にはケースによってほとんど差がない．これは，株式リターンが金利にはあまり影響されないためであ

る.

　年金債務のリターンは長期金利（割引率）の動向に依存するが，それは債券BMの金利と同じような動きをするので，リターンの分布も債券リターンと似通ったものとなっている．ただし，それぞれのケースで分布の形にはかなりの違いが認められるが，それは金利水準が債券BM金利より少し高いほか，デュレーションやコンベキシティが大きいことによる．年金債務のデュレーションは12年と債券BMの5.5年の倍以上であるため，金利が上昇したときのマイナス

表8.4　リターンの平均値，標準偏差

[Case1]：初期の長期金利＝3%
　　　　　金利トレンドなし
　　　　　株式の期待リターン＝年率7.0%
　　　　　5年間のリターン（%）

	平均値	標準偏差
株式	59.76	81.71
債券	11.87	7.01
キャッシュ	7.64	7.35
年金債務	19.19	29.21

[Case2]：初期の長期金利＝1%
　　　　　金利トレンドなし
　　　　　株式の期待リターン＝年率5.0%
　　　　　5年間のリターン（%）

	平均値	標準偏差
株式	45.38	74.35
債券	2.49	2.73
キャッシュ	0.31	1.07
年金債務	3.66	6.86

[Case3]：初期の長期金利＝1%
　　　　　金利上昇トレンド
　　　　　株式の期待リターン＝年率6.0%
　　　　　5年間のリターン（%）

	平均値	標準偏差
株式	52.44	77.96
債券	－2.56	5.94
キャッシュ	2.90	4.32
年金債務	－2.82	29.57

（キャピタルロス）が大きい．ただし，コンベキシティも 250 と債券 BM の 50 より相当に大きいので，金利変化が大幅になるとプラスの効果が大きくなる．この効果が Case2 や Case3 の左の裾が広がるのをある程度抑制している．

表 8.4 には，以上の結果をケースごとにまとめて平均と標準偏差が示してある．平常の Case1 では債券リターンの平均はかなり高いが，年金債務のリターンがそれを上回り，かつ変動も大きいので，債券のベンチマーク運用でサープラスを管理するのは容易ではない．低金利の続く Case2 では債券の平均リターンは低いが，年金債務の平均リターンも低くかつ標準偏差も小さいので，サープラスの管理はそれほど難しくないようにみえる．また金利が低水準から上昇する Case3 では債券の平均リターンはマイナスであるが，年金債務はそれを上回るマイナスのリターンになるので，サープラスという観点からはむしろ管理しやすいかもしれない．ただし，年金債務の標準偏差が大きいことには注意を要する．

8.4.4　サープラスリターンとリスク

それでは，以上のような各資産および年金債務のリターンを前提にしたとき，運用比率を変えることによってサープラスはどのようになるのであろうか．図 8.13 ～ 8.15 は，それぞれのケースについて，資産運用比率を変えたときにサープラスがどう変わるかを，サープラスリターンの標準偏差を横軸に，その平均を縦軸にとって表したものである．

まず Case1（金利が平常；図 8.13）について株式比率を一定とすると，キャッシュ比率が高い（債券の比率が低い）ほどリスクが高く，リターンが低くなっている．年金債務のデュレーションが長いので，それとの関係で債券よりキャッシュの方がリスクが大きいというサープラスアプローチの典型的な結果になっている．株式比率を上げると，サープラスリターンとリスクはいずれも高くなるが，債券とキャッシュの関係に変化はない．また積立比率の違いは，f が高い（積立比率は低い）ほどリスクは高くリターンは低いという，これまた一般的な結論になっている．

図 8.14 は Case2 の結果である．このケースは現在のように金利が低く，今後とくに上昇トレンドはないとした場合である．Case1 と同様，キャッシュ比率が高まるに従ってリスクが高まりリターンは低下している．株式比率を上げるとサープラスリターンとリスクが高くなること，および債券とキャッシュの関係に

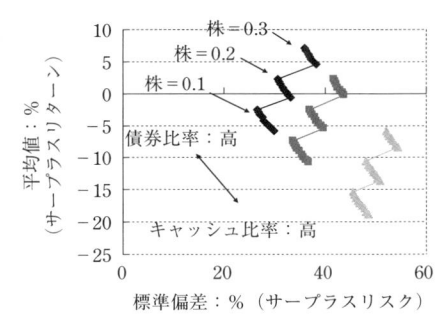

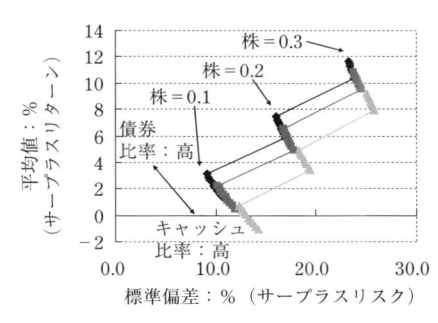

図 8.13 Case1 の結果（サープラスリターン）

図 8.14 Case2 の結果（サープラスリターン）

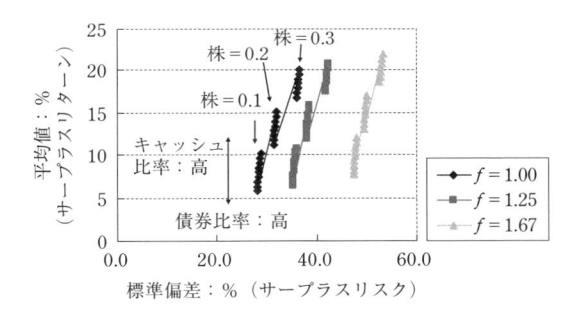

図 8.15 Case3 の結果（サープラスリターン）

変化がないことも Case1 と同じである．ただし金利の変化幅が小さいため，株式比率を上げたときの影響は相対的に大きくなる．また積立比率が低いほどリスクは高くリターンは低くなるという傾向は Case1 と同様であるが，リターン水準の変化はかなり小さくなっている．

図 8.15 は Case3 の結果である．株式比率を一定として，キャッシュ比率を高める（債券比率を低める）と，リスクは高まるがリターンが高くなるという結果になった．これは，金利が上昇するため債券のリターンがキャピタルロスによってマイナスになってしまう（キャッシュのリターンはもちろんプラス）ためである．株式比率を上げるとリスク・リターンとも高くなるが，Case1 および Case2 と比べて，リターン改善効果が大きい．これは，債券リターンがマイナスのため，株式リターンが相対的に高くなったからである．また積立比率の効果は Case1

およびCase2とかなり異なっており,積立比率が低いほど,サープラスリターンはむしろ高くなるという結果になっている.金利上昇によって年金債務のリターンが大きくマイナスになるため,積立比率が低いほど年金債務が減少する効果が大きく出るためである.

表8.5は,各ケースを横並びにして結果を比較したものである.積立比率100%($f=1.00$),株式比率20%として,債券とキャッシュの比率を変えたとき,サープラスリターンとリスクがどのように変わるかが比較してある.それによると,債券比率を上げる(キャッシュ比率を下げる)と,平常のCase1ではリターンが上がる一方でリスクは下がることがわかる.低金利のCase2でも同じような傾向が認められるが,Case1と比べるとリターンの水準はかなり高く,リスクの水準はかなり低い.一方,債券比率を上げたときのリターンおよびリスク改善効果はCase1より小さい.これに対して金利が低水準から上昇トレンドになるCase3では,債券比率が高いほどサープラスリターンは低くなるが,リスクはほとんど変わらずほぼ一定である.ただし,リターンの水準は3つのケースの中で最も高い.金利が上昇することによって債券リターンがマイナスになるため,債券比率を上げるとサープラスリターンも低下するが,債務のリターンがそれ以上にマイナスになるので,サープラスリターンはかなり高くなるのである.

投資期間末(5年後)の金利の分布は,すでにみたように左側の裾野が長い分布をしている.したがって,表8.5の平均や標準偏差だけではサープラスの変動が十分に把握できないので,その分布についてもみておく.図8.16は積立比率

表8.5 $f=1.00$の場合の比較

	資産配分 (%) 株式 $x=20\%$		サープラスリターン・リスク (5年:%)					
			Case1		Case2		Case3	
	債券 y	キャッシュ	平均	標準偏差	平均	標準偏差	平均	標準偏差
	10.0	70.0	−0.70	33.25	5.88	16.88	15.08	31.98
結果A	20.0	60.0	−0.27	32.77	6.10	16.74	14.53	31.83
	30.0	50.0	0.15	32.32	6.32	16.61	13.99	31.70
	40.0	40.0	0.57	31.91	6.54	16.48	13.44	31.60
	50.0	30.0	1.00	31.53	6.76	16.36	12.89	31.52
結果B	60.0	20.0	1.42	31.18	6.98	16.24	12.35	31.45
	70.0	10.0	1.84	30.87	7.19	16.13	11.80	31.41
	80.0	0.0	2.26	30.60	7.41	16.03	11.26	31.40

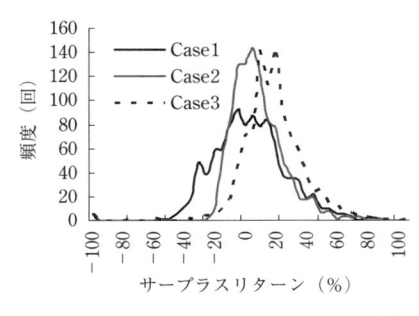

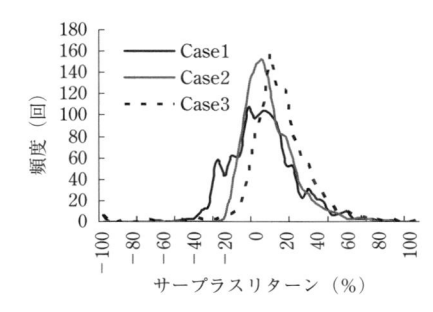

図8.16 結果Aのサープラスリターンの分布　　図8.17 結果Bのサープラスリターンの分布

100%，株式比率20%，債券比率20%，キャッシュ比率60%（表8.5の結果A）のときのサープラスリターンの分布についてCase1〜3を重ねて比較したものであり，図8.17はそれから債券比率を60%，キャッシュ比率を20%に変えたとき（表8.5の結果B）の比較である．いずれにおいても，サープラスリターンの分布は右裾が長い形になっている．金利はすでにみたように，いったん上昇すると大幅になる可能性が高いが，その場合には年金債務が大幅に減少する効果が支配的になって，サープラスリターンがかなり高くなるためである．3つのケースの中では，金利が上昇することも下落することも同じくらいありうるCase1は分布が平らで左右対称に近いのに対して，Case2やCase3では金利低下余地がほとんどなく上昇の可能性の方が大きいので，サープラスリターンが少しプラスのところで突出した右裾の長い分布になっている．金利に上昇トレンドがあるCase3では中心もプラスの方にかなり寄っている．

8.4.5 債券デュレーションの長期化

ところで，第6章や大森［2002］によると，年金ALMでは各資産の運用比率とともに，債券のデュレーションを債務にあわせて長くすることが大切である．本章におけるこれまでのシミュレーションでは，債券はベンチマーク運用を想定したため，デュレーションが5.5年とあまり長くなかったので，以下では債券デュレーションを長くした場合，これまでの分析結果がどのような影響を受けるかを簡単にみておく．

図8.18〜8.20は，Case1〜3についてそれぞれ，債券のデュレーションを債

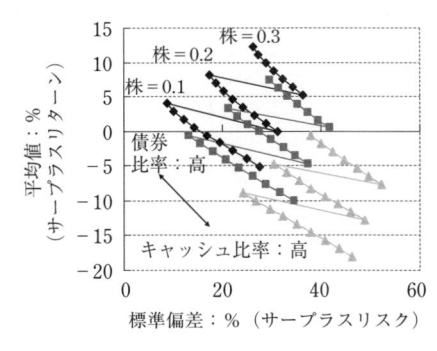

図 8.18 Case1 の結果（債券 D が長い場合）

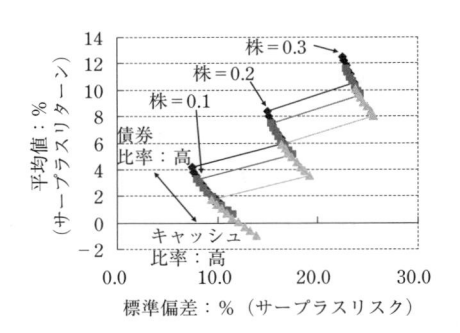

図 8.19 Case2 の結果（債券 D が長い場合）

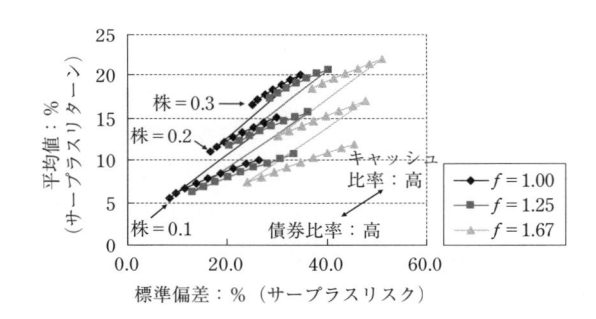

図 8.20 Case3 の結果（債券 D が長い場合）

務と同じ 12 年に伸ばしたときのサープラスリターンとリスクを図示したものである．Case1（図 8.18）と Case2（図 8.19）では，債券比率を上げたときにリスクが低下してリターンが上昇するという基本的なパターンに違いはない．ただし，デュレーションが短かった場合（図 8.13，8.14）と比べて，全般的にリスクが少し小さくなる一方，リターンが少し大きくなっている．これに対して，Case3（図 8.20）では，債券比率を上げるほどローリスク・ローリターン，キャッシュ比率を上げるほどハイリスク・ハイリターンになるという傾向がはっきり出ている．デュレーションの長い債券は，金利が上昇するためリターンが相当に低い一方，債務のデュレーションと同じことから金利リスクがないためである．いわばこのケースでは，債券が債務との関連で安全資産になり，キャッシュがハイリスク・ハイリターン資産になっているのである．

表 8.6　$f=1.00$ の場合の比較（債券 D が長い場合）

資産配分（%）株式 $x=20$%		サープラスリターン・リスク（5年：%）					
		Case1		Case2		Case3	
債券 y	キャッシュ	平均	標準偏差	平均	標準偏差	平均	標準偏差
10.0	70.0	0.04	31.25	6.00	16.68	15.05	29.75
20.0	60.0	1.19	28.81	6.33	16.35	14.48	27.43
30.0	50.0	2.34	26.46	6.67	16.05	13.91	25.20
40.0	40.0	3.50	24.24	7.00	15.78	13.34	23.09
50.0	30.0	4.65	22.17	7.34	15.54	12.77	21.13
60.0	20.0	5.81	20.31	7.67	15.34	12.19	19.36
70.0	10.0	6.96	18.72	8.01	15.17	11.62	17.85
80.0	0.0	8.12	17.47	8.34	15.03	11.05	16.67

　表8.6は，各ケースを横並びにして結果を比較したものである．表8.5と同じく，積立比率100%（$f=1.00$），株式比率20%として，債券とキャッシュの比率を変えたとき，サープラスリターンとリスクがどのように変わるかが比較してある．債券のデュレーションを長くすることによって，Case1, 2 では（表8.5と比べて），リスクが低下する一方，リターンも改善されている．ただし，債券比率を高めたときのリスク低減効果は，Case1 では顕著であるが Case2 ではごくわずかである．これに対して Case3 では，債券のデュレーションを長くすることによって，リターンは若干低下する一方でリスクはかなり低下する．また，債券比率を上げたときのリスク低下効果も顕著になっている．

8.5　ま　と　め

　現在の低金利の下では，今後，金利低下余地は限られている一方，金利が上昇した場合はかなり大幅になり，かつ金利変動も大きくなる可能性が高い．また長短の金利スプレッドは，長期金利が低下しても短期金利がマイナスにならないため低下せず，異常に小さくなっている．これらは，債券運用と比べてキャッシュ運用が相対的に有利になっていること，そして年金運用はかなり厳しい環境にあることを示唆しているようにみえる．

　本章では，このような金利の動向をモデル化して，シミュレーションによって年金ALMを検討した．それによると，少々意外に思われるかもしれないが，金

利が上昇も下落も同等に起こりうる平常時と比べて，低金利時の方がむしろ，サープラスリターンは高くリスクは小さい．運用の債券比率とキャッシュ比率を変えたときの影響も小さい．年金 ALM の観点からは，平常時よりも問題が小さいといってもよいほどである．これは，債務のデュレーションが資産と比べてかなり長いため，金利低下より上昇の可能性が高いことが債務のリターンをより低下させるからである．この債務のリターンが低いことには，低金利時には金利変動幅が小さいことも作用している．債務のコンベキシティは相当に大きいので，金利変動幅が大きいと，コンベキシティ効果によって債務リターンは高くなる．平常時には金利変動幅が大きいので，デュレーションを抑えるだけでは債務のコントロールはできず，コンベキシティ効果によって債務リターンが資産リターンを上回ったりするのである．

以上の結論は，金利に上昇トレンドを見込んだとしても，基本的には変わらない．ただし，金利上昇は債券のリターン，とくにデュレーションの長い債券のリターンを低下させる．債務との相対でみると，デュレーションの長い債券はリスクは小さいがリターンが低い一方，キャッシュはリスクはあるがリターンが相対的に高くなる．どの程度の金利上昇を見込むか，およびどれくらいリスクテイクするかによって，債券とキャッシュの比率を決めることになる．

参 考 文 献

大森孝造，「金利変動リスクと年金資産の戦略的配分」，『証券アナリストジャーナル』，2002 年 2 月．

Sharpe, W. F., "Budgeting and Monitoring Pension Fund Risk", *Financial Analysts Journal*, September/October 2002.

9

物価連動国債と年金 ALM ― その1

9.1 物価上昇と年金

　わが国の経済はようやく，長いデフレから脱しつつある．これが即，インフレにつながるというわけではないが，これまでのように物価は安定しているという前提で，年金運用を行うわけにはいくまい．年金は退職後の所得を保障するものであるから，物価が上昇したら給付額もそれにつれて増額されることが望まれる．実際はどうかというと，給与は一般に物価上昇にスライドする一方，給付額は給与の一定比率で与えられるケースが多いので，年金もかなり自動的に物価にスライドするようになっている．これは，年金 ALM においても，こうした要素を勘案する必要があることを意味する．給付がインフレにスライドして改定されるとしたら，年金債務はどのように把握されるか．またそのような年金債務にマッチするように，運用はどのようにすべきか．

　わが国では折しも，2004 年から物価連動国債が発行されるようになった．これは，改めていうまでもなく，インフレヘッジの運用手段として期待されている．本章では，物価連動国債が年金運用においてどのような役割を果たすのかを，年金 ALM の観点から検討する．

　以下，まず 9.2 節では物価連動国債の概要を解説する一方，9.3 節では年金債務とは何かを，とくにインフレとの関連で説明する．そして 9.4 節ではその債務

や物価連動国債をはじめとする資産がインフレなどによってどのような価格変動を示すかを検討し，9.5 節ではそれらをまとめて，年金 ALM について論じる．最後に，簡単なまとめと課題を述べる．

9.2　物価連動国債の概要

　物価連動国債とは，元本とクーポンが物価水準に連動して増減する国債である．この国債では当初額面額と表面利率が決められているが，物価が変動すると元本は額面額に物価上昇率をかけた分だけ増減する．それを想定元本という．クーポンはこの想定元本に表面利率を乗じたものとして与えられる．償還額は償還時点の想定元本となる．

　わが国では，2004 年 3 月に最初の物価連動国債が 1000 億円発行された．2004 年度は全部で 8000 億円発行され，2005 年度は 2 兆円に増額される予定である．イギリスでは 1981 年から，またアメリカでは 1997 年から発行されている．仕組みはだいたい似たようなものだが，イギリスとわが国ではデフレ時の元本保証がない，つまりデフレになって物価が下がると最後の償還額が当初の元本（名目）より減ってしまうのに対して，アメリカではデフレになった場合も最初の元本が保証される．こうした保証は一種のオプションであるから，元本保証がある場合は，その分だけ利回りは低くなると考えられる．

　なお発行額は，イギリスでは国債残高の 4 分の 1 以上が物価連動国債になっている．アメリカはまださほど多くはなく，5%程度にとどまっている．

　またわが国では，物価連動国債には投資家に制限がある．投資できるのはいわゆる源泉非課税の法人に限られる．つまり，事業法人とか個人とかは投資できない．ただし投資信託は買えるので，投資信託の中に組み込んで，個人が間接的に投資することは可能である．現に第一勧銀アセットではそうしたファンドをつくっており，売れ行きもかなりよいようである．

　問題はこの物価連動国債の利率や価格はどう決まるかであるが，まず表面利率は発行時に，そのときの実質金利に依存して決められる．その後，物価が上昇すると想定元本はそれに伴って増大し，クーポンはこれに表面利率を乗じて与えられるのでインフレに応じて増える，つまり実質ベースでは一定ということになる．ところが，この表面利率すなわち実質クーポンはいわば発行時の実質金利なので，

その後，実質金利が変動すると債券の実質価格も変動する．以下にこの関係を示す．

物価連動国債の取引では，当初元本を 100 として，この 100 当たりの単価を売買約定価格とすることとされている．この価格はいわゆる実質価格であるが，実際に受渡しされる金額は，売買額面総額に 100 円当たりの単価すなわち実質価格を掛けたものに，さらに連動係数を掛けたものとなる．この連動係数は発行時から約定のときまでの物価上昇率を示す係数である．

ただし今日の物価は，実は今日現在，わからないので，3 カ月前の物価で代用する．さらに，物価連動国債はだいたい 10 日に発行されるので，10 日に取引をすれば，取引の 3 カ月前の物価指数と発行時の 3 カ月前の物価指数の比でこの連動係数が計算されるが，10 日でない場合，たとえば 10 日以前なら 3 カ月前と 4 カ月前の，また 10 日以降なら 3 カ月前と 2 カ月前の物価を使って直線補完することになる．

数式が複雑になるのを避けるため，いまちょうど利払い直後で，かつ 10 日だとして，発行時を 1 とする連動係数を P，また約定価格（実質価格）を b とする．このとき，実際の受渡し金額は Pb となる．これに対して，この債券から得られるキャッシュフローは，今後の期待物価上昇率 p に応じて増大するクーポンと償還額である．したがって，このキャッシュフローを名目金利 R で現在価値に割り引いた金額の合計は受渡し金額に等しくなるはずである．すなわち，表面利率を c，利払いは半年ごと，満期まで n 年とすれば，

$$Pb = \frac{P(1+p)^{0.5} \times 100c/2}{(1+R)^{0.5}} + \frac{P(1+p) \times 100c/2}{1+R} + \cdots + \frac{P(1+p)^n \times (100c/2 + 100)}{(1+R)^n} \quad (9.1)$$

となる．実質金利を r で表すと，

$$1 + r = \frac{1+R}{1+p} \quad (9.2)$$

であるから，これを使って整理すると，結局，

$$b = \frac{100c/2}{(1+r)^{0.5}} + \frac{100c/2}{(1+r)} + \cdots + \frac{100c/2 + 100}{(1+r)^n} \quad (9.3)$$

となる．この式は，物価連動国債の実質価格は，表面利率（実質クーポン）を実質金利で割り引いたものになるということにほかならない．逆にいうと，発行時

図 9.1 物価連動国債の利回り推移

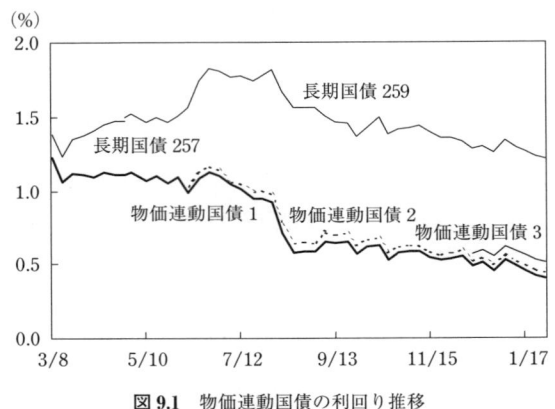

点ではそのときの実質金利に応じて表面利率が決まるが，いったん決まってしまったら，今度は実質金利が変わると債券の実質価格が変わる．名目の受渡し金額は，この実質価格にインフレ率分だけスライドする．

図 9.1 は，2004 年 3 月 8 日の初回の物価連動国債発行入札以降の利回りの推移をみたものである．物価連動国債の実質利回りは当初は約 1.3％ であったが，7 月末から急激に下がって 2005 年 1 月末には 0.5％ を下回るほどになった．この間，普通の国債（長期国債）の利回りも低下しているが，それほど大きくはない．両者の差は今後の期待インフレ率を表すが，わが国経済がデフレを脱するにつれ期待インフレ率がだんだん上昇するとともに物価連動国債への関心が高まって，実質利回りが低下したことがうかがわれる．

9.3 年金債務の評価

以上のような物価連動国債は，給付額が物価連動する年金において，ヘッジ手段として重要な役割を果たすと考えられるが，以下ではその前提として，そのような年金の債務把握について検討する．

年金債務の評価方法としては，第 6 章で説明したように，次式で示される PBO（予測給付債務）が採用されている[1]．

---

[1] わが国では，PBO の中でも期間定額基準と呼ばれる方式が採用されている．

9.3 年金債務の評価

$$L(m) = \left\{ \frac{B(M)}{1+R} + \cdots + \frac{B(M)}{(1+R)^N} \right\} \frac{m}{M} (1+R)^{-(M-m)}$$

$$= \left\{ B(M) \frac{1-(1+R)^{-N}}{R} \right\} \frac{m}{M} (1+R)^{-(M-m)} \qquad (9.4)$$

ただし，$L(m)$ は勤続 m 年の加入者に関わる年金債務（PBO），M は定年時の勤続年数，$B(M)$ は定年退職時の年金給付額，N は給付年数，R は名目金利である．

しかし，この債務評価方法には実は重大な想定がある．それは，将来の年金の給付額は一定のフォーミュラによって名目で確定しているということである．しかし，年金は退職者にとって生活の基盤となるものであるから，当然，インフレになったら実質購買力を維持することが望まれる．すなわち，物価が上昇したら，それに連動して改定されることが望ましい．実際にも，年金給付額を完全にインフレスライドする企業は必ずしも多くないが，年金給付額が基準給与の一定比率で決まっている場合は，基準給与がだいたいインフレに応じて改定されるので，年金給付が自動的にインフレスライドすることになる[2]．ただし，この場合，年金のインフレスライドは在職している間だけであることに注意を要する．退職時点で基準給与に従って年金額が決められたら，その後はそのままで，インフレスライドしない．

それでは，このようにインフレスライドする年金の債務はどのように評価されるのであろうか．ここでは，まず完全にインフレスライドする場合，すなわち在職中も退職後も年金がインフレにスライドして増加する場合を考えてみる．この場合，現在の賃金カーブによれば退職（定年）時にもらえる年金を $B(M)$ とすると，退職するまでの間にインフレが進行するので，実際に退職時にもらえる金額はインフレ分だけ膨らむことになる．いま期待インフレ率を p とすると，現在勤続 m 年の従業員は最初に年金をもらう（定年の翌年）まで $M-m+1$ 年あるので，そのとき受け取る実際の金額は $(1+p)^{M-m+1}$ だけ膨らむと予想される．さらに退職後もインフレに応じて給付額は膨らんでいくので，給付は N 年間行われるとすると，最後の受取りのときには $(1+p)^{M-m+N}$ だけ膨らむことになる．したがって，この年金の PBO は，こうした給付額を名目の金利 R で割り引いた

---

[2] 2002年9月の「退職金・年金に関する実態調査」によると，賃上げがあると，年金や退職金に全額跳ね返るという会社が 19.3%，賃上げの一部だけが跳ね返るという会社が 32.6% であった．

ものとして，次式のように表される．

$$L^P(m) = \left\{ \frac{(1+p)^{M-m+1}B(M)}{1+R} + \cdots + \frac{(1+p)^{M-m+N}B(M)}{(1+R)^N} \right\} \frac{m}{M}(1+R)^{-(M-m)}$$

$$= \left\{ \frac{B(M)}{(1+R)/(1+p)} + \cdots + \frac{B(M)}{((1+R)/(1+p))^N} \right\} \frac{m}{M}\left(\frac{1+R}{1+p}\right)^{-(M-m)}$$

$$= \left\{ B(M)\frac{1-(1+r)^{-N}}{r} \right\} \frac{m}{M}(1+r)^{-(M-m)} \tag{9.5}$$

ただし，$L^P(m)$ は給付額が完全インフレスライドする年金の勤続 m 年の従業員に関わる PBO である．上式は，給付額が名目で決まっている場合の PBO の計算式で，すなわち (9.4)式で，名目金利を実質金利に代えたものとなっている．完全インフレスライドの年金では，給付額が実質で与えられることになるので，現在の賃金カーブから計算される給付額を実質金利で割り引くのである．

次に，インフレスライドは明示されていないが，給付が退職時の基準給与によって決まるとして，その基準給与がインフレスライドする場合を考える．この場合は，年金給付額は勤続中だけインフレスライドするが，それ以降はインフレスライドしない．したがってこの場合の給付額は，退職時までの $M-m$ 年はインフレが反映されるが，その後はインフレが進行しても退職時の金額で固定されたままとなる．PBO はこの年金額（名目）を名目の金利で割り引いて求められるが，それを整理すると下式のようになる．

$$L^W(m) = \left\{ \frac{(1+p)^{M-m}B(M)}{1+R} + \cdots + \frac{(1+p)^{M-m}B(M)}{(1+R)^N} \right\} \frac{m}{M}(1+R)^{-(M-m)}$$

$$= \left\{ \frac{B(M)}{1+R} + \cdots + \frac{B(M)}{(1+R)^N} \right\} \frac{m}{M}\left(\frac{1+R}{1+p}\right)^{-(M-m)}$$

$$= \left\{ B(M)\frac{1-(1+R)^{-N}}{R} \right\} \frac{m}{M}(1+r)^{-(M-m)} \tag{9.6}$$

ただし，$L^W(m)$ は給付額が賃金スライドする年金の勤続 m 年の従業員に関わる PBO である．退職後は給付額がインフレになっても一定のままなので，名目の

9.3 年金債務の評価

金利が適用されるが,それを現在まで割り引くときは,退職時までは賃金にスライドして年金額もインフレスライドする,つまり実質価値が維持されるので,実質金利で割り引くことになる.

ところで,給付額を変化させる要因は,インフレに限られるわけではない.生産性が上がれば当然,基準給与も改善される.たとえば,日本経済が回復して生産性が上がると,賃金もそれにつれて実質的に引き上げられるが,年金給付額が基準給与の一定比率で決まっていれば実質的に増加する.このとき,実質金利も生産性を反映しておそらく上昇するから,年金給付額と金利が実質でともに上昇することになる.そうした理由はともかく,ここでは,なんらかの要因で実質金利に関連する実質賃金引上げ要因を θ で表し,実質金利が r のとき実質賃金は θ だけ上がるとする.この場合,定年時の基準給与(名目)はインフレ分とこの要因分だけ膨らんで,現在の賃金カーブの $((1+p)(1+\theta))^{M-m}$ 倍になる.年金給付額もこれにつれて,現在の基準給与で計算したものより同じだけ増加する.PBO は,この給付額を名目の金利で割り引いたものとして,結局,次のようになる.

$$\begin{aligned}L^r(m) &= \left\{\frac{((1+p)(1+\theta))^{M-m}B(M)}{1+R} + \cdots + \frac{((1+p)(1+\theta))^{M-m}B(M)}{(1+R)^N}\right\}\frac{m}{M}(1+R)^{-(M-m)}\\ &= \left\{\frac{B(M)}{1+R} + \cdots + \frac{B(M)}{(1+R)^N}\right\}\frac{m}{M}(1+\theta)^{M-m}\left(\frac{1+R}{1+p}\right)^{-(M-m)}\\ &= \left\{B(M)\frac{1-(1+R)^{-N}}{R}\right\}\frac{m}{M}(1+\theta)^{M-m}(1+r)^{-(M-m)} \end{aligned} \quad (9.7)$$

ただし,$L^r(m)$ は賃金が実質金利を反映して変動する年金の勤続 m 年の従業員に関わる PBO である.年金が賃金スライドする場合とほぼ同じであるが,$(1+\theta)^{M-m}$ が付け加わっていることだけが異なる.賃金が実質金利を反映するため,それによって退職時の基準給与がこの分だけ増えるからである.

なお,以上の PBO はいずれも勤続 m 年の従業員に関わる年金債務である.企業ないし基金全体の PBO は,現役の従業員と退職した受給者に関わるこれらの年金債務をすべて足しあわせたものとなる.給付額が名目で決まっている場合で示すと,次のように表される.他のケースも同じように表される.

$$L = \sum_{m \subseteq M} L(m) + \sum_{n \subseteq N} L'(n) \tag{9.8}$$

ただし，L は給付額が名目で固定されている年金の会社全体の PBO，$L'(n)$ は退職後 n 年の受給者に関わる PBO で次式のように定義される．

$$L'(n) = \frac{B(M)}{1+R} + \cdots + \frac{B(M)}{(1+R)^{N-n}} \tag{9.9}$$

9.4 年金債務と資産価格の変化

それでは，このような PBO はどのような変動を示すのであろうか．本章では，資産運用との関連で債務を議論しているので，死亡率や中途退職率などの要因は無視することにすれば，PBO の変動は金利およびそれに付随する給付額の変化によって生じるといえる．ただし，金利（名目）の変化には期待インフレ率の変化と実質金利の変化によるものがある．年金の制度によって，PBO はこの両者に対して異なった反応を示すので，両者を区別してとらえる必要がある．

金利が変動したときに資産や債務がどれくらい変動するかは，一般にデュレーションでとらえられる．ここでは金利変動を 2 つの要因に分けているので，デュレーションもインフレデュレーションと実質金利デュレーションの 2 つを考える必要がある．それぞれは次のように表される．

まず，インフレデュレーションは

$$\begin{aligned} D_{L,p} &= -\frac{\partial L/\partial p}{L}, & D_{L,p}^{P} &= -\frac{\partial L^{P}/\partial p}{L^{P}}, \\ D_{L,p}^{W} &= -\frac{\partial L^{W}/\partial p}{L^{W}}, & D_{L,p}^{r} &= -\frac{\partial L^{r}/\partial p}{L^{r}} \end{aligned} \tag{9.10}$$

と表される．ただし，$D_{L,p}$ は給付額が名目で決まっている年金のインフレデュレーションで，下添字の L, p は債務の期待インフレ率に対するデュレーションであることを示す．他の年金の場合は上添字で制度を区別する．P は給付額が完全インフレスライドする年金，W は給付額が賃金スライドする年金，r はさらに賃金が実質金利を反映して変動する場合を示す．

また実質金利デュレーションは

9.4 年金債務と資産価格の変化

$$D_{L,r} = -\frac{\partial L/\partial r}{L}, \quad D_{L,r}^P = -\frac{\partial L^P/\partial r}{L^P}, \quad D_{L,r}^W = -\frac{\partial L^W/\partial r}{L^W},$$

$$D_{L,r}^r = -\frac{\partial L^r/\partial r + (\partial L^r/\partial \theta)(d\theta/dr)}{L^r} \tag{9.11}$$

と表される．ただし，$D_{L,r}$ は給付額が名目で決まっている年金の実質金利デュレーションで，下添字の L,r は債務の実質金利に対するデュレーションであることを示す．また上添字は，インフレデュレーションの場合と同じく年金制度の違いを示す．

期待インフレ率や実質金利が変動したとき，PBO が制度（給付額の決まり方）によってどう変わるか，具体的なイメージをつかむため次のような数値例を考えよう．まず加入者は 25〜64 歳まで 40 年間勤続し，65 歳から 20 年間年金を受給する．そして，年金給付額は勤続 1 年につき基準給与の 1% が付与されるとし，賃金カーブは 25〜64 歳まで 1 年勤続が増えると 3% 上昇する．また金利は，実質金利が 1%，期待インフレ率が 2%，したがって名目金利が 3.02% とし当初 $\theta = 0$ とする．人員構成は 25〜84 歳まで同一の人数として，途中での死亡や退職はないものとする．

表 9.1 は，このときの年金債務の評価額を年間の賃金支払い総額を 100 として示したものである．表には (9.4)〜(9.7) 式で示される PBO に加えて，第 6 章で示した ABO（発生給付債務）[3] も掲げてある．この表によると，まず ABO は PBO よりかなり小さいことがわかる．逆にいうと，ABO ではバックローディングがかなりの額になる．また給付額が名目で決まっているか，インフレスライドするか，あるいは退職時の基準給与に従うかによって，さらに基準給与の変化に実質金利の変化に伴う分を勘案するかどうかによってもかなり違っている．当然ながら，給付額が完全インフレスライドする場合が最も大きく，名目で決まっている場合が最も小さい．また $\theta=0$ としたので，給付額が退職時の基準給与で決まる場合は，給与が実質金利を反映してもしなくても債務評価額は変わらない．

表 9.2 は，この数値例における年金債務のデュレーションである．金利変動の要因に従って，インフレデュレーションと実質金利デュレーションが示してある．まず給付が名目で決まっている場合は，期待インフレ率の変化に対しても実質金

---

[3] ABO およびその評価式については第 6 章を参照．

表 9.1 年金債務評価額の比較

	ABO	PBO	インフレスライド	名目給与比例	実質金利反映
評価額（賃金総額＝100）	534	622	847	679	679
うち受給者分（％）	48.7	41.8	35.0	33.3	33.3

表 9.2 年金債務のデュレーション

	ABO	PBO	インフレスライド	名目給与比例	実質金利反映
デュレーション	12.1	14.0			
インフレ	12.1	14.0	0.0	8.4	8.4
実質金利	12.2	14.2	16.7	16.4	8.4
加入者分	17.7	19.7			
インフレ	17.7	19.7	0.0	9.3	9.3
実質金利	17.9	19.9	22.1	21.4	9.3
受給者分	6.3	6.3			
インフレ	6.3	6.3	0.0	6.5	6.5
実質金利	6.3	6.3	6.7	6.5	6.5

利の変化に対しても同じように名目金利が動くので，ほぼ同じデュレーションとなる．金利設定の仕方のため若干テクニカルな差が出るが，PBO のデュレーションは約 14 年である．

これに対して，給付が完全インフレスライドする場合，インフレデュレーションはゼロとなる．期待インフレ率が上昇すると将来の名目給付額が増加するが，名目金利も同じように上昇するので，両者がちょうど相殺して債務額は変わらないのである．この場合，給付額は実質ベースで決まっており割引も実質金利で行われるから，期待インフレ率が変化しても実質ベースでは変化はないとも考えられる．逆にこの場合，実質金利が変化すると実質的な債務は大きく変化することになる．実質金利デュレーションは非常に大きく 16.7 年にもなる．

一方，給付額が退職時の基準給与に比例する場合，すなわち名目給与比例の場合は，実質金利の変化に対するデュレーションは完全インフレスライドの場合とほぼ同じ 16.4 年であるが，期待インフレ率の変化に対するデュレーションもゼロではなく約 8.4 年となる．名目給与比例の場合，インフレスライドは在職中だけしか適用されないので退職後は給付が改定されず，インフレになるとその分だ

9.4 年金債務と資産価格の変化

け実質的な債務が減ることになるからである.

　最後に，実質金利の変化が基準給与をとおして年金給付額に反映される場合であるが，期待インフレ率の変化に対しても実質金利の変化に対しても，デュレーションは8.4年と同じになる．インフレが変化した場合も実質金利が変化した場合も，給付額は基準給与を通して在職中のものだけ改定されることになるからである．なお，実質金利が変化したとき基準給与がどれだけ変化するかは把握が難しいが，ここでは，基準給与（実質賃金）の上昇率が実質金利の変化と等しい，すなわち $d\theta/dr = 1$ として計算してある．この比率が1より小さければ，その分だけ実質金利の変化に対するデュレーションは小さくなる.

　次は資産側のデュレーションであるが，問題は金利変動を2つの要因に分けたとき，各資産ははたしてインフレに対してどういう反応を示すか，である.

　まず，普通の債券（名目債）はキャッシュフローが名目で固定されているのでインフレに弱い．また変動利付債は，金利がインフレを反映するならば，インフレになると金利が上がってクーポン（利息）が増えるから，インフレに強いようにみえる．しかし金利が変動するのは，実をいうと将来の期待インフレに対してであり，変動利付債のクーポンが増えるのも，実は将来の期待インフレに対してのことである．実際のインフレが期待どおりであればよいが，実績が期待と違ったりすると，クーポンの増加はインフレを反映しないことになる．実際，インフレは期待どおりとはならず，往々にしてサプライズとして生じる．変動利付債はそれに対しては頑強というわけにはいかない.

　これに対して物価連動国債は実績のインフレにスライドして元本，利息が増加するので，期待インフレ率に対してもサプライズのインフレに対しても対応できると考えられる．ただし，すでに述べたように，実質金利が変動すると実質価格は変動する.

　一方，株式は企業の持ち分であり，その企業は実物資産を保有しているからインフレに強いようにみえる．しかし過去の実績をみると，インフレになると株価は下落する傾向がある．これに関してFama [1981] は，インフレになると金融が引き締められて経済活動が低下し，企業収益が悪化するため株価は下がると説明した．またFeldstein [1980] は，企業収益がインフレで膨らむが，それは実は元本がインフレスライドしているにすぎないのに，それにも課税されてしまうため税負担が重くなって実質収益（税引き後）が減少し，株価も下がるのだと説

表 9.3　債券のデュレーション

	名目債券				物価連動国債	
	5年	10年	20年	30年	10年	20年
デュレーション	4.6	8.6	15.0	19.8		
インフレ	4.6	8.6	15.0	19.8	0.0	0.0
実質金利	4.7	8.7	15.2	20.0	9.5	18.1

期待インフレ2%,実質金利1%,名目金利3.02%,債券はいずれもクーポン3%,物価連動国債はいずれも表面利率1%とする.

明した.ただし,株式は長期的にはインフレスライドするという実証研究もないわけではない(Boudoukh and Richardson[1993]).

それはともかく,インフレか実質金利かで各資産の反応は違うのであるから,それぞれのデュレーションも,インフレと実質金利に対して求める必要がある.

まず普通の債券は元本やクーポンが名目で決まっているので,名目の金利が変化すると,それがインフレによろうと実質金利によろうと,同じように価格は変化する.すなわち,インフレデュレーションも実質金利デュレーションもほぼ同じである.表9.3に数値例を掲げたが,10年債は8.6年,20年債は15.0年,30年債は19.8年くらいである.

これに対して物価連動国債はすでにみたように,インフレが実際に進んでも期待インフレ率が変化しても実質価格は変化しない.つまりインフレデュレーションはゼロである.一方,実質金利が変化すると,すでに述べたように価格(実質価格)は変化する.実質金利デュレーションは,表9.3に掲げたように残存10年で9.5年,残存20年で18.1年くらいである.

最後に株式であるが,そのデュレーションははたしてどのようにして求めるのであろうか.株式の価格は一般に,DDM(dividend discount model:配当割引モデル)で把握されるので,そのデュレーションも理論的にはこれから計算できる.DDMは次式のように表されるので,この式で金利,すなわち割引率 k を動かしたとき,株価がどのように変わるかを計算すればよいはずである.すなわち,

$$S = \frac{Dvd_1}{1+k} + \frac{Dvd_2}{(1+k)^2} + \frac{Dvd_3}{(1+k)^3} + \cdots$$

$$= \frac{Dvd}{1+k} + \frac{(1+g)Dvd}{(1+k)^2} + \frac{(1+g)^2 Dvd}{(1+k)^3} + \cdots = \frac{Dvd}{k-g} \tag{9.12}$$

より，株式のデュレーションは

$$D_S = -\frac{\partial S/\partial k}{S} = \frac{1}{k-g} = \frac{S}{Dvd} \qquad (9.13)$$

となる．ただし，S は株価，Dvd_t は t 期の配当，k は割引率，g は配当が定率成長するときの成長率で，$Dvd_t = (1+g)^{t-1}Dvd$ である．

(9.13)式は，株式のデュレーションは配当分の株価，つまり，配当利回りの逆数ということを示す．配当利回りは現在，1～1.5%くらいであるから，デュレーションは 67～100 となる．本当にこれほど大きいのかというと，実はいくつかの研究ではだいたい 3～6 年と，かなり短いとされている．こうした違いが生じたのは，実は (9.13)式の偏微分 $\partial S/\partial k$ にある．これは，他の条件を一定として，割引率（金利）が変化したとき株価がどう変化するかを示す．しかし経済的な関係を考えると，割引率が変化するような場合は将来のキャッシュフローも変化すると考えた方がよい．つまり，上式でいうと成長率 g も同時に変わると考えた方がよい．

そうした要素を織り込むと，デュレーションはどうなるのだろうか．Leibowitz [1986] は，次のように株式と債券の相関を使って，債券のデュレーションから株式デュレーションを計算することを提案している．

$$D_S = D_B \rho_{SB} \frac{\sigma_S}{\sigma_B} \qquad (9.14)$$

ただし，D_S は株式のデュレーション，D_B は債券のデュレーション，ρ_{SB} は株式と債券の相関係数，σ_S は株式の標準偏差，σ_B は債券の標準偏差である．

この式によると，債券市場のインデックス（NOMURA-BPI）のデュレーションは 5 年，標準偏差は 5%，債券と株式の相関係数は 0.3，株式の標準偏差は 20% くらいとすれば，株式のデュレーションは 6 年となる．ところが，この計算では株式と債券の相関係数が大きな役割を果たすが，その相関係数は，第 7 章でみたように，最近，大きく変化している．しかも，この傾向はわが国に限られるわけではなく，図 9.2 に示したようにアメリカにおいても同じような低下がみられる．相関係数は 60 カ月の移動平均で計算してあるが，以前は日本もアメリカも 0.3 ぐらいだったのが，日本では 1990 年代後半から，アメリカでも少し遅れて 2000 年くらいからマイナスになっている．(9.14)式にこれを当てはめると，株式のデュレーションはマイナスということになる．本当に株式のデュレーショ

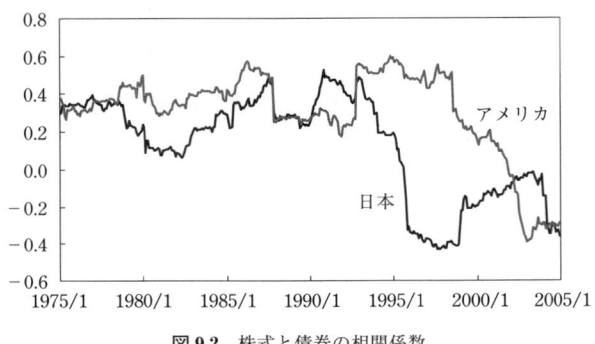

図 9.2 株式と債券の相関係数

ンはマイナスであろうか．またこうした変化には何か経済的理由があるのであろうか．

この変化はどうも経済のデフレ化と関係があるようである．先ほど説明したように，DDM から株式のデュレーションを求めるとき偏微分を使うが，それは，他の条件は一定と想定してのことである．しかし実際には，割引率が変化するとき成長率も変化する．そこで，割引率が変化したとき成長率も δ だけ変化するとすれば，株式のデュレーションを示す式は次のように書き換えられる．

$$D_S = -\frac{dS/dk}{S} = \left(1 - \frac{dg}{dk}\right)\frac{1}{k-g} = (1-\delta)\frac{S}{Dvd} \tag{9.15}$$

ただし，$dg/dk = \delta$ とおく．

(9.13)式と比べると，$(1-\delta)$ が付け加わっているが，この δ は，金利（名目）変化が期待インフレ率の変化によるか，実質金利の変化によるかによって違った値をとる．まずインフレの場合，もし企業の収益が完全にインフレスライドするならば δ は 1 になる．期待インフレ率が上がると金利はその上昇分だけ上がるが，企業収益もインフレ分だけ膨らむなら配当の成長率も同じだけ高くなり，δ は 1 である．この場合は $(1-\delta)$ はゼロとなるので，株式のデュレーションはゼロとなる．言い換えると，もし企業収益が完全にインフレスライドするならば，インフレになっても株価は変わらないのである．しかし現実には，インフレになると金融引締め政策がとられて景気が後退するなどして，企業収益は伸びが抑えられる．インフレによってある程度は増えるが，インフレほどは伸びないであろう．こうした現実からすると，インフレのときは，δ は 1 より小さいと考えられる．

9.4 年金債務と資産価格の変化

きちんとした推計は困難であるが，たとえば$\delta=0.9$とすると$(1-\delta)$は0.1となって，株式のデュレーションは配当利回りを1.5%とすれば6.7年となる．

一方，実質金利が上がる場合は，だいたい経済が拡張するときである．そしてそのとき，企業収益は実質金利の上昇以上に伸びると考えられる．そうすると，δの値は1より大きくなる．たとえばそれを1.1とおけば，$(1-\delta)$は-0.1となるので株式のデュレーションは-6.7とマイナスになる．

いまはδの値を大雑把においたが，この数字は実際に近いのではないかと推測される．表9.4はこのδを前提に，株式と債券の相関係数を推計したものである．相関係数を推計するには，δ以外に期待インフレ率や実質金利の標準偏差などいくつかのパラメータが必要であるが，それらについては1990年代前半までとそれ以降に分けて，それぞれ現実を反映するような数字をおいている．その結果，株式と債券の相関係数は，1990年代前半までは0.36，それ以降は-0.34という現実に近い数字が得られた[4]．

この推計において，期待インフレ率の変動に対する$\delta(0.9)$と実質金利の変動に対する$\delta(1.1)$は，1990年代前半までとそれ以降で変えていない．他の変数は

表9.4 株式と債券の相関係数

	1990年代前半まで	1990年代後半以降
配当利回り	0.010	0.015
インフレ δ	0.9	0.9
実質金利 δ	1.1	1.1
株式のインフレデュレーション	10.0	6.7
株式の実質金利デュレーション	-10.0	-6.7
債券デュレーション	4.0	5.0
期待インフレ率の標準偏差	0.012	0.006
実質金利の標準偏差	0.008	0.008
インフレと実質金利の相関	-0.40	-0.90
金利の標準偏差	-0.000038	-0.000043
株式の金利以外のリスク	0.10	0.10
株式の標準偏差	0.1962	0.1506
債券の標準偏差	0.0458	0.0184
株式と債券の共分散	0.0032	-0.000933
株式と債券の相関係数	0.36	-0.34

---

[4] 第7章では，相関係数の変化を要因に分けて分析したが，以上の分析は，以下での計算のため，それを簡略化して確認するものである．

少し変わっているが，相関係数に大きく効いたのは期待インフレ率の標準偏差である．以前はインフレが主導して金利が動き，しかもそれがかなり大きく変動した．これに対して最近は，デフレ経済などのためインフレ率はほとんど変化しない．期待インフレ率の標準偏差が相当に小さくなっている．一方，実質金利の標準偏差はあまり変わらなかったため相対的に大きくなって，金利変動の主導的な要因となった．その結果，株式と債券の相関係数はマイナスになったのである．

これはまた，次のようにも解釈される．インフレが主として金利を変動させるのであれば，それは株式と債券に対して同じ方向への影響を与える．たとえば，インフレで金利が上がると株式も債券も価格が下がる．これに対して，実質金利が主導して金利が上昇するのであれば，債券価格は下がる一方，そのときは景気がよくなって企業収益が伸びるということで株式は上がる．つまり，株式と債券の動きは逆になる．

先ほどは δ の値を適当においたが，現実の相関係数の変化をよく説明できるので，この値はほぼ妥当だとみてよいだろう．したがって，それを使って計算される株式のインフレデュレーションと実質金利デュレーションも妥当な数字である．以下では，株式のインフレデュレーションは $+6.7$，実質金利デュレーションは -6.7 とおいて，年金 ALM を検討することにする．

9.5 インフレを勘案した年金 ALM

年金 ALM の基本は，債務をヘッジするポートフォリオを組成することにある．それは債務との相対でいわばリスクがない資産運用である．もちろん，なんらかのリスクをとることによってプラスのリターンが得られる，すなわち債務を上回る資産のリターンが得られるなら，ヘッジポートフォリオから離れて，そのリスクをとればよい[5]．

それでは，債務をヘッジするポートフォリオとは何か．年金債務は，すでにみたように，期待インフレ率や実質金利の変動によって変化するので，資産もこのリスクをヘッジするように組む必要がある．もし株式をもつことによって超過リターンが得られるなら，それに加えて株式をもつようにすればよい．

---

[5] 以下の例は，第 6 章で示した年金 ALM を簡便化したものである．

ただし現実には，ポートフォリオ組成の手順は逆になる．株式で超過リターンが稼げるなら，まずリスク許容度に応じて株式をいくらもつかを決める．そしてその後，その株式のインフレデュレーションおよび実質金利デュレーションを前提に，名目債券（普通の債券）や物価連動国債などを組み合わせて債務側のインフレおよび実質金利のデュレーションとあうようにして，リスクヘッジをするという順になる．

ここでは，この手順に従って年金ALMを検討するが，まず出発点として，金利変化が期待インフレ率によるか実質金利によるかを区別しない通常の年金ALMを示す．この場合，インフレであれ実質金利であれ，金利が変化したときに債務は同じように変化するので，資産も期待インフレ率か実質金利かの区別なく，同じように変化するようにする．ここでは，債務Lは250，そのデュレーションD_Lは12，資産は300で，株式Sと債券Bで運用するとして，まず超過リターンを狙って株式に100だけ投資することにする．このとき，残りの200は債券で運用することになるが，問題はこの債券のデュレーションD_Bをいくらにしたらよいかである．いまは金利変化について期待インフレ率か実質金利かを区別していないので，株式のデュレーションD_Sもその区別をしないで4年とおく．年金ALMは結局，資産サイドと負債サイドのデュレーションが一致するように，債券のデュレーションを選択することにほかならない．すなわち，

$$D_B B + D_S S = D_L L \tag{9.16}$$

より，債券のデュレーションは

$$D_B = \frac{12 \times 250 - 4 \times 100}{200} = 13$$

となる．

なお，この例では積立余剰（資産＞債務）としたが，わが国の現状はほとんどが積立不足である．積立不足の場合も，年金ALMの考え方や計算方法は基本的には変わらないが，債務側の長いデュレーションに少ない金額の資産であわせなければならないので，債券のデュレーションはもっと長くしないといけないことになる．

それはともかく，本章ではこれまで，年金債務は期待インフレ率と実質金利という2つの要因によって変動することをみてきた．したがって，年金ALMにおいても，この両方の変動に対してヘッジする必要があるといえる．すなわち，債

務と資産のインフレデュレーションと実質金利デュレーションをあわせることになる．具体的には，まず先ほどと同じようにリスク許容度に応じて株式へいくら投資するかを決め，その後，

$$D_{B,p}B + D_{S,p}S = D_{L,p}^x L^x, \qquad D_{B,r}B + D_{S,r} = D_{L,r}^x L^x \qquad (9.17)$$

となるように債券ポートフォリオを決める．ただし，D の 2 番目の下添字 p はインフレデュレーションを，r は実質金利デュレーションを示す．また L の上添字 x は年金制度がどのようなタイプかを示す．すなわち，給付が名目で固定されている場合は $x=F$，完全にインフレスライドする場合は $x=p$，基準給与にスライドする場合は $x=W$，実質金利が上昇するときに増える場合は $x=r$ である．年金制度によって 2 つの等式の右辺，すなわち債務のインフレおよび実質金利デュレーションが異なってくるので，それに応じて債券ポートフォリオも変わってくる．

その債券ポートフォリオは，ここでは名目債券，物価連動国債，それにキャッシュを組み合わせて作成するとする．さらに，先ほどの通常の年金 ALM では，債券の金額は決まっていて，そのデュレーションをいくらにするかという問題であったが，今度は名目債券，物価連動国債は特定のものを想定し，すなわちそのデュレーションは与えられているとして，それぞれにいくら投資するかという問題とする．今回は 2 つのデュレーションを合わせるために，違った種類の債券にいくら投資するか，それぞれのデュレーションをいくらにするか，という 2 つを同時に決めなければならないので，どちらかを決めておかないと答えが出ないからである．ここでは，名目債券として 20 年債または 30 年債を，また物価連動国債として 10 年債または 20 年債を考える．キャッシュを債券の中に付け加えているのは，名目債券と物価連動国債だけでは 2 つのデュレーションを目標の値にすることができないので，借入れまたは短期運用によって調整するためである．結局，名目債券 B_N，物価連動国債 B_I，キャッシュ B_C を適当に組み合わせることによって，債券ポートフォリオのインフレデュレーションと実質金利デュレーションを目標に合わせることになる．

$$D_{N,p}B_N + D_{I,p}B_I + D_{C,p}B_C = D_{B,p}B, \quad D_{N,r}B_N + D_{I,r}B_I + D_{C,r}B_C = D_{B,r}B \qquad (9.18)$$

ただし，$D_{*,p}$ はそれぞれの債券のインフレデュレーションを，$D_{*,r}$ は実質金

利デュレーションを示す．

表9.5は，これを解いた結果である．前提として，先ほどと同様，年金債務は250に対して資産は株式100，債券200の合計300，したがって余剰が50としている．またデュレーションについては，前に示したように，債務のデュレーションは表9.2のとおり，債券のデュレーションは表9.3のとおり，株式のデュレーションはインフレに対しては+6.7，実質金利に対しては-6.7としている．

まず債務が名目で決まっているケースについて，債務と債券の名目のデュレーションをあわせるだけでは，金利変動に対するヘッジにならない．株式がインフレか実質金利かによって反応の仕方が違うので，債務は名目で決まっていても，2つのデュレーションを合わせるために，名目債券だけでなく物価連動国債も入れなければならない．また債務のデュレーションがかなり長いため，10年の物価連動国債や20年の名目債券のデュレーションだけでは足りないので，キャッシュをショートして（借入れを行って）レバレッジを掛けて投資する必要がある．もっと長い名目債券や物価連動国債を使えば，借入れはあまりしないですむ．

次に，年金給付がインフレスライドするケースは，物価連動国債のウエイトがかなり大きくなる．このケースでは債務のインフレデュレーションはゼロであるが，株式のインフレデュレーションが正であるので，それを打ち消すために名目債券をショートする必要が出てくる．このケースでもやはり債務のデュレーションが長いので，短い債券を使う場合，借入れ（キャッシュをショート）をしてレ

表9.5 ダブルデュレーションマッチング：年金ALMの数値例

ケース	債務		株式	物価連動国債		名目債券		キャッシュ
	$D_{L,p}$	$D_{L,r}$		10年	20年	20年	30年	
名目	14.0	14.2	100	142		189		-131
	14.0	14.2	100		74		144	-18
インフレスライド	0.0	16.7	100	582		-44		-337
	0.0	16.7	100		305		-34	-71
基準給与比例	8.4	16.4	100	352		95		-247
	8.4	16.4	100		185		72	-57
実質金利反映	8.4	8.4	100	139		95		-34
	8.4	8.4	100		73		72	55

年金債務250，株式100，債券200，余剰50．デュレーションについては，債務は表9.2，債券は表9.3，株式はインフレデュレーション+6.7，実質金利デュレーション-6.7を想定．

バレッジを掛ける必要がある．長い債券を使えば借入れは少なくて済む．

年金給付が基準給与にスライドするケース，すなわち賃金がインフレスライドする分だけ給付もインフレスライドするケースは，上の2つのケースの中間になる．長い債券を利用すれば借入れが少なくて済むことも同じである．現実にはこのケースが多いと思われるが，名目債券より物価連動国債のウエイトが大きいことが注目される．

最後に，実質金利の上昇につれて賃金が上がるのに伴って給付も改善されるというケースは，債務のインフレデュレーションは前のケースと同じなので，名目債券への投資は同じとなる．一方，債務の実質金利デュレーションは前のケースより小さいので，その分だけ物価連動国債への投資が小さくなる．借入れ（キャッシュのショート）もそれに応じて減ることになる．

9.6 デュレーション分析の限界

以上，いずれのケースでも，年金ALMにおいて物価連動国債がかなりのウエイトを占めることがわかった．とくに給付がインフレスライドあるいは賃金スライドする場合は，物価連動国債が不可欠といえる．

このように2つのデュレーションをあわせる年金ALMは，ダブルデュレーションマッチングと呼ぶことができよう．それは，繰返しになるが，期待インフレ率と実質金利の変動による債務の変動をヘッジするものである．この両者が将来の給付額の予想とその評価（現在価値）を動かすので，それをコントロールするためである．しかし，年金給付額，あるいはそのベースとなる基準給与は期待インフレ率によって変動するわけではない．それは，実際のインフレすなわち実績のインフレによって変動する．前に変動利付債についてふれたが，実際のインフレは期待インフレどおりになるとは限らない．実際のインフレが期待と違ったら，すなわちサプライズのインフレが起こったら，上のようなデュレーションマッチングでは債務の変動に追随できない．ただし，物価連動国債は実績のインフレに従って元本やクーポンが調整されるので，サプライズのインフレにも対応する．

さらに，実際の運用では超過リターンを得るために株式のリスクを余分にとったりするが，それと同じように，インフレリスクや実質金利リスクをとることによって超過リターンを上げられる可能性がないわけではない．その場合，インフ

レリスクや実質金利リスクはどれくらいか,またそれに対してどの程度の超過リターンが得られるのか,そしてそうならばどれくらいそのリスクをとったらよいかは,デュレーションマッチングでは十分把握できない.これらに答えるには,インフレを実績と期待に分けるとともに,インフレや実質金利のリスクとリターンの関係をモデル化する必要がある.次章では,シミュレーション分析によってこうした問題に答える.

参 考 文 献

浅野幸弘・藤林 宏・矢野 学,『企業年金の資産運用』,中央経済社,2003.

浅野幸弘・矢野 学,「インフレと年金債務,資産運用」,『横浜経営研究』2001年9,12月(合併号).

西岡慎一・馬場直彦,「わが国物価連動国債の商品性と役割について」,『日銀レビュー』,2004年4月.

Bobie, Z., "Inflation, Index-Linked Bonds and Asset Allocation", *Journal of Portfolio Management*, Winter 1990.

Boudoukh, J., and M. Richardson, "Stock Returns and Inflation: A Long-Horizon Perspective", *American Economic Review*, September 1993.

Fama, E. F., "Stock Return, Real Activity, Inflation and Money", *American Economic Review*, September 1981.

Feldstein, M., "Inflation and Stock Market", *American Economic Review*, December 1980.

Kothari, S. P., and J. Shanken, "Asset Allocation with Inflation-Protected Bonds", *Financial Analysts Journal*, January/February 2004.

Leibowitz, M. L., "Total Portfolio Duration: A New Perspective on Asset Allocation", *Financial Analysts Journal*, September/October 1986.

Siegel, L. B., and M. B. Waring, "TIPS, the Dual Duration, and the Pension Plan", *Financial Analysts Journal*, September/October 2004.

10

物価連動国債と年金 ALM —その 2

10.1 シミュレーションモデルの概要

10.1.1 インフレと年金 ALM

多くの国民にとって，年金は退職後の生活を維持するための最も重要な所得として位置づけられることは，いうまでもないだろう．しかし，第 9 章でもみたように，年金がそのような機能を果たすには，インフレが生じたとき給付額がそれにスライドして増加され，実質的な価値が維持されることが望まれる．現実には，必ずしも自動的に物価連動が明確に制度に織り込まれているわけではないものの，裁量的に物価変動による給付額の増減額が行われているところが多い[1]．

年金 ALM 上で，物価連動する年金債務のリスクをヘッジするためには，物価連動債の組入れが効果的と考えられるが，わが国においても，ようやく 2004 年 3 月に初めて物価連動国債が発行され始めた．しかしながら，現状わが国における物価連動債に関する統計データは十分ではないため，実績データによって期待インフレ率や実質金利に関して検証を行うことは不可能である．そこで，本章で

---

[1] 年金や退職一時金が物価連動するかどうかの統計はないが，日本経営者団体連盟の「平成 12 年 9 月度 退職金・年金に関する実態調査結果」によると，半数以上の企業が賃金上昇（ベア）の全部または一部を退職金に反映させるとしている．ベアは一般にインフレスライドするので，これは，多くの企業が年金もある程度インフレスライドさせていることを示している．

10.1 シミュレーションモデルの概要

は，インフレや実質金利のリスクとリターンの関係をモデル化し，シミュレーションによって物価連動債およびその他資産や負債のリスク・リターン特性を推定することで，年金ALM上における振る舞いを検証する．なおここでは，第9章で示したように，デュレーションを期待インフレ率に対するものと，実質金利に対するものにまでは区別せず，名目金利に対するデュレーションで代表させて議論を行うことにする．

10.1.2 年金債務のインフレ追随

ここでは以降の議論のために，前章とは少し違う形で年金債務を以下のように定義する．現在の価格（実質ベース）で表した基金全体の i 年後の年金給付額を $\overline{A}_i$ とし，インフレに対する給付の追随率を $\phi(0 \leq \phi \leq 1)$ で表すことにすると，名目の給付額 A_i は，

$$A_i = \overline{A}_i e^{\phi^e P i} \tag{10.1}$$

と表される．$^e P$ は期待インフレ率であり，名目金利 R と実質金利 r の間には次のフィッシャー関係式が成立する．

$$e^R = e^r e^{^e P} \tag{10.2}$$

このとき，年金基金の負債 L は，

$$L = \sum_i \left(A_i e^{-Ri} \right) = \sum_i \left(\overline{A}_i e^{\phi^e P i} e^{-Ri} \right) = \sum_i \left(\overline{A}_i e^{-(R-^e P)i - (1-\phi)^e P i} \right) = \sum_i \left(\overline{A}_i e^{-ri} e^{-(1-\phi)^e P i} \right) \tag{10.3}$$

と表される．(10.3)式の負債評価は，期待インフレ率による給付の増加を勘案したものであるが，一般にはそれを勘案しないで給付額を現在価格で固定したままで負債を評価している．それを $\overline{L}$ とすると，

$$\overline{L} = \sum_i \left(\overline{A}_i e^{-Ri} \right) \tag{10.4}$$

と表される．つまり，期待インフレ率が正で，インフレ追随率がゼロでない限り $L > \overline{L}$ となり，物価連動を勘案しないと負債（年金債務）は過小評価されることになってしまう[2]．

---

[2] 詳細については，浅野・矢野 [2001] を参照.

10.1.3 インフレと債券のリターン

次に,物価連動債のリターンについて,一般債への投資との対比で考えてみることにしよう.いま,t期(t時点から$t+1$時点まで)の一般債の名目リターンを$r_{B,t}$,物価連動債の名目リターンを$r_{I,t}$,一般債の修正デュレーションD_Bに対応する名目長期金利をLTR_t,期待インフレ率を^eP_t,実績インフレ率を$P_{t,t+1}$で表すことにする.一般債と物価連動債では,事前の名目期待リターンは等しいものの,一般債のt期の事後的な名目実績リターンは,t時点の長期金利LTR_tから,t期中($t+1$時点まで)の長期金利の変化$\Delta LTR_{t,t+1}$と一般債の修正デュレーションの積を控除した次式で表すことができる.

$$r_{B,t} = LTR_t - D_B \Delta LTR_{t,t+1} \tag{10.5}$$

長期金利LTR_tと期待インフレ率^eP_t,実質金利r_tの間にはフィッシャー関係式,

$$e^{LTR_t} = e^{r_t} e^{^eP_t} \tag{10.6}$$

が成立することを仮定する[3]と,(10.5)式は,

$$r_{B,t} = r_t + {}^eP_t - D_B\left(\Delta r_{t,t+1} + \Delta^e P_{t,t+1}\right)$$

となる.したがって,一般債のt期のリターンは,t期中の実質金利と期待インフレ率の双方の変動に対して影響を受けて変動することになる.すなわち,足下の実現インフレ率が高まることによって将来のインフレ期待が高まると,それに応じて名目価値は減少し,リターンが低下することになる.一方,物価連動債の場合には,クーポンや元本が実績インフレ率に対して調整される[4]ため,名目期待リターンは期待インフレ率の変動に対して感応度をもたないことになる.いま,物価連動債の修正デュレーションをD_Iで表すと,名目実績リターンは,

$$r_{I,t} = r_t + P_{t,t+1} - D_I \Delta r_{t,t+1} \tag{10.7}$$

と表されることになる.つまり,実現されたインフレ分の$P_{t,t+1}$だけ名目価値が増加され,実質的な価値が維持できる一方で,実質金利の変動によって影響されるのである.

年金給付が物価連動する場合にも,物価連動債と同様に考えることができる.前述のように,インフレ率に対する給付の追随率をパラメータϕ($0 \le \phi \le 1$)で

---

[3] 本来ならば,インフレリスクプレミアムや流動性プレミアムも加味すべきであるが,Campbell and Shiller[1996]などの過去の実証研究から,これらは安定的であり,かつ水準がそれほど大きくないという結論を援用し,ここではこれを無視できるものと仮定している.

[4] 現実には物価指数に連動するタイミングに時差があるものの,ここではこの問題は無視できるものと想定して議論を進める.

代表させ[5].債務が (10.3) 式のように表されるとする.すると,実績インフレ率に対しては必ず ϕ 倍だけ追随し,期待インフレ率の変化に対しても ϕ 倍追随することになるので,債務の修正デュレーションを D_L とすれば,年金債務の名目リターン r_L は,

$$r_{L,t} = r_t + \phi P_{t,t+1} - D_L\left(\Delta r_{t,t+1} + (1-\phi)\Delta^e P_{t,t+1}\right)$$
$$= r_t + \phi P_{t,t+1} - D_L\left(\Delta LTR_{t,t+1} - \phi \Delta^e P_{t,t+1}\right) \qquad (10.8)$$

で表される.$\phi = 1$ のケース,つまり年金債務が完全に物価連動する場合を考えると,(10.8) 式は,

$$r_{L,t} = r_t + P_{t,t+1} - D_L\left(\Delta LTR_{t,t+1} - \Delta^e P_{t,t+1}\right) = r_t + P_{t,t+1} - D_L \Delta r_{t,t+1}$$

となり,物価連動債と同じように表され,実現したインフレ分のすべてが名目価値に上乗せされるために,実質的な価値が完全に維持されることになる.

年金債務がこうした特性をもつ場合,ALM 上では同じような性質をもつ資産を保有しなければ,債務のリスクをヘッジすることは困難である.それはつまり,年金債務のリスクをヘッジするためには物価連動債が不可欠であることを意味している.そこで次には,物価連動する年金債務に対して,物価連動債を組み入れた場合の年金 ALM モデルを定義する.

10.1.4 物価連動を考慮した年金 ALM モデル

以下の ALM モデルは,第 9 章のモデルをサープラスのリスク・リターンが把握できるように拡張したものである.

年金基金は現在,債務 L に対して資産 W を保有しており,その資産を一般債券,物価連動債,株式にそれぞれ,B,I,S だけ投資しているとする.ここで,資産と債務の差をサープラス Y で表す.すなわち,

$$Y = W - L = (B + I + S) - L$$

である.また,資産の債務に対する比率をファンディングレシオ f と呼び,

$$f = \frac{W}{L}$$

---

[5] 債務のインフレ追随は,実績インフレ率に対する事後的なものと,期待インフレ率に対する将来的なものに分けて考えることができる.しかし,ここではこれらを区別せず,単一のパラメータとして表せることとした.

と定義する．資産に占める株式ウエイト k，物価連動債のウエイト h をそれぞれ，

$$k = \frac{S}{B+I+S}, \quad h = \frac{I}{B+I+S}$$

で表す．このとき，サープラス Y は，

$$Y = (1-h-k)fL + hfL + kfL - L \tag{10.9}$$

で表すことができる．

次に，各資産と債務それぞれの名目期待リターンを，一般債は μ_B，物価連動債は μ_I，株式は μ_S，債務は μ_L で表し，サープラスリターンを債務 L で基準化したものと定義する．いま，想定する投資期間に対応するサープラスの変化が ΔY であるとすると，サープラスリターンの期待値 μ_Y は，

$$\mu_Y = \frac{E[\Delta Y]}{L} = \{(1-h-k)\mu_B + h\mu_I + k\mu_S\}f - \mu_L \tag{10.10}$$

と表される．ここで，各資産・債務それぞれのリスクを，一般債は σ_B，物価連動債は σ_I，株式は σ_S，債務は σ_L で表す．また，それぞれの相関を，一般債と物価連動債は $\rho_{B,I}$，一般債と株式は $\rho_{B,S}$，一般債と債務は $\rho_{B,L}$，物価連動債と株式は $\rho_{I,S}$，物価連動債と債務は $\rho_{I,L}$，株式と債務は $\rho_{S,L}$ であるとすると，サープラスリスク σ_Y は，

$$\begin{aligned}\sigma_Y &= (1-h-k)^2 f^2 \sigma_B^2 + h^2 f^2 \sigma_I^2 + k^2 f^2 \sigma_S^2 + 2(1-h-k)hf^2 \sigma_B \sigma_I \rho_{B,I} \\ &\quad + 2(1-h-k)kf^2 \sigma_B \sigma_S \rho_{B,S} + 2hkf^2 \sigma_I \sigma_S \rho_{I,S} + \sigma_L^2 \\ &\quad - 2(1-h-k)\sigma_B \sigma_L \rho_{B,L} - 2\sigma_I \sigma_L \rho_{I,L} - 2\sigma_S \sigma_L \rho_{S,L}\end{aligned} \tag{10.11}$$

と表すことができる．

各資産・債務それぞれの名目リターンの系列が存在すれば，その期待値や分散共分散を算定することによって，サープラスフロンティアを得ることができる．一般債や株式では時系列の統計数値が数多く存在するものの，物価連動債や債務に関してはデータが存在しない．そこで，ここでは 10.2 節のシミュレーションによってこれらのパラメータを推計することとした．

10.2 期待インフレ率と実質金利の推計

年金資産の運用対象となる各資産や年金債務のリスク・リターンを推定するにあたって，既述のとおり，物価連動債はわが国において発行され始めて日が浅く，現時点で入手可能な実際の価格は，期待リターン・リスクのパラメータを推定するためには十分ではない．そこで，本章では過去の名目金利や物価指数などを利用して，ベクトル自己回帰（VAR：vector autoregression）モデルによって期待インフレ率を推定し，それから実質金利の系列を作成した．そして，この実質金利を使って物価連動債などの変動を推計した．

10.2.1 期待インフレ率モデルの構築

VARモデルの変数は，実績インフレ率 P_t，長短スプレッド SPR_t，短期金利 STR_t とし，1期ラグのVAR(1)モデルを用いた．なお，実績インフレ率および短期金利については1回階差系列を利用した．すなわち，

$$\Delta P_t = a_{1,0} + a_{1,1}\Delta P_{t-1} + a_{1,2}SPR_{t-1} + a_{1,3}\Delta STR_{t-1} + e_{1,t}$$
$$SPR_t = a_{2,0} + a_{2,1}\Delta P_{t-1} + a_{2,2}SPR_{t-1} + a_{2,3}\Delta STR_{t-1} + e_{2,t}$$
$$\Delta STR_t = a_{3,0} + a_{3,1}\Delta P_{t-1} + a_{3,2}SPR_{t-1} + a_{3,3}\Delta STR_{t-1} + e_{3,t} \quad (10.12)$$

によって各パラメータを推定した．ここで，$e_{1,t}$，$e_{2,t}$，$e_{3,t}$ はそれぞれのモデルにおける誤差項を表している．ここで，

$$X_t = \begin{bmatrix} 1 \\ \Delta P_t \\ SPR_t \\ \Delta STR_t \end{bmatrix}, \quad A = \begin{bmatrix} 1 & 0 & 0 & 0 \\ a_{1,0} & a_{1,1} & a_{1,2} & a_{1,3} \\ a_{2,0} & a_{2,1} & a_{2,2} & a_{2,3} \\ a_{3,0} & a_{3,1} & a_{3,2} & a_{3,3} \end{bmatrix}, \quad e_t = \begin{bmatrix} 0 \\ e_{1,t} \\ e_{2,t} \\ e_{3,t} \end{bmatrix}$$

とおくと，X_t の n 期先までの平均期待値 $\overline{X_{n,t}}$ は，

$$\overline{X_{n,t}} = \frac{1}{n}E[X_{t+1} + X_{t+2} + \cdots + X_{t+n}] = \frac{1}{n}(A + A^2 + \cdots + A^n)X_t$$

と表すことができる．さらに，

$$B = \frac{1}{n}(A + A^2 + \cdots + A^n) = \begin{bmatrix} \frac{1}{n}(1+\cdots+n) & 0 & 0 & 0 \\ b_{1,0} & b_{1,1} & b_{1,2} & b_{1,3} \\ b_{2,0} & b_{2,1} & b_{2,2} & b_{2,3} \\ b_{3,0} & b_{3,1} & b_{3,2} & b_{3,3} \end{bmatrix}$$

で表すことにすると，n 期先までの平均期待インフレ率階差は $\Delta^e P_{n,t}$ は，

$$\Delta^e P_{n,t} = b_{1,0} + b_{1,1} \Delta P_t + b_{1,2} SPR_t + b_{1,3} \Delta STR_t \tag{10.13}$$

となる．

長期名目金利 LTR_t と期待インフレ率 $^e P_t$，実質金利 r_t の間にはフィッシャー関係式(10.6)が成立することを仮定すると，(10.13)式によって推定された期待インフレ率 $^e P_{n,t}$ と長期名目金利の実績 LTR_t を用いて，実質金利 r_t を推計することができる．

10.2.2 実質金利と株式リターンモデルの構築

この実質金利 r_t について，次式のように実績インフレ率 P_t，1期ラグの実質金利 r_{t-1} との関係を推定することによって，実質金利 r_t の変動モデルを構築した．

$$r_t = c_0 + c_1 P_t + c_2 r_{t-1} + \varepsilon_t \tag{10.14}$$

同様に，株式の実績リターン r_S を，期待インフレ率 $^e P_{n,t}$，実質金利 r_t を用いて，次式のように推定した．

$$r_{S,t} = d_0 + d_1 {}^e P_{n,t} + d_2 r_t + \eta_t \tag{10.15}$$

なお，ε_t, η_t は，それぞれのモデルにおける誤差項を表す．

10.2.3 資産と負債のリスク・リターン

以上のモデル化によって，(10.12)式で表される VAR(1) モデルの誤差項をランダムに発生させるモンテカルロシミュレーションを行えば，実績インフレ率，さらには (10.13)式から期待インフレ率の各系列を得ることができる．さらに，(10.14)，(10.15)式において，(10.12)式と同様に，誤差項をランダムに発生させるモンテカルロシミュレーションを行うことによって，実質金利，株式リターンの各系列を得ることができ，さらに，(10.6)式により長期金利系列を得ることができる．

一般債，物価連動債および債務のリターンはそれぞれ，(10.5)，(10.7)，(10.8)

式によって算出し，(10.15)式による株式リターンとともに，各資産および債務のそれぞれについて，リターン系列を生成することが可能となる．

これらの系列よって，サープラスフロンティアの導出に必要な期待値および分散共分散のパラメータを算定し，ファンディングレシオ f や，年金のインフレ追随率 ϕ を変化させた場合に，年金 ALM 上でサープラスフロンティアや各資産がどのような振る舞いをするのかを確認することにした．これらモデル間の関係を整理し，シミュレーション方法を示したものが図 10.1 である．

次に，使用したデータについて説明するとともに，以上の方法から導かれた分析結果を示す．

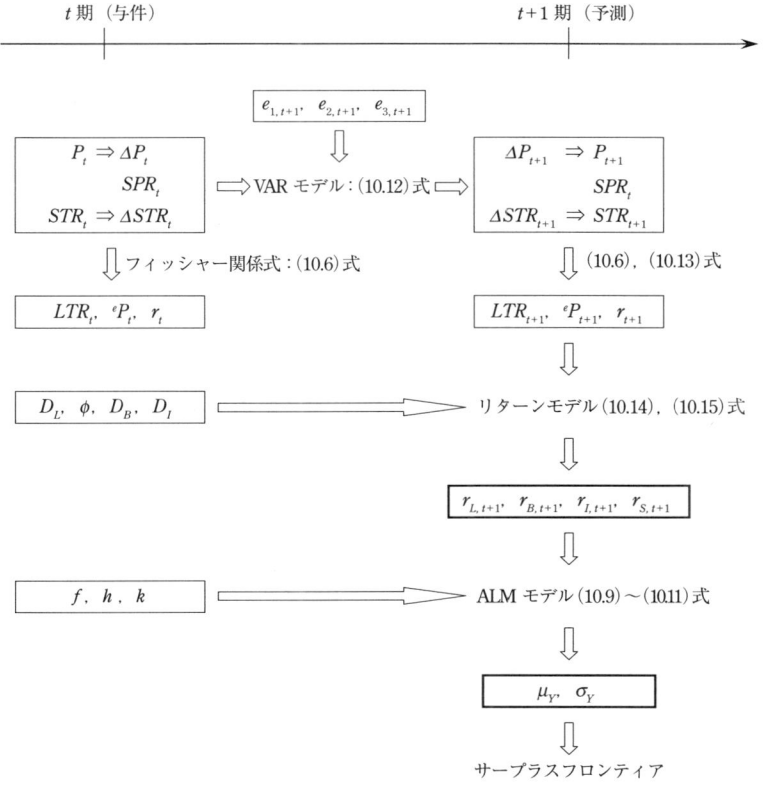

図 10.1 各モデルによるリターン系列の推定方法

10.2.4 モデルの推定結果

ここではまず，期待インフレ率の推定に用いた VAR モデルの変数と推定結果について述べる．(10.12)式の VAR(1) モデルに用いた変数のうち，実績インフレ率 P_t は，総務省統計局発表の消費者物価指数（総合，全国，生鮮食品を除く）の前年同月比対数値を用いた．長短スプレッド SPR_t を算出するにあたって使用した長期金利は，東京証券取引所上場国債（10 年物）最長期利回り（月末値），短期金利は日本銀行金融経済統計より有担保コール翌日物（月中平均）をそれぞれ用いた．これらのデータはすべて月次であるが，モデルには年率化することによって年次データに変換している．使用したデータ期間は，石油ショック後の 1977 年から，ゼロ金利政策が適用される以前の 1996 年までとした．表 10.1 は VAR(1) モデルの推計結果である．この VAR のパラメータを使って各年 t の実績の ΔP_t, SPR_t, ΔSTR_t より，(10.13)式に従って期待インフレ率 ${}^eP_{n,t}$ を推計した．また，この期待インフレ率と長期名目金利から実質金利を推計した．さらに，(10.12)式で用いた実績インフレ率 P_t, (10.13)式で得られた期待インフレ率 ${}^eP_{n,t}$ を用いて，実質金利 r_t, および株式リターン r_S のモデルを推定した．株式リターンには TOPIX 年次収益率を用いた．これらのモデルの推定結果は表 10.2 のとおりである．

10.2.5 シミュレーションのパラメータ

次に，これらのモデルに対して，誤差項をランダムに発生させることによってモンテカルロシミュレーションを行った．まず，(10.12)式を適当に設定した後，ランダム項を発生させることによって t 期中の実績インフレ率系列 P_t を作成し

表 10.1　VAR(1) モデルの推定結果

	切片項	実績インフレ率階差	長短スプレッド	短期金利階差	決定係数	標準誤差
実績インフレ率階差	−0.010 (−2.508)	−0.025 (−0.067)	0.789 (2.243)	0.375 (1.441)	0.168	0.014
長短スプレッド	0.009 (2.796)	0.063 (0.213)	−0.053 (−0.185)	−0.388 (−1.854)	0.186	0.010
短期金利階差	−0.014 (−3.326)	−0.218 (−0.567)	1.300 (3.509)	0.608 (2.246)	0.436	0.014

1977〜1996 年の実績データをもとに (10.12)式によって推定した結果である．被説明変数は 1 期ラグの系列を用いている．なお，(　) 内の数値は t 値である．

10.2 期待インフレ率と実質金利の推計

表 10.2 実質金利および株式リターンの推定結果

	切片項	期待インフレ率	実績インフレ率	実質金利	決定係数	標準誤差
実質金利	0.017 (7.975)		0.050 (0.399)	0.646 (5.114)	0.482	0.014
株式リターン	−0.086 (−0.861)	1.870 (1.243)		2.950 (1.513)	0.029	0.185

実質金利,および株式リターンを被説明変数,(10.13)式により推定された期待インフレ率,実績インフレ率,実質金利(実質金利の場合は1期ラグ)を説明変数とした回帰分析結果である.なお,( )内の数値はt値である.

た.また,$t+1$時点の期待インフレ率系列$^eP_{n,t}$は(10.13)式によって得た.ここで,期待インフレ率は将来10年の平均を想定して$n=10$とした.さらに,(10.14),(10.15)式の誤差項をランダムに発生させ,$t+1$時点の実質金利系列r_{t+1}およびt期中の株式リターン系列$r_{S,t}$を作成した.また,$t+1$時点の名目長期金利系列LTR_{t+1}は(10.6)式によって算出した.表10.3の初期値を用いて,10,000回のシミュレーションを行うによって生成された各系列の平均および標準偏差は表10.4のとおりとなった[6].

最後に,一般債,物価連動債および年金債務の期待リターンを求めるため,これらの修正デュレーションをそれぞれ,$D_B=8.0$,$D_I=8.0$,$D_L=12.0$とした.こ

表 10.3 シミュレーションの初期値(%)

	実績インフレ率	長短スプレッド	短期金利	実質金利	株式リターン
水準初期値	1.00	2.00	2.00	2.00	—
水準標準偏差	—	1.00	—	1.00	18.00
階差初期値	0.00	—	0.00	—	—
階差標準偏差	0.50	—	1.00	—	—

表 10.4 シミュレーションによって生成された期待インフレ率,実質金利,株式リターン(%)

	実績インフレ率	実績短期金利	期待インフレ率	実質金利	名目長期金利	株式リターン
平均	1.94	3.20	2.00	2.00	4.00	7.24
標準偏差	0.51	1.00	1.04	1.00	1.45	18.24

---

[6] なお,表10.2の推定結果をそのまま用いた場合には,将来の金利上昇が反映されたシナリオとなってしまうため,ここでは将来の実質金利や期待インフレ率が横ばいとなるように,表10.2中の実質金利の切片項を調整している.

のとき,年金債務のインフレ追随率 ϕ に応じて,債務の期待リターンおよび相関行列が変化することになる. $\phi=0$ および $\phi=1$ 場合の,一般債,物価連動債,株式,年金債務の期待リターンおよび相関行列は表 10.5 のとおりとなった.ここでは,将来の実質金利および期待インフレ率が足下(初期値)と変わらないケースを想定しているため,年金債務のインフレ追随率が低い場合($\phi=0$)には,年金債務の期待リターンは 2.00％と,一般債の 4.00％に比べて低くなっている.また,一般債と年金債務の相関はほぼ 1 であるが,物価連動債と年金債務の相関は 0.7 程度となる.一方,インフレ追随率が高まると($\phi=1$),年金債務の期待リターンには期待インフレ率が上乗せされるために 3.94％と高まる.また,一般債と年金債務の相関は 0.7 程度に低下し,物価連動債との相関は 1 になる.

表 10.5 資産と負債のリスク・リターン (1)

(a) $\phi=0$ のケース

	一般債	物価連動債	株式	負債
期待リターン	4.00%	3.94%	7.24%	2.00%
リスク	10.14%	6.98%	18.24%	16.69%

相関行列	一般債	物価連動債	株式	負債
物価連動債	0.672	1.000		
株式	−0.204	−0.172	1.000	
年金債務	0.999	0.640	−0.202	1.000

(b) $\phi=1$ のケース

	一般債	物価連動債	株式	負債
期待リターン	4.00%	3.94%	7.24%	3.94%
リスク	10.14%	6.98%	18.24%	10.96%

相関行列	一般債	物価連動債	株式	負債
物価連動債	0.672	1.000		
株式	−0.204	−0.172	1.000	
年金債務	0.682	1.000	−0.173	1.000

10.3 インフレと年金資産運用

10.3.1 シミュレーション結果

ここでは，上記で得られた資産と債務のリスク・リターンのパラメータを利用して，(10.10), (10.11)式で定義した年金 ALM モデルにおいて，ファンディングレシオ f や年金のインフレ追随率 ϕ が変化する場合に，サープラスフロンティアや資産の組入れ比率がどのように変化するのかを観察した．図 10.2(a) には，$\phi=0$ のケースにおいてファンディングレシオ f を 0.6 から 1.2 まで 0.2 刻みで変化させていった場合のサープラスフロンティアの推移を示した．図 10.2(b) は $\phi=1$ のケースである．図 10.3 は，そのときの各資産への配分比率を示している．ここでのファンディングレシオはともに 0.8 であり，(a) は $\phi=0$，(b) は $\phi=1$ のそれぞれのケースにおいて，サープラスリスク水準が変化した場合の資産配分比率を示している．

図 10.2 のサープラスフロンティアの水準について，年金のインフレ追随率が低い ($\phi=0$；(a)) 場合と高い ($\phi=1$；(b)) 場合を比較すると，全般的には年金のインフレ追随率の低い方がサープラスリターンの水準は高いものの，サープ

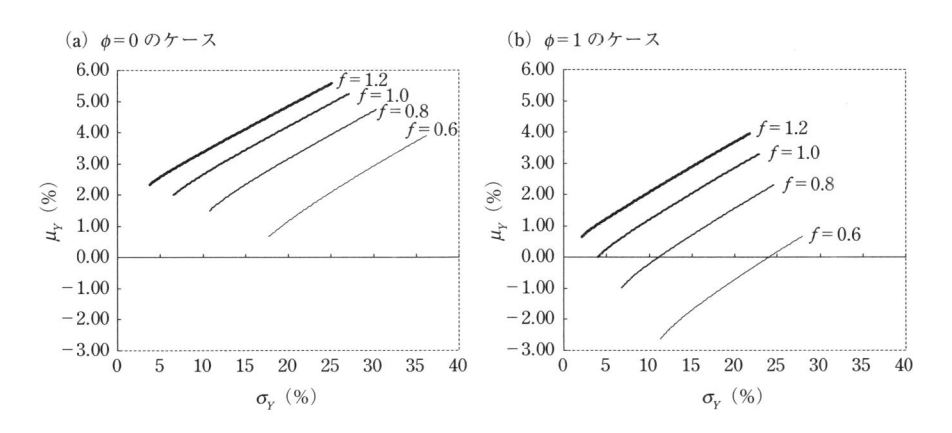

図 10.2 サープラスフロンティア(1)

ϕ：年金債務のインフレ追随率，f：ファンディングレシオ，μ_Y：サープラスリターン，σ_Y：サープラスリスク．

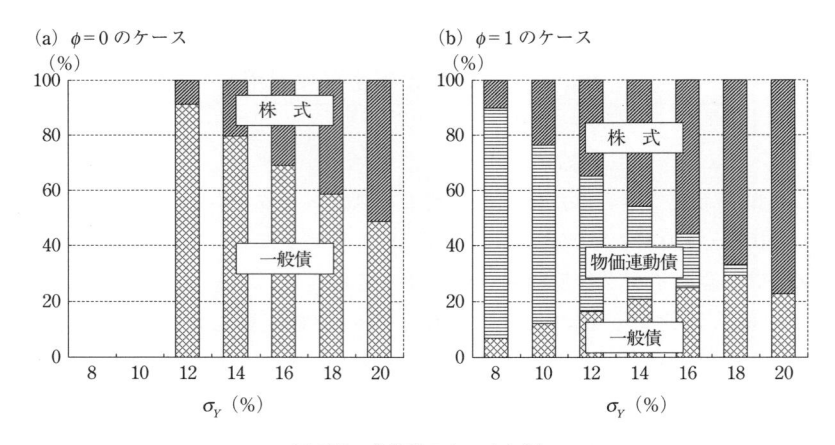

図 10.3　各資産のウエイト (1)
縦軸は資産に占める組入れウエイト，横軸はサープラスリスクの水準を表している．
ファンディングレシオはすべてのケースにおいて 0.8 である．

ラスリスクの水準もやや高くなっている．本来，将来の期待インフレ率が上昇すれば，物価連動債や物価連動する年金債務はそれにあわせてリターンが高まる．しかし，ここでは既述のとおり，将来の実質金利および期待インフレ率が初期値から変化しないケースを想定しているため，期待インフレ率の変化によるリターンへの影響はなく，リターンは実質金利と実績インフレ率の合計となる．とくに，$\phi=0$ のケースでは，年金債務の期待リターンは (10.8) 式のとおり，実績インフレ率の変化にも全く追随しなくなるので，実質金利と等しくなる．この場合，年金債務の期待リターンは，一般債（すなわち，ここでは名目長期金利と等しく，これは実質金利と期待インフレ率の合計となる）に比べて低くなるため，年金のインフレ追随率の低い方がサープラスリターンの水準は高くなるのである．

一方，$\phi=1$ のケースでは，年金債務の期待リターンは実績インフレ率を完全に反映するために，実質金利と実績インフレ率の合計となる．これは (10.7) 式の物価連動債の期待リターンと等しくなるとともに，名目長期金利ともほぼ等しくなる．さらに，物価連動債は年金債務との相関が高くなるため，物価連動債を組み入れることによって，サープラスリスクの水準を下げることができる．

このことは，図 10.3 の資産組入れ比率からも確認することができる．年金のインフレ追随率が低い場合 (a) では，年金債務との相関が高い一般債が多く組み入れられていることがわかる．なお，ファンディングレシオが高い場合には，

サープラスリターンを高めるために株式ウエイトを高めるものの，このケースでは物価連動債は含まれない．一方，年金のインフレ追随率が高い場合（b）では，年金債務と相関が高い物価連動債が多く組み入れられ，サープラスリターンを高めるためには，一般債よりもむしろ株式が優先的に組み入れられている．

10.3.2 前提条件を変更した場合

次に，以上までの前提条件を変更した場合に，サープラスフロンティアおよび各資産ウエイトにどのような変化が出るのかを確認しておこう．ここでは，年金債務のインフレ追随率が高い $\phi=1$ のケースについて，

① 物価連動債がない場合
② 期待インフレ率のボラティリティが大きい場合

についての変化を観察する．さらに，いままでは将来の金利水準が変化しない前提で議論をしてきたが，$\phi=0$，$\phi=1$ のそれぞれについて，

③ 現状の金利水準（将来の期待インフレ率および名目金利水準の上昇）を前提とする場合

についても確認する．

① 物価連動債がない場合

図10.4(a)にはまず，将来の金利水準が変化しない前提で，$\phi=1$ のケースにおいて物価連動債が存在しない場合のサープラスフロンティアを示した．図10.2(b)と比較すれば明らかなように，全般的に低リスク水準でのサープラスリターンの低下が顕著に認められる．これは，サープラスリスクを抑えるために，負債と相関の高い物価連動債を組み入れることができず，より低リスク水準のポートフォリオが実現できないためである．このことから，年金がインフレスライドする場合，物価連動債はサープラスリスクを低減させる有効な資産であることが確認できる．

② 期待インフレ率のボラティリティが大きい場合

次に，期待インフレ率のボラティリティが大きい場合における各資産の組入れ比率をみてみよう．図10.4(b)には，将来の金利水準が変化しない前提で，$\phi=1$ のケースにおいて，実績インフレ率階差のボラティリティを2.00%とした場合（(10.13)式より期待インフレ率のボラティリティも大きくなる）の各資産のウエイトを示した．なお，ファンディングレシオは0.8である．期待インフレ率のリ

スクが大きくなると，年金債務のリスクも大きくなる．したがって，そのリスクをヘッジするためには，負債と相関の高い物価連動債のウエイトが高まるはずである．図10.4(b)を図10.3(b)と比較すると，物価連動債のウエイトは，すべてのサープラスリスク水準において5〜15%程度上昇しており，将来のインフレ率の不確実性が多いほど，物価連動債の組入れ効果が高いことが確認できる．

③ 現状の金利水準を前提とする場合

最後に，足下の金利水準（期待インフレ率）は低いが，将来の期待インフレ率および名目金利水準が上昇することを前提とする場合についてみていくことにする．ここでは，シミュレーションの初期値（表10.3参照）に関して，実績インフレ率の水準を0.50%（横ばいケースは1.00%），長短スプレッドの水準を1.50%（横ばいケースは2.00%），短期金利の水準を0.50%（横ばいケースは2.00%）とした．この結果，期待インフレ率は足下の0.00%から将来は1.04%へ，実質金利は2.00%から1.96%へ，長期金利は2.00%から3.00%へ変化することとなる．このとき，$\phi=0$および$\phi=1$における一般債，物価連動債，株式，年金債務の期待リターンおよび相関行列は表10.6のとおりとなる．名目長期金利が上昇するため，一般債のリターンは約5%程度のマイナスとなる．一方，物価連動債は実質金利

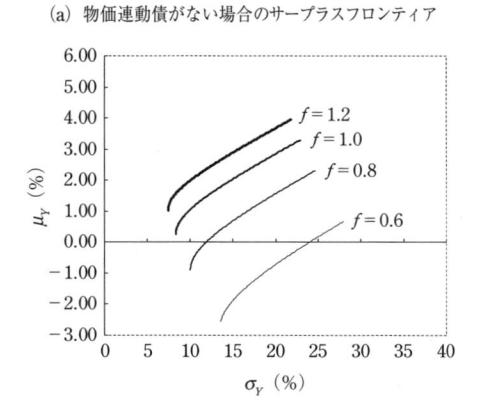

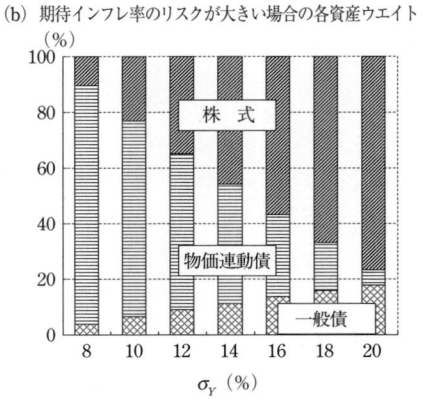

図10.4 前提条件の違いによるサープラスフロンティアと資産ウエイトの変化
ϕ：年金債務のインフレ追随率，f：ファンディングレシオ，μ_Y：サープラスリターン，σ_Y：サープラスリスク．(a), (b)ともに，$\phi=1$のケースである．また，(b)の縦軸は資産に占める組入れウエイト，横軸はサープラスリスクの水準を表している．なお，ファンディングレシオは0.8である．

10.3 インフレと年金資産運用

表 10.6 資産と負債のリスク・リターン(2)

(a) $\phi=0$ のケース

	一般債	物価連動債	株　式	負　債
期待リターン	−4.97%	3.36%	5.31%	−10.00%
リスク	10.14%	6.98%	18.24%	16.69%

相 関 行 列	一般債	物価連動債	株　式	負　債
物価連動債	0.672	1.000		
株式	−0.204	−0.172	1.000	
年金債務	0.999	0.640	−0.202	1.000

(b) $\phi=1$ のケース

	一般債	物価連動債	株　式	負　債
期待リターン	−4.97%	3.36%	5.31%	3.54%
リスク	10.14%	6.98%	18.24%	10.96%

相 関 行 列	一般債	物価連動債	株　式	負　債
物価連動債	0.672	1.000		
株式	−0.204	−0.172	1.000	
年金債務	0.682	1.000	−0.173	1.000

が若干，低下することに加えて，期待インフレ率が実績インフレ率として実現することによって3.36%のプラスのリターンとなる．負債は，$\phi=0$ の場合には長期金利が上昇することから −10.00% と大きなマイナスとなるが，$\phi=1$ の場合には物価連動債とほぼ等しいプラスのリターンとなっている．

このパラメータを前提に，$\phi=0$ および $\phi=1$ のそれぞれのケースにおいて，サープラスフロンティアを描いたのが図10.5(a)および(b)，ファンディングレシオが0.8の場合における各資産の組入れ比率を比較したものが図10.6(a)および(b)である．名目金利が上昇するこのケースでは，先までの傾向と全く異なった結果が得られる．とくに図10.5からは，年金のインフレスライド度合いが高い方がサープラスフロンティアの効率性が明らかに低下することが確認できる．これは，ϕ が1に近い場合には，将来のインフレ率が上昇するのに伴って年金債務も増加されるので，たとえ名目金利が上昇したとしても年金債務の評価が低下せず，債務のリターンがプラスとなっているためである．

一方，$\phi=0$ の場合には長期金利が上昇することから，全く物価連動しない債

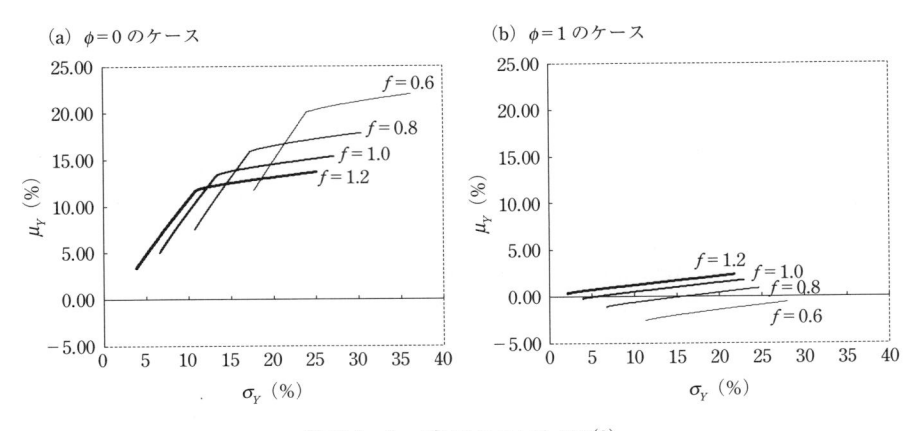

図 10.5 サープラスフロンティア(2)
ϕ：年金債務のインフレ追随率，f：ファンディングレシオ，μ_Y：サープラスリターン，σ_Y：サープラスリスク．

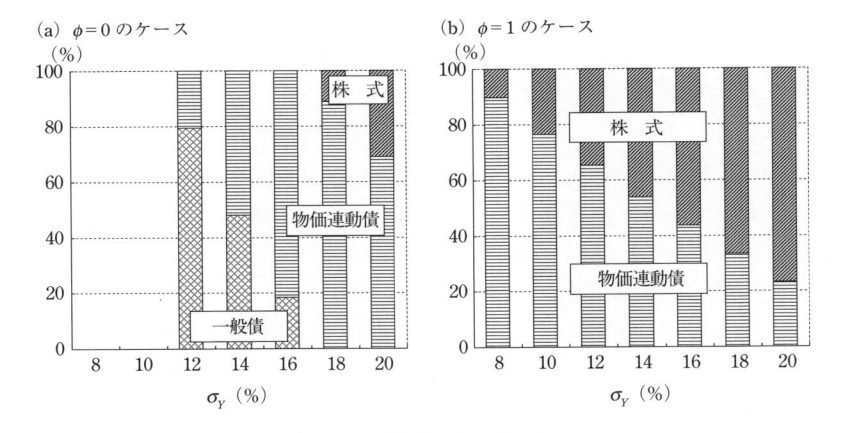

図 10.6 各資産のウエイト(2)
縦軸は資産に占める組入れウエイト，横軸はサープラスリスクの水準を表している．
ファンディングレシオはすべてのケースにおいて 0.8 である．

務は大きなマイナスとなる．これに加えて，一般債は修正デュレーションの違いから債務ほどの大きなマイナスのリターンにはならず，また債務との相関が高いため，一般債を組み入れればプラスのサープラスリターンを確保することができる．なお，図 10.5(a) においてグラフが不連続となっているのは，最適化の際に

各資産に課された非負制約のためである．サープラスリターンの水準が高まるにつれて，一般債から代替的に物価連動債へと比率を高めていくものの，サープラスリスクが大きく，かつ年金債務との相関がマイナスの株式を組み入れなければならなくなると，効率性の改善度合いは著しく低下することになってしまうのである．

逆に，$\phi=1$ の場合には，リターンがほぼ等しく相関が高い物価連動債を組み入れることによって，サープラスリスクを低減することができることになる．そのため，このケースでは一般債を組み入れることはサープラスリターンの大きな低下要因となってしまい，一般債が資産に含まれることはなくなる．しかしながら，年金債務のリターンも実現インフレを反映してプラスとなるために，図10.5 (b)からも明らかなように，サープラスリターンの水準は大きく低下してしまうことになる．

以上の分析結果をまとめると，金利水準が横ばいのケースでも，将来の期待インフレ率が上昇することによって金利水準が上昇していくようなケースであっても，年金のインフレ追随率が低い場合には，一般債を多く組み入れることで年金債務のリスクがヘッジでき，効率的なサープラスフロンティアが実現できることになる．一方で，年金債務のインフレ追随率が高い場合には，一般債では債務のリスクを十分にヘッジできず，物価連動債の組入れが不可避であることが示された．また，インフレのリスクが大きい場合には年金債務のリスクも高まるが，そのリスクをヘッジするために物価連動債の重要性も高まり，その組入れを増やすことでより効率的な年金ALMができることが確認できた．

なお，一般にファンディング比率が高い方が，より効率的なALMが実現されることはいうまでもないが，今回のシミュレーションからは将来の金利上昇が想定され，かつ年金が物価連動しない場合に限って，ファンディング比率が低いほどリスク調整後のサープラスリターン（μ_Y/σ_Y）が高くなる傾向がみられた．

10.4 ま と め

本章では，年金債務が物価連動することを考慮に入れ，物価連動債を組み入れた年金ALMについて検討を行った．日本では物価連動債が発行され始めて間もないことから，ここではシミュレーションによって年金資産・債務のリスク・リ

ターンを推定した．そして，そのパラメータを用いて，年金債務のインフレ追随率やファンディングレシオを変化させた場合のサープラスフロンティアや資産構成を観察した．

期待インフレ率や金利水準が横ばいのケースと，それらが緩やかに上昇していくケースを想定してシミュレーションを行った結果，年金債務のインフレ追随率が高い場合には物価連動債を組み入れなければ効率的な ALM が達成されず，逆に年金が物価変動をあまり反映しない場合には一般債を組み入れることで債務のリスクをヘッジできることが示された．また，全般的には，ファンディング比率が高いほどサープラスフロンティアの効率性は高まるものの，将来の期待インフレ率や金利水準が上昇するケースで年金のインフレ連動度合いが低い場合には，ファンディングレシオが低いほどリスク調整後のサープラスリターンが高まる結果が得られた．これは，一般債と負債の修正デュレーションの違いから，名目金利が上昇することによって負債のリターンが一般債を大きく下回ることになり，サープラスリターンが大きく改善するためである．この効果は積立水準が低いほどより顕著に現れることから，ファンディングレシオが低いほどサープラスの効率性が高まる結果が得られたものと考えられる．

参 考 文 献

浅野幸弘・矢野　学,「インフレと年金債務，資産運用」,『横浜経営研究』, 2001 年 12 月.
ジョン・ブリンヨルフソン，フランク・J・ファボッティ編，三井アセット信託銀行公的年金研究会訳,『インフレ連動債ハンドブック』, 東洋経済新報社, 2003.
矢野　学,「物価連動債と年金 ALM」,『証券アナリストジャーナル』, 2004 年 7 月.
Bodie, Z., "Inflation, Index-Linked Bonds and Asset Allocation", *Journal of Portfolio Management*, Winter 1990.
Campbell, J. Y., and R. J. Shiller, "A Scorecard for Indexed Government Debt", In B. S. Bernanke, and J. Rotemberg (eds.), *NBER Macroeconomics Annual*, MIT Press, 1996.
Kothari, S. P., and J. Shanken, "Asset Allocation with Inflation-Protected Bonds", *Financial Analysts Journal*, January/February 2004.
Leibowitz, M. L., and R. D. Henriksson, "Portfolio Optimization within a Surplus Framework", *Financial Analysts Journal*, March/April 1988.
Newey, W. D., and K. D. West, "A Simple, Positive Semi-Definite Heteroskedasticity and Autocorrelation Consistent Covariance Matrix", *Econometrica*, May 1987.
Sims, C. A, "Macroeconomies and Reality", *Econometrica*, January 1980.
Sims, C. A., J. H. Stock, and M. W. Watson, "Inference in Linear Time Series Models with some Unit Roots", *Econometrica*, January 1990.

11 キャッシュバランスの運用

11.1 キャッシュバランスプラン運用の視点

　キャッシュバランスプラン（CB）では，加入者一人ひとりに仮想の勘定を設けて，毎年それに一定の基準に従って拠出を行うとともに，この勘定の残高に対してあらかじめ定められた方法で利息を付与する．そして，この仮想勘定に蓄積された拠出と利息の最終的な残高がそれぞれの加入者に対する給付額（一時金あるいは年金原資）とされる．しかし，加入者ごとの勘定はあくまで仮想のものにすぎず，CBは制度的には確定給付年金の1つであり，一般の確定給付年金（DB）と同様な方法で債務が認識され，年金数理計算に従って積立てが行われる．またこの積立金の運用は企業（ないし基金）がまとめて行うが，一般には，数理計算の前提となっている予定利率を達成することに加えて，仮想残高に付与される利息を稼ぐことが目標とされている[1]．その際，予定利率を利息付与の基準とする金利からあまり乖離しないように設定しておけば，この基準金利に相当するような債券で運用すれば，運用リスクは小さいと考えられている．

　しかし，第6章で述べたように，年金債務は年金数理の積立てと必ずしも一致しない．また年金運用の年金運用たる所以は，一般の資産運用と違って，将来の

---

[1] このような資産運用については，早川［2003］を参照．

年金給付という債務に見合うように運用することにある．CB の運用についても，もしこれまでの DB と違うとしたら，それは給付の決定方法が違うため，債務の特性が異なることによる．

以下ではこうした観点に立って，まず CB の債務をいかに把握するかを検討し，それに見合うリスクのない運用とは何かを示す．次いで，その CB の特性を明らかにして各資産のリスク・リターンをそれとの対比で把握し，資産運用の視点を示す．そして最後に，CB の運用に関して陥りやすい過ちを指摘する．

11.2 キャッシュバランスプランの債務

11.2.1 経済的な債務評価

CB においては，母体企業は加入者に対して将来，仮想残高に蓄積された金額を給付する責任がある．したがって，母体企業は将来の給付額を予測し，そのうち現時点までに帰属するものを債務として認識するとともに，それに見合った積立てをして資産運用を行うことになる．問題はこの債務がいかに把握されるかである．

この点をみるために，いま勤続 m 年の加入者の仮想残高を B_m，それに対する翌年の利息付与の利率を r_{m+1}，また翌年の拠出を C_{m+1} とすると，この加入者の勤続 $m+1$ 年の残高は，

$$B_{m+1} = (1+r_{m+1})B_m + C_{m+1} \tag{11.1}$$

と表される．そして，もう 1 年経つと，

$$\begin{aligned} B_{m+2} &= (1+r_{m+2})B_{m+1} + C_{m+2} \\ &= (1+r_{m+1})(1+r_{m+2})B_m + (1+r_{m+2})C_{m+1} + C_{m+2} \end{aligned} \tag{11.2}$$

となり，これを繰り返すと，退職時の勤続を M 年とすれば，そのときの残高は，

$$B_M = \prod_{i=1}^{M-m}(1+r_{m+i})B_m + \sum_{j=1}^{M-m}\prod_{i=j+1}^{M-m}(1+r_{m+i})C_{m+j} \tag{11.3}$$

となる．この式の第 2 項は今後の拠出とそれに付与される利息であり，いわば今後の勤続に関わる給付である．したがって，債務として認識しなくてはならないのは，現在までの勤続に関わる将来の給付である第 1 項を現在価値に割り引いたものといえよう．

11.2 キャッシュバランスプランの債務

　ここで問題となるのは今後，付与される利息であるが，典型的なCBでは，それはその時々の「国債利回り」あるいは「国債利回り＋α（一定の金利）」によるとされる．いわば，CBの給付額は今後の国債利回りの動向しだいであり，債務認識もその利回りをどう想定するかによって決まってくる．それでは，この利回りはどのように想定されるかというと，それはファイナンス理論に従えば，フォワードレートとして市場金利（金利の期間構造）から与えられる．このとき債務がどう評価されるかを次のような単純な例によって説明する．

　いま勤続 m 年，仮想残高を B_m の加入者は退職まで3年を残しているとして，利息が①毎年1年スポットレートで付与されるケースと，②毎年2年スポットレートで付与されるケースを考える．なお，以下では n 年スポットレートを S_n，いまから i 年より $i+1$ 年に適用される1年ものフォワードレートを f_{i+1}，いまから i 年先スタートの k 年ものフォワードレートを $_iF_k$ で表す．またこれに対応する i 年後に実際に実現した k 年ものスポットレートを $_iS_k$ で表すことにする．

　まず利息付与が1年スポットレートで行われるケースでは，当初の仮想残高に利息を加えた1年後の残高を $A_{m+1}^{(1,E)}$ と表せば（上付きの $(1, E)$ のうち1は1年スポットレートで利息付与されることを，E は予想であることを示す），それは，

$$A_{m+1}^{(1,E)} = B_m(1+S_1) \tag{11.4}$$

となる．2年後の残高は1年後に金利がいくらになるかによるが，いまそれを確定しようとするなら，金利の期間構造が示すフォワードレートを利用することになる．すなわち，2年後の残高は上の1年後残高に，いまから1年先スタートの1年フォワードレートで利息を加えたものとなる（$S_1 = f_1$ に注意）．

$$A_{m+2}^{(1,E)} = A_{m+1}^{(1,E)}(1+f_2) = B_m(1+f_1)(1+f_2) \tag{11.5}$$

　3年後についても同じように考えれば，この加入者の退職時における現在の仮想残高に関わる残高は

$$A_{m+3}^{(1,E)} = B_m(1+f_1)(1+f_2)(1+f_3) \tag{11.6}$$

と想定される．したがって，現時点でこの加入者に関わる債務評価額を $L_m^{(1)}$ とすれば，それは，この3年後の残高を3年のスポットレートで割り引いて

$$L_m^{(1)} = \frac{A_{m+3}^{(1,E)}}{(1+S_3)^3} = \frac{B_m(1+f_1)(1+f_2)(1+f_3)}{(1+f_1)(1+f_2)(1+f_3)} = B_m \tag{11.7}$$

となる．つまりこのケースでは，債務評価額は仮想残高に一致するのである．

それでは次に，利息が2年スポットレートで付与されるケースはどうであろうか．現在の仮想残高は1年後には

$$A_{m+1}^{(2,E)} = B_m(1+S_2) \tag{11.8}$$

となるが，2年後には1年先スタートの2年フォワードレート，3年後には2年先スタートの2年フォワードレートを適用すれば，3年後の残高は

$$A_{m+3}^{(2,E)} = B_m(1+S_2)(1+{}_1F_2)(1+{}_2F_2) \tag{11.9}$$

と想定される．したがって，現時点でこの加入者に関わる債務評価額は，これを3年のスポットレートで割り引いて

$$L_m^{(2)} = \frac{A_{m+3}^{(2,E)}}{(1+S_3)^3} = \frac{B_m(1+f_1)^{1/2}(1+f_2)(1+f_3)(1+f_4)^{1/2}}{(1+f_1)(1+f_2)(1+f_3)} = B_m\frac{(1+f_4)^{1/2}}{(1+f_1)^{1/2}} \tag{11.10}$$

となる．なお，$(1+x)^a \approx 1+ax$ の関係を利用して近似すると，これは次のように表される．以下では複雑になるのを避けるため，この近似を使う．

$$L_m^{(2)} = B_m\left(1+\frac{f_4-f_1}{2}\right) \tag{11.11}$$

この式は，債務評価額は必ずしも仮想残高に一致しないことを意味する．金利の期間構造がフラットならば，$f_1=f_2=f_3=f_4$ であるから，仮想残高が債務評価額と一致する．しかし，期間構造は一般には右上がりのことが多い，すなわち $f_1 \leq f_2 \leq f_3 \leq f_4$ であるから，債務評価額は若干ながら仮想残高を上回ることになる．

以上を一般化すると，CBの債務評価額は次のようになる．債務評価額が仮想残高に常に一致するのは，ケース①のように利息を付与する期間（頻度）と付与する金利が何年ものかという期間が一致する場合のみである．金利の期間が付与する期間より長い場合は一般に，債務評価額が仮想残高を上回る．ただし，この差はフォワードレートの長短スプレッドに依存するが，スプレッドはそれほど大きくないのでその差は概して小さい．

11.2.2 リスクのない運用

それでは，このような債務評価に対してどのような運用を行えばよいであろうか．そのベースとなるのはリスクのない運用であるが，それには次のようにすればよい．

まず 1 年スポットレートで利息が付与されるケースでは，仮想残高に相当する資産を確保し，それで毎年 1 年割引債を購入して転がして運用すればよい．そうすれば，この運用によって毎年，仮想残高に付与されるのと等しい 1 年スポットレートの金利が得られる．つまり，運用利回りが常に利息付与に一致して，リスクのない運用となるのである．

これに対して 2 年スポットレートで利息が付与されるケースは少々面倒である．このケースでは，現在の仮想残高は 3 年後には実際は，

$$A^{(2)}_{m+3} = B_m(1+S_2)(1+{}_1S_2)(1+{}_2S_2) \approx B_m(1+S_2+{}_1S_2+{}_2S_2) \tag{11.12}$$

となるが，これは，実際の残高は 1 年後および 2 年後の 2 年スポットレートによって決まるので，運用でもそれに相当する利回りが得られるようにする必要があることを意味する．しかし，単純に 2 年割引債に投資することによって，それを実現することはできない．というのは，利息付与で 2 年スポットレートが適用されるのは 1 年だけに対して，2 年の割引債で 2 年スポットレートを実現するには 2 年間投資する必要があるからである．

ただし，1 年後に 2 年スポットレートがどうなろうと，利息付与のコストを現時点で確定することは可能である．それには，1 年先のフォワードで 2 年割引債を売っておいて，1 年後にそのときの実際の（スポットレートによって決まる）価格で買い戻すというヘッジを行えばよい．現在の仮想残高は 1 年後には $B_m(1+S_2)$ に増えている一方，それに対する 1 年分の金利だけヘッジすればよいので，売却する割引債は 2 年ものであるからその半分だけヘッジすることにすると，その損益は，

$$H_1 = \frac{B_m(1+S_2)}{2}\left(\frac{1}{(1+{}_1F_2)^2} - \frac{1}{(1+{}_1S_2)^2}\right) \approx B_m({}_1S_2 - {}_1F_2) \tag{11.13}$$

となる．2 年後の金利変動に対しても，想定される残高 $B_m(1+S_2)(1+{}_1F_2)$ の 1 年分の金利について同じようなヘッジを行ったとすると，その損益は，

$$H_2 = \frac{B_m(1+S_2)(1+{}_1F_2)}{2}\left(\frac{1}{(1+{}_2F_2)^2} - \frac{1}{(1+{}_2S_2)^2}\right) \approx B_m({}_2S_2 - {}_2F_2) \quad (11.14)$$

となる．以上のようなヘッジを行う一方で，(10.10)式で示される債務に相当する金額を3年割引債（持切り）で運用することにすると，この3年割引債は

$$G_3 = B_m \frac{(1+f_4)^{1/2}}{(1+f_1)^{1/2}}(1+S_3)^3 = B_m \frac{(1+f_4)^{1/2}}{(1+f_1)^{1/2}}(1+f_1)(1+f_2)(1+f_3)$$

$$\approx B_m\left(1 + \frac{f_1 + 2f_2 + 2f_3 + f_4}{2}\right) \quad (11.15)$$

となるので，全体では結局，

$$H_1 + H_2 + G_3 \approx B_m\left\{({}_1S_2 - {}_1F_2) + ({}_2S_2 - {}_2F_2) + \left(1 + \frac{f_1 + 2f_2 + 2f_3 + f_4}{2}\right)\right\}$$

$$= B_m\left(1 + \frac{f_1 + f_2}{2} + {}_1S_2 + {}_2S_2\right) = B_m(1 + S_2 + {}_1S_2 + {}_2S_2) \quad (11.16)$$

となり，現在の仮想残高が3年後に実際に到達する金額 $A_{m+3}^{(3)}$ に一致する．すなわち，仮想残高の今後の利息付与を常に賄える，つまりリスクのない運用ができるのである．

逆にいうと，こうしたリスクのない運用を行うには，仮想残高を上回る債務評価額に相当する資金が必要とされるのである．(10.10)式に示された債務評価額とは実は，金利がどのように変動しようと追加負担なくして確実に給付を行うのに必要な金額にほかならない．

なお，上の2年スポットレートで利息付与するケースではいくつかの想定や近似を行っているが，実際にはこれらが若干，正確性を欠くため，完全にリスクをなくすことはできない．たとえば，2年後の金利変動をヘッジするとき，その金利が適用される残高をフォワードレートを用いて $B_m(1+S_2)(1+{}_1F_2)$ と想定したが，実際の残高は1年後の実際の金利によって $B_m(1+S_2)(1+{}_1S_2)$ になるので，両者の差の分だけヘッジ誤差が生じることになる．こうした意味では，厳密なリスクなしの運用は利息を付与する期間（頻度）と付与する金利が何年ものかという期間が一致する場合に限られる．しかしそれ以外の場合でも，誤差はそれほど大きくないので，上のようなヘッジを行えばほぼリスクのない運用が可能である．

11.2.3 上乗せ金利の評価

　実際のCBの利息付与は上の例のように単純ではないが，債務評価およびリスクのない運用の基本的な原理は変わらない．ただし，1つだけ注意を要することがある．それは，市場金利に上乗せ（$+\alpha$）した金利で利息付与する場合である．実際，これまでCBを導入した企業のほとんどが上乗せ金利を採用している．ところがこの α 部分の利息は，仮想残高あるいはそれを若干，上回る程度の資産の運用によっては，リスクなしではどうやっても賄うことができない．逆にいうと，その分だけ余分な資産を必要とする，つまり債務評価を膨らます必要があるということにほかならない．以下では，毎年1年スポットレートで利息付与するケースに α の金利を上乗せしたとして，どう膨らむかをみてみよう．

　まずこの場合，現在の仮想残高は退職時（3年後）には，前と同じくフォワードレートで伸ばせば，次のようになると想定される．

$$A_{m+3}^{(1+\alpha,E)} = B_m(1+f_1+\alpha)(1+f_2+\alpha)(1+f_3+\alpha) \quad (11.17)$$

したがって，債務評価額はこれを3年のスポットレートで割り引くことによって

$$L_m^{(1+\alpha)} = \frac{A_{m+3}^{(1+\alpha,E)}}{(1+S_3)^3} = \frac{B_m(1+f_1+\alpha)(1+f_2+\alpha)(1+f_3+\alpha)}{(1+f_1)(1+f_2)(1+f_3)}$$

$$\approx B_m\left\{1+\left(\frac{\alpha}{1+S_1}+\frac{\alpha}{(1+S_2)^2}+\frac{\alpha}{(1+S_3)^3}\right)\right\} \quad (11.18)$$

となる．すなわち，債務評価額は（・）の分だけ膨らむのである．これは将来の金利上乗せ分の現在価値に相当する．逆に，この債務評価額に等しい資産が確保されれば，そのうち仮想残高分は毎年1年割引債を購入して転がし運用する一方，残りは1年割引債，2年割引債および3年割引債をそれぞれ額面 α だけ購入することによって，リスクのない運用が可能になる．

　ところで，この例のように退職までの年限が短い場合は，上乗せ金利の影響はそれほど大きくないであろうが，実際の年金では退職までの期間が長いので，上乗せ金利による債務膨張もかなりの大きさになる．さらに，上の近似式では上乗せ金利に上乗せ金利がつく効果を省略しているが，期間が長い場合は，これも決して無視しえない．

11.3 キャッシュバランスプランの特性

11.3.1 拠出コストの安定性

以上のような CB の債務評価やリスクなしの運用は，DB よりかなり複雑な印象を与えるかもしれない．CB においては「10 年国債利回り $+\alpha$」という利息付与が一般的であるが，これだと，原理は基本的には変わらないものの，債務評価がさらに煩雑になり，リスクのない運用もフォワードの 10 年国債売りや割引債の運用をたくさん組み合わせなければならない．これに対して，一般の DB の場合は，債務評価は将来の給付額をいまから給付までの期間の金利で割り引くだけで求められ，リスクのない運用も将来の給付にあわせて割引債を購入するだけでよい．しかし，これは将来の給付額が完全に確定しているとしてのことで，また現在までに発生した債務に限定してのことである．現実には，インフレなどによって将来の給付額が改定されたりするし，また今後発生する給付分のコストまで含めると，債務は金利情勢によって大きく変動する．こうした点を考えると，CB の方が以下に示すように，むしろ拠出コスト，すなわち債務が安定していると考えられる．

まずインフレが生じた場合，市場金利（国債利回り）もそれにつれて上昇するので，CB の仮想残高もインフレにスライドして自動的に増える．賃金もだいたいインフレにスライドするから，拠出付与が賃金の一定比率になっていれば，追加の拠出なしで給付額の実質価値が維持される．これに対して一般の DB では，リスクのない運用は将来の名目給付額を確保するというものであるから，実質価値を維持するには追加の拠出が必要になる．

次に，一般の DB では勤続の延長に伴って将来の給付が増えるが，それに必要な拠出（コスト）は給付増加分の割引現在価値，あるいは勤続 1 年当たりの給付増を一定とみなせば，その割引現在価値に相当する金額となる．ところが，この金額は市場金利が変動すると，割引の期間が長いためかなりの変動を示す．たとえば給付までの平均期間（修正デュレーション）を 12 年とすると，金利が 1% 低下すると拠出（コスト）は 12% も増えることになる．これに対して CB の場合は，実質的な拠出コストは拠出付与に付随するその後の利息コストまで含めたものと考えられるが，それは拠出付与額に債務評価のときに用いた (11.11) 式の

分数部分のような修正を加えたものとなる．この修正部分は期先と期近の1年もののフォワードレートの差，すなわちスプレッドに依存するが，一般にスプレッドの変動は金利水準の変動よりかなり小さい．このことは，CBの実質的な拠出コストはあまり変動せず，安定しているということにほかならない．

11.3.2 低い債務の金利感応度

DBの債務評価額は金利変動によって大きく変動する．一般に，DBの債務の修正デュレーションが非常に長く10〜15年程度といわれているが，これは，金利が1%低下すると債務が10〜15%増大することを意味する．

これに対してCBでは，修正デュレーションが非常に短く，金利が変動しても債務はほとんど変動しない．たとえば前の例のうち毎年1年スポットレートで利息付与される場合，債務は常に仮想残高に一致し，金利にかかわらず一定である．毎年2年スポットレートで利息付与される場合は，債務は (11.11) 式のように期先と期近の1年もののフォワードレートのスプレッドに依存するが，金利の期間構造がパラレルに変動するならスプレッドは変わらず，債務も変化しない．期間構造の変動がパラレルでなくても，スプレッドの変化は概して小さいので，債務の変動も限られている．こうした結果になったのは，金利が低下して割引が小さくなるようなときは，利息付与も小さくなって将来の給付額が小さくなるために，金利低下効果が相殺されるからである．

しかし，一般に利用されている「10年国債利回り＋α」の利息付与の場合は，債務に若干の金利感応度が現れる．(11.18) 式にも現れているように，上乗せ金利の α 部分が将来の固定額の支払いとなって，金利が低下するとその評価額が増大するからである．このほか，退職時に仮想残高を年金化するとき適用金利が固定されていたり，それが変動しても下限が設けられていたりするときも，債務には若干の金利感動度が現れる．

11.3.3 資産運用の視点

以上のような債務の特性は，年金ALMの観点からすると，CBの資産運用はデュレーションを短くすべきことを示唆する．すなわち，金利が変動しても債務評価額はほとんど変わらないので，資産もそれにあわせて金利リスクのない短期債で運用するのである．しかしながら，適用金利（利息付与）が短期債利回りな

ら，この運用によって付与すべき利息を賄うことができるが，もしそれが長期債利回りなら，一般に短期債の利回りは長期債の利回りより低いので，資産運用によって利息付与が賄えない．

それでは逆に，利息付与を賄えるように適用金利に一致する長期債で運用したらどうであろうか．一見すると，常に利息を賄うことが可能なようにみえるが，そうなるのは実は，長期的に金利（利回り）が上昇も下落もしない場合に限られる．金利がトレンド的に上昇したりすると，利息付与が増える一方，運用から得られる利回りは変わらないため，利息付与が賄えなくなる．これは，長期債の価格は下落して資産が目減りする一方，債務はほとんど減少せず，資産不足に陥るという形になって現れる．

厳密な意味でのリスクのない運用は，前に述べたように，適用金利が1年（n年）の国債利回りで1年（n年）ごとに更改される場合に限られる．この場合には，拠出付与相当額を掛金として積み立て，その積立金，すなわち仮想残高を1年（n年）国債で運用すれば，常に付与すべき利息を運用利回りで賄うことができる．適用金利が更改期間より長い一般的な場合には，適用金利に相当する長期国債のフォワード売りでヘッジすれば，ほぼリスクのない運用ができる．逆に，これから乖離した運用はすべてリスクがあることになる．一般的なCBにおける短期債による運用も実は，金利変動リスクはほとんどないが，この意味ではリスクがある．この場合，短期債では利息付与を賄えないため余分なコストがかかることになるが，リスクはいわばこの余分なコストとして現れるのである．

株式による運用はリスクがあることはいうまでもない．そのリターンは利息付与あるいは債務評価とは全く別の要因によって変動するからである．この点はCBでもDBでもほとんど変わらない．これは，CBにおける株式運用はDBの場合と同じように取り扱えばよいということを意味する．

ただし，アメリカで認められているように，利息付与が株式インデックスのリターンで行われれば，株式がリスクのない運用となる．というのは，たとえば利息付与がTOPIXのリターンに従うとすれば，CBの資産（仮想残高）を株式インデックスファンドで運用すれば，そのリターンで常に利息付与を賄うことができるからである．この場合，債務は厳密な意味で常に仮想残高に一致し，金利や株価変動の影響も全くないことになる．

それはともかく，CBでは債務のデュレーションが短いことは，資産運用をか

なり扱いやすくすると考えられる．

一般のDBの場合，債務のデュレーションが非常に長いため，年金ALM上，非常にデュレーションの長い債券がリスクフリーの資産となり，それより短い債券はリスクがあることになる．ところが，債券の利回りは一般に満期（デュレーション）が長いほど高いので，短い債券に投資すると，リスクは大きいのに利回り（期待リターン）は低いという少々奇妙な関係になってしまう．現実には，こうした関係が十分に認識されていないのであろうか，債券運用のデュレーションは概して短く，結果的に年金ALM上，期待リターンが低いうえに大きなリスクを抱えることになっている．

これに対してCBの債務のデュレーションは短いので，短期金利資産を金利リスクの小さい資産とみなすことができ，長期債はリスクがあるが期待リターンも高い資産と位置づけられる．長期債に投資することは，リスクをとることによって高いリターンを得ることになるわけで，リスク・リターンの関係が明瞭になる．

さらにCBにおける長期債での運用は，DBの運用リスクを相殺する効果がある．たとえばCBで利息付与が10年国債利回りで行われる場合，10年国債で運用すると，前に述べたように，金利変動リスクを負うことになるが，それは金利が上昇したら資産が減価して資産不足に陥る一方，金利が低下したら資産が増価して資産超過になるという形をとる．これに対してDBでは，一般に債務のデュレーションの方が資産側より長いので，金利が上昇した場合には資産超過，金利が低下した場合は資産不足という傾向になる．つまり，金利変動に対して両者は逆の影響を受けるのであり，CBを導入することによって，これまでのDBの資産運用リスクを一部相殺できる可能性があるのである．

11.4 年金数理や会計の問題

DBの運用では一般に，予定利率を達成できるように，あるいは会計上の積立不足が増えないようにするのがよいとされている．CBの運用でもこれを踏襲して，目標を予定利率（あるいは予定再評価率）においたり，会計上の債務においたりすることが多いようである．しかし，本章のこれまでの説明には，予定利率や会計上の債務などの概念は全く登場しなかったが，それは，そうした概念が運

用とは基本的には関係ないからである．それらを目標とすると，かえって運用におけるリスクテイクが歪められる懸念がある．

年金運用のベースはあくまでもリスクのない運用であり，それを実行するに足る資産のレベルを債務と考えるべきである．それから乖離する運用はすべてリスクのある運用であり，リスクをとるかどうかは，それに見合うリターンが得られるかどうかによる．CBかDBかにかかわらず，会計上の債務は必ずしも経済的な債務評価と一致していない．たとえ会計上の債務に相当する資産があったとしても，その運用によって将来の給付をリスクなしで賄うことはできない．このことは，会計上の債務はリスクをとる運用の基準ともなりえないことを意味する．

年金数理上の予定利率についても同様である．予定利率は一般に，リスクのある運用から得られる期待リターンとされる．しかし，それは本章で示したようなリスクのない運用からの乖離としてのリスクではないので，リスクとリターンの関係が曖昧である．そうした予定利率を目標に運用を定めるのは本末転倒といわざるを得ない．

CBは，給付の決定およびその債務評価において経済的に優れた特性をもっている．その特性にあわせた運用によってこそ，CBのよさがより発揮される．またそのためには，CBの特性を反映した会計上の債務認識や数理計算が望まれる．

参 考 文 献

浅野幸弘・山口　修，『キャッシュバランスのすべて』，日本経済新聞社，2002．
早川　希，「キャッシュバランス・プランにおける資産運用」，『年金運用研究』，野村證券金融研究所，2003年8月．
Brown, D. T., P. H. Dybvig, and W. J. Marshall, "The Cost and Duration of Cash-Balance Pension Plans", *Financial Analysts Journal*, November/December 2001.
Gold, J., "Shareholder-Optimal Design of Cash Balance Pension Plans", *Pension Research Council Working Paper 2001-7*, Wharton School, December 2000.

12

公的年金の運用

12.1 高齢化社会と公的年金

　本書ではこれまで，主として確定給付型の企業年金の債務および運用について論じてきたが，大多数の国民にとって年金といえば公的年金が圧倒的に重要である．公的年金も企業年金も，高齢化社会という制約の中で，退職者の所得を保障するという同じような機能を果たしているが，この制約は必ずしも同じようには作用しない．またその運用も，資産規模が非常に大きいため証券市場，ひいては経済全体に与える影響が大きいだけでなく，財政方式が異なるためリスク負担の帰結が企業年金とは全く違ってくる．公的年金の運用には，こうした違いから当然，企業年金にはない役割が要請されている[1]．

　わが国では今後，高齢化の進展により従属人口比率が急速に上昇する．厚生労働省の推計によると，現在は現役世代1人で高齢者（退職者）0.3人を支えているが，2050年には1人で0.7人を支えることになる．これは，高齢者が所得源を私的年金によろうと公的年金によろうと，またその財政が積立方式であろうと賦課方式であろうと変わりようがない．いわば公的年金と私的年金は，現役労働者が生産したものを退職者に分配するためのシステムの違いにすぎない．公的年金

---

[1] 実際の運用では，あたかも企業年金と同じように債務があるかのようにして，一定の市場リスクの下でリターンの最大化を図るというアプローチがとられている．

は政府による強制的な分配であるのに対して,私的年金はそれが積立金の運用を通して行われる[2]. 私的年金はいわば,市場メカニズムによって分配が行われるのである. この制約は,公的年金においてはすでに,保険料の引上げか所得代替率の低下かというトレードオフとして表面化しているが,私的年金においてもいずれ次のように,市場メカニズムによって引退時期の先延ばしという形で現れてくると推測される.

私的年金では一般に,将来の給付に必要な資金が計画的に積み立てられる. しかし,それは過去あるいは現在の収益率に基づいての計画であり,それが将来そのまま実現するとは限らない. 高齢化社会ではむしろ,高齢者が蓄えた資産を取り崩すことによって,資産価格が下落するおそれがある. しかもそれは,高齢者がまさに引退年齢に達する頃に起こる. その結果,その後の生活を賄うに足る資金が不足して,引退時期を先延ばしせざるを得なくなるのである. Arnott and Casscells [2003] によると,アメリカではベビーブーマーによる高齢化がピークを迎える 2035 年には,平均的な退職年齢を 72 ～ 73 歳にまで引き上げる必要があるという.

この引退の先延ばしは,改めていうまでもないが,現役労働者の負担に限界があることから出ている. いわば,公的年金で保険料の引上げが難しいのと同じ制約である. だとするとこのことは,年金問題は保険料を抑えるだけでは解決できないことを示唆する. というのは,保険料を引き下げれば給付も引き下げざるを得ないが,それを補うことになる私的年金には,上に述べたような引退先延ばしという問題が潜んでいるからである. この問題は,結局,公的年金に対しても,給付開始年齢の引上げとして跳ね返ってくると予想される.

それはともかく,負担の緩和という点では,現役労働者の生産性を上げることも重要である. 1 人当たりの生産が増えれば,同じだけの高齢者を養うとしても,負担は軽く感じられるだろう. 問題はどうしたら生産性を上げることができるかであるが,それには 1 人当たりの資本の蓄積を増やすとともに,資本を効率的に使用することが大切である.

しかしながら,資本蓄積を増やすことは,それほど簡単ではない. 資本は株式投資などによって供給されるが,株価低下のおそれが大きくなる中で,投資を増

---

[2] この点については,玉木 [2004] を参照.

やすことができるだろうか.また投資にはリスクがつきものであるが,そのリスクは誰が負担するのだろうか.さらには提供された資本が全体として増えたとしても,それははたして生産増大につながるように効率的に産業や企業に配分されるのだろうか.こうした問題に道筋がつかない限り,生産性を高めることはおぼつかない.

本章では以下,まず12.2節で資産価格下落の可能性と投資の関係を検討し,次いで12.3節で,公的年金の運用におけるリスク負担にまつわる問題を整理するとともに,今回の公的年金改革によってそれがどう変わるかを明らかにする.そして12.4節では,公的年金の株式運用の方法について論じ,最後に簡単なまとめを行う.

12.2 資産価格下落と株式投資

12.2.1 ライフサイクル仮説と資産形成

高齢化によって資産価格が変化するのは,個人がライフサイクルに応じて資産の蓄積から取崩しに転じるとともに,その中味をリスキーな資産から安全な資産に変えるからである.

ライフサイクル仮説によると,資産は若いうちはほとんどもっていないが,中高年にかけて貯蓄の増加によって蓄積が進む一方,引退後は生活費のための取崩しによって徐々に減少する.また資産の中味は,若いうちはリスク回避度が低いため株式の比率が高いが,歳をとってリスク回避度が上昇するにつれて,だんだん株式から債券にシフトする.引退後はとくにリスクを避けるようになり,安全志向が強くなる[3].

このような資産形成のパターンを前提にするならば,団塊の世代(ベビーブーマー)が現役期のときは,資産に対する需要が増大してその価格が上昇する一方,彼らが引退期に入ると,それが売却され価格が下落することになる.資産の中でもリスクの大きい株式はこうした傾向がより強く現れると考えられる.

---

[3] 歳をとるにつれリスク回避度が高くなるのは,一般にいわれているように,投資回収までの期間が短くなるため,リスクの時間分散効果が小さくなるからではない.それは,比較的安定的な賃金収入の現在価値,すなわち人的資本が小さくなるからである.すなわち,歳をとるにつれ金融資産は相対的に大きくなり,その投資は全体のリスクを抑えるためによりリスク回避的になるのである.この点については,Bodie, Merton and Samuelson [1992], Campbell [2001] などを参照.

ただし，実際にこれまでそうなっていたか，あるいは今後そのような経路をたどるかというと，必ずしもはっきりしない．以下では，アメリカにおける実証研究を紹介しつつ，この点を検討する．

人口構成と資産収益率ないし資産価格の関係については，Bakshi and Chen [1994] の実証研究が嚆矢とされる．Bakshi らは，人々は年齢が高くなるにつれてリスク回避的になるから，人口構成の変化によって平均年齢が上がれば，社会全体のリスク回避度が高まって，株式のリスクプレミアム，すなわち期待リターンは高まると考えた．そして実際に，アメリカのデータによって，平均年齢が高くなるとともに株式のリターンが高くなっていることを確認した．

これに対して Poterba [2001] は，年齢構成が金融資産や株式の需要を変化させ，それが株価などに影響を与えると考えた．Poterba はまず，SCF（Survey of Consumer Finance）というミクロデータによって，引退期までは年齢が高くなるほど金融資産や株式保有額が増えることを確認した．しかし，高齢者はライフサイクル仮説が示すようには，金融資産や株式を減らしていないこともわかった．Poterba は次いで，こうしたミクロの資産保有パターンを前提に，人口構成の変化を掛けあわせてマクロの資産保有を推計し，それが資産価格に影響を与えていること，すなわち全体として株式保有が増えるとともに株式リターンが上昇することを確認した．

以上の２つの実証結果は，1980～1990年代の株式リターンの上昇という現象について全く異なった解釈を与えているが，それはまた，今後の高齢化に対しても全く逆の示唆をすることになる．すなわち，Bakshi ら [1994] に従えば，高齢化によって平均年齢はいっそう高くなるので，社会全体のリスク回避度がさらに上昇し，株式の期待リターンは高くなる．しかし，Poterba に従えば，高齢者が資産を取り崩して株式の保有を減らすので，株式価格が下落し，リターンは低下することになる．ただし，SCFのデータでは，高齢者は資産をあまり取り崩さないので，下落の影響はたいしたものではないともいえる．

はたしてどちらが正しいのだろう．理論的には両者とも否定できないが，アメリカの1990年代の株価上昇，すなわち高いリターンは Poterba のいうような資産需要の増大によって起こったのではないだろうか．それは，ベビーブーマーが歳をとってリスク回避的になったことによる期待リターン上昇の現れというより，彼らの株式購入による結果というべきだろう．また理論的にも，一般にリス

ク回避度が高くなったら株式を減らすことになるが，実際にそうしたら株価はまず低下したはずと考えられる．高い期待リターンも，実は，こうした株価下落によってもたらされる．こうした関係は Goyal［2004］の次のような研究によっても裏づけられる．

　Goyal は Poterba と同様の観点から，人口構成比率と株式市場への資金流入およびそれによる株価変化の関係を分析した．それによると，65歳以上の人口比率が上昇すると，まず株式市場から資金が流出するとともに株価は下落するが，その後の株式リターンは上昇することが確認された．まさに，リスク回避度が高まると，株価が下がって期待リターンが上がったのである．

　この関係からすると，高齢化が継続的に進行していく今後しばらくの間は，株価は下落傾向が続くと同時に，期待リターンすなわち資本コストは傾向的に上昇していくと予想される．

12.2.2　資本コスト上昇の抑制

　このような傾向は，今後の投資に対して悩ましい問題を提起する．株価下落によるリターン低下が予想されれば，株式投資は前倒しで差し控えられるであろうが，それによって株価を抑えることになる．ところが，これは資本コストがいち早く上昇するということにほかならず，高齢化を控えて資本蓄積の必要性が高まっているのに，企業の設備投資を抑えることになってしまう．ライフサイクルによる投資行動は，高齢化社会を支える経済的基盤をより弱体化する懸念があるのである．

　こうした事態を少しでも緩和するには，資本コストの上昇をできるだけ抑えるような措置が必要である．税制面での優遇などによって，株式投資を促進することが望まれる．しかし，個人の株式投資，とくに確定拠出年金の運用で株式投資を増やすことには，少なからず障害がある．それは，リスクが個々人の負担に帰せられるため，運用結果に個人間やコホート間で差がつきやすいこと，および情報収集や分析さらにはエージェンシーのコストが大きいこと，などである[4]．しかも，高齢化に伴う株価下落の懸念があるとなると，なおさら投資に慎重にならざるを得ない．

---

[4] 詳しくは，浅野［1999］を参照．

これに対して，公的年金の株式投資にはこうした障害はほとんどない．リスクは大きな集団，かつある程度コホート間でもプールされるので，運用結果がならされる．また規模が大きいので，情報や分析コストはそんなに負担にならず，エージェンシー問題もほとんどない．もちろん株価下落の懸念はないわけではないが，逆に公的年金だからこそ，そうした懸念を払拭するために株式投資を行うべきだといえる．公的年金の投資によって株価下落が避けられるとわかれば，個人もいくらかは株式投資に乗り出すだろう．そうすれば，資本コストの上昇が避けられ，企業の設備投資を促して，現役世代一人ひとりの資本装備率を上げることが可能になる．こうして生産性を上げることこそが，高齢化社会を支える経済基盤を強化することになる．

12.3 株式投資のリスク負担

12.3.1 従来の制度下でのリスク負担

しかしながら，公的年金の株式運用には，運用リスクを誰が負担するかという微妙な問題がある．従来の公的年金制度では，退職者に対する給付額が一定のフォーミュラで決まっていたが，この制度下では，運用リスクは基本的には将来世代によって負担されていた．運用がうまくいけば積立金が増大して将来世代は保険料支払いが少なくて済む一方，運用パフォーマンスが悪いと積立金が不足して予定以上の保険料を負担しなくてはならなかった．

ところが，年金財政ではこのリスク負担の帰結がほとんど考慮されないで，運用利回りが設定されていた．そしてそれは，将来の負担を過小評価して目先の給付を厚くする傾向を生んでいた．株式投資を増やすことによって資産全体の期待リターンが高くなると，年金財政があたかも余裕があるようにみえるため，保険料を上げないでも現在の給付が維持できると計算されたからである．しかし，それは運用の善し悪しによっては将来負担が重くなるかもしれないという条件つきでのことであり，リスクは将来世代へのつけとなっていた．厚い給付を約束した後で運用がうまくいかなくて，将来世代の負担が増えるというリスクがあったのである．

12.3.2 マクロ経済スライド方式

2004年の公的年金改革では，このリスク負担に根本的な変更が加えられることになった．すなわち，今回は給付を固定するのではなく，新たに保険料に上限が設けられ，財政状況が悪化した場合は，マクロ経済スライドと呼ばれる方式に従って給付額が削減されることになった．これはまさに，運用がうまくいかなかったときは，その帳尻は保険料を納める将来の現役世代ではなく，年金を給付される老齢者（現在の世代）が負担することを意味する．つまり，運用リスクは現在の世代が負担することになったのである．

それでは，このマクロ経済スライド方式は実際にどのように作動するのか．言い換えると，リスクは具体的にどのような形で負担されるのか．以下ではこの点について少し詳しく説明する．

わが国の公的年金では，退職者の購買力を維持するため，給付額は原則としてインフレにスライドして改定される．新規裁定者の（現役の勤労者が受け取ることになる）年金給付額は1人当たり名目賃金（手取りベース）の上昇率に従って，また既裁定者（すでに受給している者）の年金給付額は物価上昇率に従って改定される．しかし，人口の高齢化が想定以上に進んだり，積立金の運用が予想外に低調だったりすると，年金財政が悪化してこうした改定が困難になる．そこで今回の改革では，財政悪化に陥った場合は，次のように給付改定が抑えられることとされた．

給付の改定にあたってはまず，年金財政は均衡を失っていないかどうかが判定される．それは，現在の積立金と今後100年間に見込まれる保険料などの収入現価の合計が，今後100年間の年金給付額などの現価と給付1年分の準備金の合計を上回るかどうかによって把握される．もしこれがマイナスなら，均衡していないと判定される．そしてそのときは，年金給付額の改定（スライド率）が通常の物価上昇率（1人当たり名目賃金上昇率）から，下のようにスライド調整率だけ低くされる[5]（図12.1(a)）．

財政不均衡に陥った場合の年金額のスライド率
　＝物価上昇率（1人当たり名目賃金上昇率）－スライド調整率

---

[5] 法律ではスライド率や調整率は乗率（掛算）の形で示されているが，ここでは直感的にわかりやすくするため，伸び率の増減という形で表した．

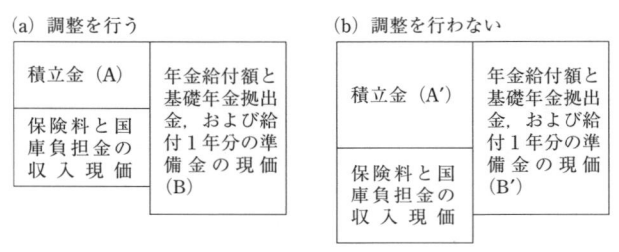

```
(a) 調整を行う                        (b) 調整を行わない

┌──────────┬──────────┐      ┌──────────┬──────────┐
│ 積立金(A) │年金給付額と│      │ 積立金(A')│年金給付額と│
│          │基礎年金拠出│      │          │基礎年金拠出│
│          │金，および給│      │          │金，および給│
├──────────┤付1年分の準│      ├──────────┤付1年分の準│
│保険料と国│備金の現価 │      │保険料と国│備金の現価 │
│庫負担金の│   (B)    │      │庫負担金の│   (B')   │
│収入現価  │          │      │収入現価  │          │
└──────────┴──────────┘      └──────────┴──────────┘

A+C<B：年金財政は不均衡         A'+C'>B'：年金財政は均衡
```

図 12.1 マクロ経済スライド方式による給付額の調整

スライド調整率
　＝被保険者数の減少率(3年平均)＋平均余命の伸びを勘案した一定率(0.3%)

つまり，年金財政が悪化したら，人口の高齢化を反映したスライド調整率だけ給付額改定が引き下げられるのである．このスライド調整は財政が均衡するまで，すなわち積立金と掛金収入の現価が給付額などの現価を上回るようになるまで続けられる．

このような方式では，運用利回りが予定利率を下回ったりすると，給付額が引き下げられることになる．というのは，利回りの低下は積立金をとおして財政を悪化させ，給付額改定の調整につながるからである．運用利回りが予定利率を上回れば，積立金の増加によって財政状況が改善され，給付額改定の調整は行われない．また運用利回りが大幅に低下したりすると，その回復に時間がかかるので調整期間が長くなり，累計での調整額が大きくなる．今回の改革は，このような意味で，運用結果が間接的に給付額に反映される仕組みになっている．

ところで，以上のような方式では，運用がうまくいかなかったら給付改定が引き下げられる一方，うまくいっても引き上げられるわけではないので，運用リスクをとったことに伴うべきリターンが得られないかのようにみえる．しかし，このリターンは実は,給付額の水増しあるいは保険料引上げの先延ばしという形で，現在の（間もなく受給する）世代が先取りしている．というのは，わが国の公的年金では一部株式でも運用することを想定した期待リターンを前提にして財政計算がなされているが，これは前に説明したように，目先の給付を厚くしたり保険料引上げを先延ばししたりすることになっているからである．もし運用リスクを

とらないとしたら，給付額はもっと引き下げられるか，保険料はもっと早く引き上げなければならなかったであろう．そうなっていないことは，まさに運用リスクに伴うリターンが予定利率を通じて，すでに給付額に織り込まれているということにほかならない[6]．

しかしながら，上のような調整は，あたかもモデル世帯の給付額が基準であり，運用結果が悪いとそれが引き下げられる一方，運用結果がよくても引き上げられないという印象を与える．また運用結果の善し悪しは，スライド調整の有無，あるいはその調整期間の長短というきわめてみえにくい形でしか現れない．このため，運用リスクとリターンの関係が理解しにくく，リスクをとったら給付額が引き下げられる可能性が生まれるだけだから，リスクはとるべきではないというような意見が出てくるのではないかと懸念される．

12.4 公的年金の株式投資

12.4.1 国債運用の問題

公的年金の運用に関しては，安全確実な国債で運用すべきという意見が根強くある．国民の大切な資産である積立金をリスクの大きい株式で運用するのはもってのほか，というわけである．しかし，国債が安全なのは表面的なことにすぎない．インフレになれば実質価値は目減りするし[7]，経済発展を促進して高齢化社会の経済的基盤を強化するような機能もない．年金の国債運用は，むしろ逆に，財政赤字のファイナンスを容易にして財政規律をなくすことによって，経済発展を阻害するおそれがある[8]．

改めていうまでもないが，国債は将来の税収をあてにした政府の借金である．それには収益を生み出すような資産の裏づけがない．積立金をそうした国債で運

---

[6] 現状では年金財政は不均衡の状態にあるので，よほど運用利回りがよくならない限り，スライド調整が作動する．当面の被保険者数の減少率は 0.6% 程度であるので，スライド調整率は 0.9% くらいになると予想される．この意味では，理論上はリスクテイクに伴うリターンが給付に反映される形になっていても，現実にはそうした可能性は小さく，給付削減が一方的に続くことになってしまう可能性が高い．
[7] わが国でも 2004 年より物価連動国債が発行されるようになったが，これであれば利息や元本が物価上昇にスライドして増加するので，インフレによって目減りすることはない．
[8] 財政投融資においても，郵貯および簡保資金が自動的に国債や財投債に投資されることによって，資金の非効率な利用がなされていたという批判がある．郵政民営化は，資金の流れを断つことによって，資金使途の効率化を図ろうというものである．

用して将来の給付にあてるのは，年金給付を税収から賄うのと変わらない．

　年金の積立金は実態的な資産の裏づけのある株式や社債で運用すべきである．それは企業の設備投資に結びついて，年金を支える経済基盤を強化する．公的年金による株式投資は，そうした経済的な効果を考えれば，むしろ国債よりも実質的なリスクが小さいともいえる．

12.4.2　株式運用の問題

　しかしながら，公的年金の株式投資に問題がないわけではない．政府による株式投資は，雇用維持とか地域振興とかリスク・リターン以外の政策的要因によって左右されたり，そうした要因を背景にして政治的な介入が行われたりする懸念がある．またそのような政策的な意図はなくても，投資銘柄の選択が独善的になったりする可能性が排除できない．しかも，見通しを誤ったとしても，大規模の資金によってその銘柄への投資を続けられるので，誤りを糊塗することが可能である．このような投資は，当然のことながら，経済の活力を削いで高齢化社会の経済的基盤を弱めることになる．

　これに対して，インデックス運用にすればこうした懸念はないと思われるかもしれない．インデックスファンドでは，投資する銘柄は外生的に与えられるので，銘柄選択に政治的な介入の余地がないだけでなく，そのための調査や売買のコストもかからない．これによって，株式市場の全体の成長，すなわち経済成長の果実を低コストで享受することができる．

　しかし Bernstein and Arnott［2003］によると，どこの国でもだいたい株式インデックスベースの利益成長は GDP ベースのそれを 2％程度下回るという．経済成長は新しい企業が勃興する一方で時代遅れになった企業が淘汰されることによって生じるが，株式インデックスは上場している企業のみを対象にしているので，こうしたダイナミックな変化に遅れるためである．これは，言い換えると，インデックスファンドは経済成長をもたらすダイナミックなプロセスに参加していないということにほかならない．ところが，老齢化社会の経済的基盤を強化するには，こうした変化を促すような投資こそが大切である．この意味では，株式投資はアクティブな銘柄選択を行うこと，それも非上場の株式投資を含めて行うことが不可欠である．

12.4.3　民間運用機関の活用

それでは，政治的介入を避けつつ，アクティブに運用するにはどうしたらよいだろうか．それは，いくつかの民間機関に運用を委ねることである．民間に任せて政府が銘柄選択に関与できないようにすれば，政治的介入は遮断できるだろう．また複数の運用機関を利用すれば，相互の競争によって効率的な投資も期待できるだろう．たとえば，ある運用機関が独善的な投資を行ったとしても，他の運用機関がそのような銘柄を売却するであろうから，早晩チェックされることになる．もちろんのことながら，アクティブ運用には調査や売買のコストがかかり，運用機関には運用報酬を払わなければならない．しかしこれらは株式市場が機能するために不可欠な費用である．そうした費用をかけて有望な産業や企業にリスク資本が配分されることによってこそ，老齢化社会の経済基盤が強化されるのである．

12.5　ま　と　め

わが国では今後，高齢化の進展によって現役世代の負担が急速に重くなる．それを少しでも軽減するには，現役労働者の資本装備率を高めて，一人ひとり生産性を上げることが大切である．しかし，ライフサイクル仮説に従うと，人口高齢化は社会全体のリスク回避度を高めて資本コストを上昇させる．これは，企業の設備投資を抑制して，現役労働者の生産性向上の障害となりかねない．この障害を打破するには，公的年金による株式投資が望まれる．

ただし，株式投資にはリスクがついて回るが，従来の給付額が固定されている制度ではこのリスク負担が明確でなく，株式投資の恩恵だけを先取りして，リスクおよび実質的な負担は将来世代に先送りされる傾向があった．今回の年金制度改革で導入されたマクロ経済スライド方式は，これを改めて，運用リスクを受給者である老齢世代にも負担させるものである．公的年金の株式投資にとって，大きな前進といえよう．

公的年金の株式投資にはまた，政治的介入などの問題が指摘されている．これに対しては，インデックス運用でそれを避けるのではなく，民間の運用機関を活用することによって対処すべきである．民間のアクティブ運用と相互の競争によって，有望な産業や企業にリスク資本が配分され，高齢化社会の経済基盤が強化されると期待される．

参 考 文 献

浅野幸弘,「年金運用におけるリスクテーキング:確定給付と確定拠出」,『証券アナリストジャーナル』, 1999 年 10 月.

玉木伸介,「公的年金積立金の市場運用の課題」,『日本経済研究センター会報』, 2004 年 3 月.

Arnott, R. D., and A. Casscells, "Demographics and Capital Market Returns", *Financial Analysts Journal*, March/April 2003.

Bakshi, G. S., and Z. Chen, "Baby Boom, Population Aging and Capital Markets", *Journal of Business*, April 1994.

Bernstein, W. J., and R. D. Arnott, "Earnings Growth: The Two Percent Dilution", *Financial Analysts Journal*, September/October 2003.

Bodie, Z., R. C. Merton, and W. Samuelson, "Labor Supply Flexibility and Portfolio Choice in a Life Cycle Model", *Journal of Economic Dynamics and Control*, July/October 1992.

Campbell, J. Y., "A Comment on James M. Poterba's 'Demographic Structure and Asset Returns'", *Review of Economics and Statistics*, November 2001.

Goyal, A., "Demographics, Stock Market Flows, and Stock Returns", *Journal of Financial and Quantitative Analysis*, March 2004.

Poterba, J. M., "Demographic Structure and Asset Returns", *Review of Economics and Statistics*, November 2001.

索　引

ア　行

アセットロケーション　23

インフレーション　166
インフレスライド　149, 192
インフレ追随率　118, 176, 177, 184
インフレデュレーション　152, 162

上乗せ金利　191
運用リスク　32

カ　行

会計基準変更時差異の未処理額　51
確定給付年金（DB プラン）　10
確定拠出年金（DC プラン）　10
掛金　97
仮想残高　185
株式収益率の要因分解　106
株式
　　──の期待リスクプレミアム　107
　　──のデュレーション　157
　　──のヘッジ効率　121
カールソン-パーキン法（CP 法）　108
　　修正──　108

期間定額基準　96
企業固有の技能　19
企業年金　1, 9
基金　41

技術革新　19, 27
基礎年金　1
期待インフレ要因　114
期待インフレ率　108, 167
期待運用収益率　51, 68, 79
期待配当要因　111
キャッシュバランスプラン（CB プラン）　11, 185
　　──の債務評価額　188
　　──類似制度　12
拠出クレジット　11
金利変化　126

経過措置　56, 57

厚生年金基金　4, 10, 56
公的年金　7, 197
公的扶助　3
高齢化　197
国際会計基準　6
国際会計基準審議会　82
国民皆年金　2
コスト　34
雇用関係　17
コンベキシティ　132

サ　行

債券
　　──収益率の要因分解　106
　　──のリスクプレミアム　107
財務会計基準第 87 号　50

財務報告基準第17号　82
サープラス　119, 169
サープラスフロンティア　170, 177, 184
サープラスリスク　120, 170
サープラスリターン　119, 133, 138, 170
3階建て体系　1

実質金利　167
実質金利デュレーション　152, 162
実質金利要因　114
私的年金　9
資本コスト　64
社会保険方式　2
従業員退職所得保障法　68
修正CP法　108
修正賦課方式　8
受給権　102
受託者責任　86
消費者動向調査　108

スプレッド　126
スライド率　203

税金　38
生産性向上　17
税制上の優遇措置　21
税制適格年金　4, 10
責任準備金　96
世代間扶養　2

相関係数の要因分解　113
即時認識　53, 66, 71

タ　行

代行部分　4, 56
代行返上　56, 57
退職給付会計　6, 48, 62, 80
退職給付債務　51
退職給付引当金　51
退職給付費用　52
退職促進　19

遅延認識　53, 59, 66, 81
賃金スライド　7

追加最小年金債務　57
積立て　97
積立水準　184
積立不足　65, 84, 94, 100

定年制　18
デュレーション　44, 89, 132, 193
デュレーションギャップ　92
転職　26
転職抑制　27

倒産　36

ナ　行

年金ALM　14, 88, 89, 130, 161, 166, 183
年金債務　34
　　——のリターン　118
年金数理　97
年金費用　96

ハ　行

配当割引モデル　156
発生給付債務　94

非課税　23
被用者年金　1

ファクターモデル　105
ファンディングレシオ　119, 169, 177, 184
フィッシャー関係式　167
物価スライド　3, 7
物価連動国債　146
物価連動債　168
プット　36, 42

ベクトル自己回帰モデル　171

マ 行

マクロ経済スライド　4, 7, 203

未認識過去勤務債務　51
未認識債務　53, 66, 71, 79, 81
未認識数理計算上の差異　51

名目金利　167

ヤ 行

予測給付債務　95, 148
予定利率　48, 97, 99

ラ 行

ライフサイクル仮説　199

利益管理　62, 67, 79, 81
リスク回避度　200
リスク負担　202
利息クレジット　11
利息付与　185

累積給付債務　57

ワ 行

割引率　34, 51, 59, 66, 71, 79, 81

欧 文

accumulated benefit obligation（ABO）　57, 95
asset liability management（ALM）　14
dividend discount model（DDM）　156
EET　21
Employee Retirement Income Security Act（ERISA）　30, 68, 86
Financial Accounting Standards No.87（FAS 87）　50
Financial Accounting Standards No.132（FAS132）　69, 82
Financial Reporting Standards No.17（FRS17）　82
Form5500　64, 68
International Accounting Standards（IAS）　6
International Accounting Standards Board（IASB）　82
IT化　19
Modigliani-Miller（MM）定理　36
Pension Benefit Guarantee Corporation（PBGC）　30
projected benefit obligation（PBO）　13, 51, 95, 148
TEE　21
TTE　21
vector autoregression（VAR）model　171

著者略歴

浅野　幸弘（あさの　ゆきひろ）
1947年　愛知県に生まれる
1969年　東京大学経済学部卒業
現　在　横浜国立大学大学院国際社会科学研究科教授

岩本　純一（いわもと　じゅんいち）
1963年　山口県に生まれる
1994年　国際大学大学院国際経営学研究科修士課程修了
2004年　一橋大学大学院国際企業戦略研究科修士課程修了
現　在　住友信託銀行(株)年金研究センター主席研究員

矢野　学（やの　まなぶ）
1968年　大阪府に生まれる
1999年　筑波大学大学院経営・政策科学研究科修士課程修了
現　在　住友信託銀行(株)パッシブ・クオンツ運用部シニアクオンツアナリスト・年金研究センター主任研究員，博士（ファイナンス）

応用ファイナンス講座1

年金とファイナンス

定価はカバーに表示

2006年8月25日　初版第1刷

著　者　浅　野　幸　弘
　　　　岩　本　純　一
　　　　矢　野　　　学
発行者　朝　倉　邦　造
発行所　株式会社　朝　倉　書　店
　　　　東京都新宿区新小川町6-29
　　　　郵便番号　162-8707
　　　　電話　03(3260)0141
　　　　FAX　03(3260)0180
　　　　http://www.asakura.co.jp

〈検印省略〉

ⓒ 2006〈無断複写・転載を禁ず〉　　　　教文堂・渡辺製本

ISBN 4-254-29586-3　C 3350　　Printed in Japan

◆ シリーズ〈金融工学の基礎〉 ◆

「高所へジャンプ，技術的困難を一挙に解決する」 基礎理論を詳述

名市大 宮原孝夫著
シリーズ〈金融工学の基礎〉1
株価モデルとレヴィ過程
29551-0 C3350　　　　A5判 128頁 本体2400円

非完備市場の典型的モデルとしての幾何レヴィ過程とオプション価格モデルの解説および活用法を詳述。〔内容〕基礎理論／レヴィ過程／レヴィ過程に基づいたモデル／株価過程の推定／オプション価格理論／GLP&MEMMオプション価格モデル

阪大 田畑吉雄著
シリーズ〈金融工学の基礎〉2
リスク測度とポートフォリオ管理
29552-9 C3350　　　　A5判 216頁 本体3800円

金融資産の投資に伴う数々のリスクを詳述〔内容〕金融リスクとリスク管理／不確実性での意思決定／様々なリスクと金融投資／VaRとリスク測度／デリバティブとリスク管理／デリバティブの価格評価／信用リスク／不完備市場とリスクヘッジ

南山大 伏見正則著
シリーズ〈金融工学の基礎〉3
確 率 と 確 率 過 程
29553-7 C3350　　　　A5判 152頁 本体2800円

身近な例題を多用しながら，確率論を用いて統計現象を解明することを目的とし，厳密性より直観的理解を求める理工系学生向け教科書〔内容〕確率空間／確率変数／確率変数の特性値／母関数と特性関数／ポアソン過程／再生過程／マルコフ連鎖

早大 谷口正信著
シリーズ〈金融工学の基礎〉4
数理統計・時系列・金融工学
29554-5 C3350　　　　A5判 224頁 本体3600円

独立標本の数理統計学から説き起こし，それに基づいた時系列の最適推測論，検定および判別解析を解説し，金融工学への橋渡しを詳解したテキスト〔内容〕確率の基礎／統計的推測／種々の統計的手法／確率過程／時系列解析／統計的金融工学入門

慶大 枇々木規雄・数理システム 田辺隆人著
シリーズ〈金融工学の基礎〉5
ポートフォリオ最適化と数理計画法
29555-3 C3350　　　　A5判 164頁 本体2800円

「実際に使える」モデルの構築に役立つ知識を散りばめた実践的テキスト。〔内容〕数理計画法アルゴリズム／実行可能領域と目的関数値／モデリング／トラブルシューティング／平均・分散モデル／実際の計算例／平均・リスクモデル／感度分析

立命館大 小川重義著
シリーズ〈金融工学の基礎〉6
確 率 解 析 と 伊 藤 過 程
29556-1 C3350　　　　A5判 192頁 本体3600円

確率論の基本，確率解析の実際，理論の実際的運用と発展的理論までを例を豊富に掲げながら平易に解説〔内容〕確率空間と確率変数／統計的独立性／ブラウン運動・マルチンゲール／確率解析／確率微分方程式／非因果的確率解析／数値解法入門

法大 浦谷 規著
シリーズ〈金融工学の基礎〉7
無裁定理論とマルチンゲール
29557-X C3350　　　　A5判 164頁 本体3200円

金融工学の基本的手法であるマルチンゲール・アプローチの原理を初等的レベルから解説した書。教養としての線形代数と確率論の知識のみで理解できるよう懇切丁寧に詳解する。〔内容〕1期間モデル／多期間モデル／ブラック-ショールズモデル

みずほ情報総研 安岡孝司著
ファイナンス・ライブラリー8
市場リスクとデリバティブ
29538-3 C3350　　　　A5判 176頁 本体2700円

基礎的な確率論と微積分の知識を有する理工系の人々を対象に，実例を多く揚げ市場リスク管理実現をやさしく説いた入門書。〔内容〕金融リスク／金融先物および先渡／オプション／オプションの価格付け理論／金利スワップ／金利オプション

広島大 前川功一訳
ファイナンス・ライブラリー9
ビョルク 数理ファイナンスの基礎
―連続時間モデル―
29539-1 C3350　　　　A5判 308頁 本体6200円

抽象的な測度論に深入りせずに金融デリバティブの包括的な解説を行うファイナンスの入門的教科書〔内容〕1期間モデル／確率積分／裁定価格／完備性とヘッジング／非完備市場／配当／通貨デリバティブ／債券と利子率／短期金利モデル／など

首都大 木島正明・京大 岩城秀樹著
シリーズ〈現代金融工学〉1
経済と金融工学の基礎数学
27501-3 C3350　　　　A5判 224頁 本体3500円

解法のポイントや定理の内容を確認するための例を随所に配した好著。〔内容〕集合と論理／写像と関数／ベクトル／行列／逆行列と行列式／固有値と固有ベクトル／数列と級数／関数と極限／微分法／偏微分と全微分／積分法／確率／最適化問題

首都大 木島正明著
シリーズ〈現代金融工学〉3
期間構造モデルと金利デリバティブ
27503-X C3350　　　　A5判 192頁 本体3600円

実務で使える内容を心掛け、数学的厳密さと共に全体を通して概念をわかりやすく解説。〔内容〕準備／デリバティブの価格付け理論／スポットレートのモデル化／割引債価格／債券オプション／先物と先物オプション／金利スワップとキャップ

日銀金融研 渡部敏明著
シリーズ〈現代金融工学〉4
ボラティリティ変動モデル
27504-8 C3350　　　　A5判 160頁 本体3600円

金融実務において最重要な概念であるボラティリティの役割と、市場データから実際にボラティリティを推定・予測する方法に焦点を当て、実務家向けに解説〔内容〕時系列分析の基礎／ARCH型モデル／確率的ボラティリティ変動モデル

明大 乾 孝治・ニッセイ基礎研 室町幸雄著
シリーズ〈現代金融工学〉5
金融モデルにおける推定と最適化
27505-6 C3350　　　　A5判 200頁 本体3600円

数理モデルの実践を、パラメータ推定法の最適化手法の観点より解説〔内容〕金融データの特徴／理論的背景／最適化法の基礎／株式投資のためのモデル推定／GMMによる金利モデルの推定／金利期間構造の推定／デフォルト率の期間構造の推定

ニッセイ基礎研 湯前祥二・北大 鈴木輝好著
シリーズ〈現代金融工学〉6
モンテカルロ法の金融工学への応用
27506-4 C3350　　　　A5判 208頁 本体3600円

金融資産の評価やヘッジ比率の解析、乱数精度の応用手法を詳解〔内容〕序論／極限定理／一様分布と一様乱数／一般の分布に従う乱数／分散減少法／リスクパラメータの算出／アメリカン・オプションの評価／準モンテカルロ法／Javaでの実装

統数研 山下智志著
シリーズ〈現代金融工学〉7
市場リスクの計量化とVaR
27507-2 C3350　　　　A5判 176頁 本体3600円

市場データから計測するVaRの実際を詳述。〔内容〕リスク計測の背景／リスク計測の意味とVaRの定義／リスク計測モデルの意味／リスク計測モデルのテクニック／金利リスクとオプションリスクの計量化／モデルの評価の規準と方法

首都大 木島正明・みずほ第一フィナンシャル 小守林克哉著
シリーズ〈現代金融工学〉8
信用リスク評価の数理モデル
27508-0 C3350　　　　A5判 168頁 本体3600円

デフォルト(倒産)発生のモデルや統計分析の手法を解説した信用リスク分析の入門書。〔内容〕デフォルトと信用リスク／デフォルト発生のモデル化／判別分析／一般線形モデル／確率選択モデル／ハザードモデル／市場性資産の信用リスク評価

J.D.フィナーティ著　法大 浦谷　規訳
プロジェクト・ファイナンス
—ベンチャーのための金融工学—
29003-9 C3050　　　　A5判 296頁 本体5200円

効率的なプロジェクト資金調達方法を明示する。〔内容〕理論／成立条件／契約担保／商法上の組織／資金調達／割引のキャッシュフロー分析／モデルと評価／資金源／ホスト政府の役割／ケーススタディ(ユーロディズニー、ユーロトンネル等)

明大 刈屋武昭編著
リスクの経営シリーズ
天候リスクの戦略的経営
—EaRとリスクスワップ—
29576-6 C3350　　　　A5判 192頁 本体4000円

気温リスクマネジメントを立案する方法と、気温変動の時系列モデル化の方法を実例に沿って詳説〔内容〕企業活動と気温変動リスク／天候リスクと事業系EaR分析法／予測気温確率分布の導出／東京電力と東京ガスのリスクスワップ／等

南山大 沢木勝茂著
シリーズ〈現代人の数理〉8
ファイナンスの数理
12611-5 C3341　　　　A5判 184頁 本体3900円

〔内容〕資本市場と資産価格／ファイナンスのための数学／ポートフォリオ選択理論とCAPM／確率微分とファイナンスへの応用／派生証券の評価理論／債券の評価理論／系時的資産選択モデルとその評価理論／リスク尺度と資産運用モデル

中大 今野　浩・明大 刈屋武昭・首都大 木島正明編

金融工学事典

29005-5　C3550　　　　A 5 判　848頁　本体22000円

中項目主義の事典として，金融工学を一つの体系の下に纏めることを目的とし，金融工学および必要となる数学，統計学，OR，金融・財務などの各分野の重要な述語に明確な定義を与えるとともに，概念を平易に解説し，指針書をも目指したもの〔主な収載項目〕伊藤積分／ALM／確率微分方程式／GARCH／為替／金利モデル／最適制御理論／CAPM／スワップ／倒産確率／年金／判別分析／不動産金融工学／保険／マーケット構造モデル／マルチンゲール／乱数／リアルオプション他

R.A.ジャロウ・V.マクシモビッチ・W.T.ジエンバ編
中大 今野　浩・岩手県立大 古川浩一監訳

ファイナンスハンドブック

12124-5　C3041　　　　A 5 判　1152頁　本体29000円

〔内容〕ポートフォリオ／証券市場／資本成長理論／裁定取引／資産評価／先物価格／金利オプション／金利債券価格設定／株式指数裁定取引／担保証券／マイクロストラクチャ／財務意思決定／ヴォラティリティ／資産・負債配分／市場暴落／普通株収益／賭け市場／パフォーマンス評価／市場調査／実物オプション／最適契約／投資資金調達／財務構造と税制／配当政策／合併と買収／製品市場競争／企業財務論／新規株式公開／株式配当／金融仲介業務／米国貯蓄貸付組合危機

S.N.ネフツィ著　投資工学研究会訳

ファイナンスへの数学（第2版）
—金融デリバティブの基礎—

29001-2　C3050　　　　A 5 判　528頁　本体7800円

世界中でベストセラーになった"An Introduction to the Mathematics of Financial Derivatives"原著第2版の翻訳。デリバティブ理論で用いられる数学を直感的に理解できるように解説。新たに金利デリバティブ，そして章末演習問題を追加

日本年金数理人会編

年金数理概論

29006-3　C3050　　　　A 5 判　184頁　本体3200円

年金財政を包括的に知りたい方，年金数理人をめざす方のための教科書。〔内容〕年金数理の基礎／計算基礎率の算定／年金現価／企業年金制度の財政運営／各種財政方式の構造／財政検証／財政計算／退職給付債務の概要／投資理論への応用／他

◆ シリーズ〈年金マネジメント〉〈全3巻〉◆
現代社会を生きるために必須となる企業年金の知識，その理論と実際を解説

ニッセイ基礎研 田中周二編　上田泰三・中嶋邦夫著
シリーズ〈年金マネジメント〉1

年金マネジメントの基礎

29581-2　C3350　　　　A 5 判　192頁　本体3600円

企業年金のしくみ・財政を解説。年金業務に携わる実務担当者必携の書。付録プログラムにより企業の実務で実際に行う計算過程の擬似的体験が可能（退職給付会計の財務諸表の作成等）。〔目次〕企業年金の設計と運営／制度の見直し・移行／他

ニッセイ基礎研 田中周二編　山本信一・佐々木進著
シリーズ〈年金マネジメント〉2

年　金　資　産　運　用

29582-0　C3350　　　　A 5 判　272頁　本体3800円

年金資産運用においては，長期戦略（運用基本方針）を立てることが重要となる。そのために必要な知識・理論を解説。〔目次〕年金運用のPlan-Do-Seeプロセス／ポートフォリオ理論／政策アセットミックス／マネージャー・ストラクチャー／他

ニッセイ基礎研 田中周二編　北村智紀著
シリーズ〈年金マネジメント〉3

年金ALMとリスク・バジェッティング

29583-9　C3350　　　　A 5 判　196頁　本体3800円

年金の運用においてはリスク管理が重要となる。最近注目されるALM（資産負債総合管理），リスク・バジェッティング（リスク予算配分と管理）等の理論・モデルについて解説。〔目次〕年金運用とリスク管理／年金運用と最適資産配分／他

上記価格（税別）は 2006 年 7 月現在